秦法之变

黄中业 著

新星出版社
NEW STAR PRESS

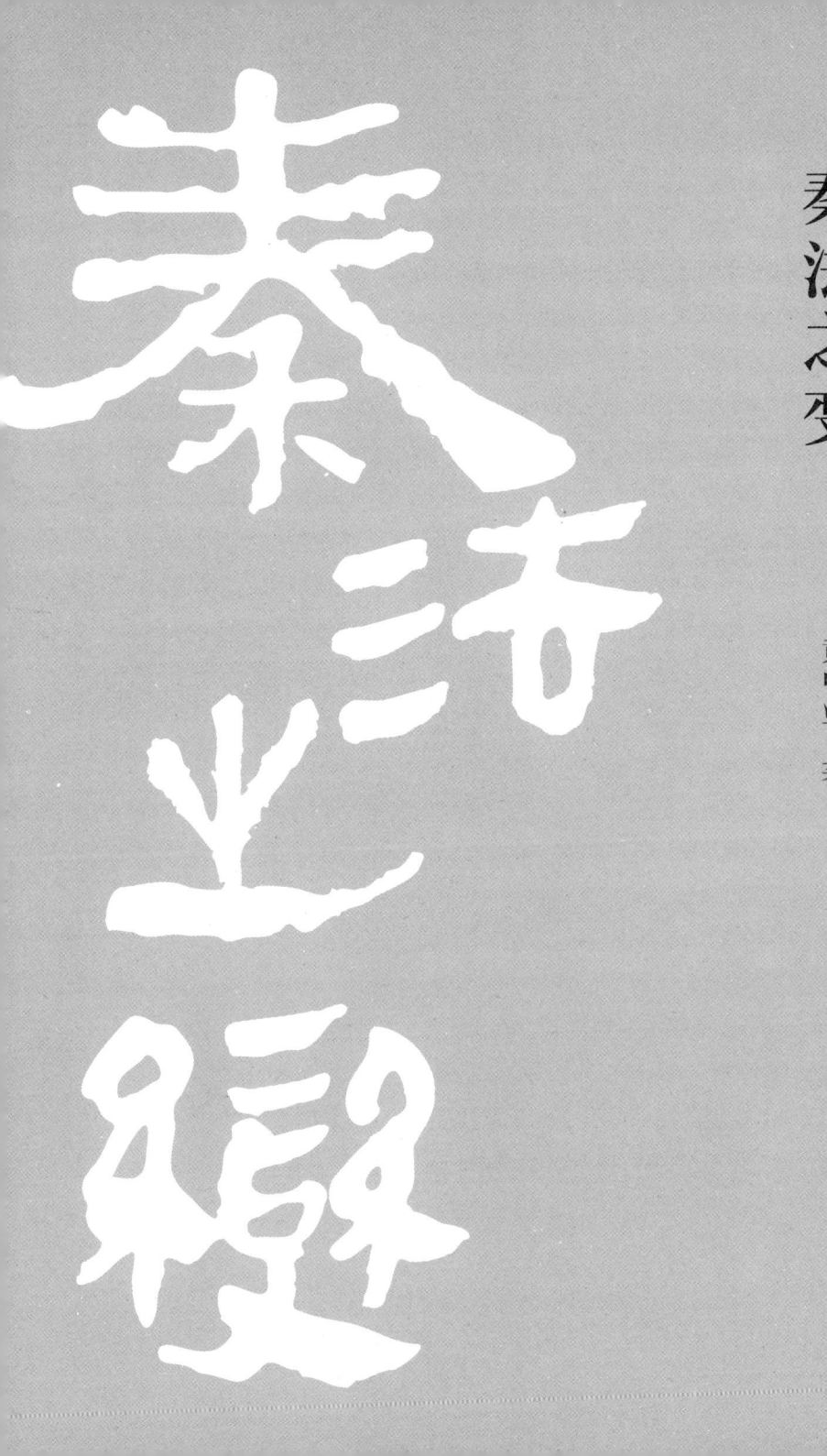

前　言

《秦法之变》写于1990年，是作者另一部小书《战国变法运动》的姊妹篇。作者于1981年发表《重评战国变法运动》一文，被《新华文摘》《光明日报》及同年《中国历史学年鉴》摘要介绍。此后，作者又陆续发表几篇关于战国变法的文字，其中有三篇被《新华文摘》全文转载。《战国变法运动》一书，1990年由吉林大学出版社出版。后来，被华中师范大学历史文化学院列入中国古代史课程战国秦汉史部分的八部参考书目（李学勤《东周与秦代文明》、林剑鸣《秦史稿》《秦汉史》、黄中业《战国变法运动》、刘宝才《先秦文化散论》、吕思勉《秦汉史》、翦伯赞《秦汉史》、马非百《秦集史》）之一。该参考书目，遗漏了杨宽的《战国史》。战国时期的法制建设，内含变法改制与立法建制两大部分。《战国变法运动》以论述变法改制为主，而立法建制于战国"七雄"中则以秦最为典型，且有《商君书》《睡虎地秦墓竹简》可资考证。

历史表明，山东六国的变法改革无不立即收到了富国强兵的显著效果，又大多于变法高潮过后，出现了宗室贵族长期专断国家大权、变法成果得而复失、国势日趋衰落的现象。唯有秦国变法最为彻底，商鞅虽死，"秦法未败"。秦孝公至秦王政六代国君，坚持商鞅变法改制、立法建制路线，以农战为基本国策，实行客卿制度，确立了布衣将相格局，把秦国法制建设的接力棒一代代传递下去，国势日强。秦王嬴政亲政后的第八年，秦国大军以排山倒海之势，十年间一举翦灭六国，统一天下，建立了中国历史上第一个中央集权制大一统王朝——大秦帝国。

秦国法制建设究竟取得了怎样的成就，战国晚期的学术界泰斗荀况大师曾有过实地考察，且有长篇评论流传后世。据《荀子·强国篇》记载，范雎任秦相（在秦昭王四十一年、公元前266年）后的某年，荀况入秦，范雎问："入秦何见？"荀况回答道："其固塞险，形势便，山林川谷美，天材之利多，是形胜也。入境，观其风俗，其百姓朴，其声乐不流污，其服不挑，甚畏有司而顺，古之民也。及都邑官府，其百吏肃然，莫不恭俭敦敬，忠信而不楛，古之吏也。入其国，观其士大夫，出于其门，入于公门；出于公门，归于其家，无有私事也。不比周，不朋党，偶然莫不明通而公也，古之士大夫也。观其朝廷，其间听决百事不留，恬然如无治者，古之朝也。故四世有胜，非幸也，数也。是所见也。故曰：佚而治，约而详，不烦而功，治之至也，秦类之矣。虽然，则有其諰矣。……则其殆无儒邪！故曰：粹而王，驳而霸，无一焉而亡，此亦秦之所短也。"

荀况以一位大思想家应有的公正品德、渊博而高明的见识，对秦国的山川形势、民风民俗、社会风气与官场风气，对秦国法制建设的成果给予了充分肯定，称赞而无溢美之词。这一切，与山东六国上层社会的腐败风气，恰成鲜明的对照。因此，荀况称秦孝公以来，四世有胜，并非侥幸，而是其内在发展规律的必然结果。秦国法制建设的成就，为秦国的国富兵强、统一天下与创建大秦帝国奠定了物质基础。荀况在肯定秦国以法治国的同时，又指出了"秦之所短",即"殆无儒邪"。秦国的专任法治,完全摈弃儒家的"为政以德",导致了秦帝国建立后秦始皇的法繁役重。而秦二世倒行逆施的暴政,更是使人民无法生活下去,终于揭竿而起,埋葬了大秦王朝。荀况"粹而王,驳而霸,无一焉而亡"的王道、霸道、亡道的论断,是一个深刻的见解。霸道也可能取得伟大的成功,但往往难以持久。

《秦法之变》的撰写,从历史的角度介绍商鞅的"改法为律",自秦国法律制度的初步建立谈起;继而探讨秦国法制建设的指导思想,阐述战国时期的法治理论;论述秦国法制建设进程的三个历史时期;同时对秦国的刑法、刑事诉讼法、行政立法及法规、经济立法及军事法规、民事法规做简要的介绍。秦国法制建设的重大成就与历史经验两章,是笔者学习秦律的一点体会,其中的谬误之处,望读者不吝批评指正。

这本小书,写于三十年前。这次承新星出版社刊印此书,又未及重新修订。愧对读者之意,望能见谅。

二〇一二年元月二日
于长春寓舍

目 录

第一章　商鞅变法与秦国新型法律制度的初步建立 ／ 1
第二章　战国法治理论与秦国法制建设 ／ 41
第三章　云梦秦律的发现及秦国法制建设的三个时期 ／ 79
第四章　秦国的刑法建设及其实施 ／ 93
第五章　秦国刑事诉讼法的建设及其实施 ／ 134
第六章　秦国行政立法与政务部门行政管理法规 ／ 152

第七章　秦国经济立法与经济部门行政管理法规／174

第八章　秦国军事法规建设及其实施／193

第九章　秦律中的民事法律规范／214

第十章　秦国法制建设的重大成就／231

第十一章　秦国法制建设的历史经验／256

第一章　商鞅变法与秦国新型法律制度的初步建立

战国形势与变法运动的兴起

中国的奴隶社会，属于古代东方类型，有它自身的许多特点。所谓井田制度、分封制度、宗法制度以及以《诗》、《书》、《易》、《礼》、《春秋》、"六艺"为代表的意识形态，构成了西周奴隶社会的经济基础和上层建筑的主体。至春秋之世，这种奴隶制度已进入衰落阶段。正如金景芳先生在《中国奴隶社会史》（上海人民出版社，1983年）和《中国古代史分期商榷》（《历史研究》1979年第3期）中所概括的那样：隶农的出现与井田制的逐渐瓦解；食邑制的盛行、县的始设与分封制的逐渐废止；族权同君权的对抗与宗法制的逐渐破坏；礼治被法治的逐渐取代，如此等等，这一切，标志着从经济基础到上层建筑，中国的奴隶制度已陷入全面的危机之中。

在上述历史背景下，公元前539年，齐国的晏婴出使晋国。在接待晏婴的国宴上，晋国的叔向向贵宾询问齐国的情况，两人之间有一段重要的对话，《左传·昭公三年》有详细的记载。在对话中，二人一致哀叹本国的国家政权即所谓"公室"，已进入无可挽救的末世。晏婴说：齐国的国君齐景公厚敛无度，人民挨饿受冻；酷刑之下，被砍去双足的罪人之多，致使市场上"假足"的价格上涨而鞋价下跌。他认为，齐国的国家政权不久将被陈氏家族所篡夺。叔向说：晋国的公室也进入末世，国家原有的军队，官兵严重缺员；庶民凋敝，路上满目饥馑，而公家豪富奢侈，君命下达，民如逃避寇仇；晋国原有八大家族，其后人降为平民、奴隶；国家政权把持在大夫的家门之中。晏婴、叔向作为齐、晋两国大夫，他们一致哀叹本国的国家政权到了无可挽救的末世，这表明，当时社会确已陷入这样一种绝境：昔日的奴隶主贵族统治集团已不能照旧统治下去了，旧秩序已遭到严重的破坏；而作为社会重要支柱的平民阶层（即所谓"国人"，他们是当时军队的基本成员），也无法照旧生活下去了，奴隶制度已陷入全面的危机之中。

春秋之世奴隶制的危机，有它深刻的社会根源。从生产力方面考察，一是原来地处中原和边陲地区的几个大诸侯国如齐、晋、秦、楚等，于春秋初、中期在经济上有较大的发展，赶上或超越了中原地区，成为经济上的强国；二是春秋后期的生产力发展有了新的突破，它具体地表现在铁制工具和牛耕的使用、大型农田水利工程及大型手工业作坊的出现、工商业的繁荣等方面。

生产力的飞速发展，导致了生产关系上的重大变革。表现在土地所有制方面，首先是"隶农"的出现和井田制的瓦解。在手工业方面，则是"工商食官"制度的破坏。在赋税制度上，春秋时期各国都实行了不少的改革，如齐国的"相地而衰征"，晋国的"作爰田"，鲁国的"初税亩""作丘甲""用田赋"，郑国的"作丘赋"，楚国的"量入修赋，赋车籍马"，陈国的"赋封田"，等等，上述改革，虽然内容不尽相同，但有一个共同的特点，即剥削量的增加。在客观上，这与劳动生产率的提高有关。总之，西周以来的奴隶制生产关系，至春秋时期已遭到严重破坏。新的生产关系即封建主义的生产关系，已在奴隶社会的母体中大量地产生了。

同生产关系变革相联系的是，春秋末期，奴隶主阶级原有的等级隶属关系已遭到严重的破坏，他们之中的大部分人由于采用了新的剥削方式，已开始向地主阶级转化，原属于"普遍奴隶"的"野人"随着井田制的逐渐瓦解、"国"与"野"界限的消失，大部分已上升为农奴并开始向个体农民转化；原来的平民阶层除少数上升为统治阶级之外，大部分加入了农奴或个体农民的行列。孟子是战国中期人，他在书中所谈到的"农夫"，其社会地位已是个体农民。当然，平民阶层和统治阶级中的某些人，也时有沦为奴隶的，奴隶主和奴隶作为阶级尚且存在。总之，春秋之世中国各阶级及其之间的关系，正处于大的变动之中。

然而，在上层建筑领域，情况则有所不同。作为西周奴隶制国家政体的分封制度[①]，至春秋后期，由于食邑制的盛行和县的出现，已遭到严重的破坏。但是，作为分封制度下的"世卿世禄"制度依然存在，各诸侯国内卿大夫把持国家政权、迭踞高位的现象，依然比比皆是。在意识形态方面，周礼和礼治的思想依然禁锢着卿大夫们的头脑：这些人可以为自身的利益改革赋税制度、变更生产关系，也可以像叔向、晏婴那样去哀叹公室末世的来临。但是让他们放弃世卿世禄制度，摈弃周礼和礼治的传统思想，则直接损害着他们既得的利益，有悖于他们的信仰，是难以办到的事。以上事实表明，春秋末世各诸侯国的上层建筑，基本上依然是奴隶制的上层建筑。这个旧的上层建筑同新的生产关系和经济基础是不相适应的，因此，改变腐朽的奴隶制上层建筑的性质，完成中国社会由奴隶制

[①] 黄中业：《西周分封制度是国家政体说》，《史学月刊》1985年第2期。

向封建制的转变，这个伟大的历史使命，并不是靠所谓新兴地主阶级在各国武装夺取政权来完成的。同战国时期实行变法革新的各国国君相比，鲁三桓、晋六卿、齐田氏在他们夺取国家政权前前后后的所作所为，表明他们与昔日的奴隶主贵族并没有什么不同；而上台之后，他们也没有实行过什么代表新兴地主阶级利益的改革和新政策，称不上是新兴地主阶级在政治上的代表人物。在中国历史上，并没有发生过新兴地主阶级向奴隶主贵族夺取国家政权的事。实际情况是相继在各国兴起的变法运动，自上而下地改变了上层建筑性质，完成了向封建制的飞跃[1]。

战国变法根源于当时社会基本矛盾的运动，是社会内在规律发展的必然结果。这一事实，并不意味着否认"在社会领域内进行活动的，全是有意识的、经过深思熟虑或凭激情行动的，追求某种目的的人；任何事情的发生，都不是没有自觉的意图，没有预期的目的"[2]。历史事实表明，是实现富国强兵的这一"预期的目的"，推动着各国国君先后走上了变法革新的道路。

战国时期政治形势的突出特征，便是七雄并立，它是春秋后期"晋楚齐秦，匹也"政治局面在新的历史时期的一种延续。《淮南子·要略》曾概括这种形势，说："晚世之时，六国诸侯，溪异谷别，水绝山隔，各治其境内，守其分地，握其权柄，擅其政令，下无方伯，上无天子，力征争权，胜者为右。"这就是说，七雄并立政治局面的形成和存在，是以如下几个条件为前提的。其一，是称雄的诸侯各自辖有相当辽阔的疆域，且有地理条件上的山川一类的险要为固守的屏障，此之谓"溪异谷别，水绝山隔"。其二，是

---

[1] 黄中业：《重评战国变法运动》，《史学月刊》1981年第5期。
[2] 《马克思恩格斯选集》第4卷，第243页。

称雄的诸国的国家政权，对其所辖领土实现了有效的统治，此之谓"握其权柄，擅其政令"。其三，是称雄的诸国在政治上、经济上、军事上都拥有相当强的实力，故能退可"守其分地"，进则"力征争权"，而"胜者为右"则是它们所追逐的目标。其四，基于以上原因，各大国在一定时期内的力量对比上，呈现出某种均势状态，即所谓"下无方伯，上无天子"。

七雄并立局面形成和赖以存在的四个条件之中，实力对比上的某种均势及各国间的相互制约，是最基本的条件。但是，均势是有条件的、暂时的，因而是相对的。对于称雄的各国国君来说，为着退可以固守疆域，进则图谋霸业，拥有强大的实力便成了他们最为关切的问题。

所谓实力，首先是军事实力。当时各国之间的争端，最终还是要靠战争来解决的，即如张仪所说："夫战者，万乘之存亡也。"（《战国策·秦策一》）因此之故，需要"兵强"。同时，维系一支强大的军队，还要有雄厚的经济实力，因此还需要"国富"，实现富国强兵便成了各国有见识的国君施政方针的预期目的。

怎样才能实现富国强兵？实行变法的国君从晏婴、叔向所哀叹的"政在家门，民无所依"之中认识到，实现富国强兵，首先必须改变那种公室卑弱、"政在家门"的状况，加强君权，削弱旧贵族的势力。为此，就不能不对旧有的政治制度进行改革，把变法提到日程上来。秦孝公在商鞅变法前夕所说的"今吾欲变法以治"（《商君书·更法》），韩非所说的"夫立法令者，以废私也"[①]，不仅道出了变法所要解决的主要问题，也说明变法是被作为改革政治的一种

[①] 见《韩非子·诡使》。引文中的"私"是指"私门"，即卿大夫势力，私是同"公"即"公室"相对而言。

手段而被付诸实行的。

《韩非子》书中有两段话，一是"法禁明则官法……官民治则国富，国富则兵强，而霸王之业成矣"（《六反》），二是"明主之国，无书简之文，以法为教；无先王之语，以吏为师。……是以无事则国富，有事则兵强，此之谓王资。既蓄王资而承敌国之衅，超五帝、侔三王者，必此法也"（《五蠹》）。这两段话的意思是说，实行新法（即变法革新）便可以富国，富国则可以强兵，强兵则霸王之业可成。此之谓韩非的"变法革新—富国强兵—霸王之业"的公式。这一公式，较完整地概括了战国变法运动领导者们"自觉的意图"和"预期的目的"。

战国变法运动的实践有力地说明，确实是富国强兵这一预期目的，推动着各国国君先后走上了变法革新的道路。而一大批具有远见卓识才能的"智能之士"，则成了变法之君不可缺少的得力助手[①]。

基于上述主客观原因，变法在中原各国的兴起，成了战国时期一种毫无例外的普遍现象：

公元前445年即位的魏文侯，是最早实行变法的魏国国君。他于在位的五十年中，重用贤才，在翟璜、李悝、吴起等一大批"智能之士"的辅佐下，实行"食有劳而禄有功，使有能而赏必行罚必当"原则，作"尽地力之教"，实行"平籴法"，制定成文法典《法经》，使改革获得成功，在比较完整的意义上开战国变法运动之先河，魏国成了战国初年最为强盛的国家[②]。

继魏文侯改革之后，赵烈侯于公元前403年任命牛畜、荀欣、徐越为"师""中尉""内史"，"选练举贤，任官使能"，在赵国实

[①] 黄中业：《论"智能之士"在战国变法中的作用》，《光明日报》1984年12月26日。
[②] 黄中业：《魏文侯的历史地位》，《光明日报》1983年11月16日。

行改革。

接着，楚悼王于公元前390年重用吴起，令他主持楚国变法。吴起在楚国所实行的"罢无能，废无用，损不急之枝官，塞私门之请，一楚国之俗"变法措施，收到了国富兵强的效果。

吴起变法失败后，到公元前4世纪50年代，变法在各国形成高潮，是战国变法运动的凯歌行进时期。这一时期相继实行变法革新的国家有：

公元前359年，秦孝公、商鞅在秦国实行变法；

公元前355年，韩昭侯、申不害在韩国实行改革；

公元前350年前后，魏惠王在魏国实行改革；

公元前348年，齐威王、邹忌在齐国实行改革；

公元前311年，燕昭王、乐毅在燕国实行改革；

公元前307年，赵武灵王在赵国实行"胡服骑射"。

在战国变法运动凯歌行进的半个世纪中，秦国的商鞅变法以其他六国改革不曾有的姿态，获得了极大的成功。

秦国社会与秦献公的改革

秦国在春秋时期，特别是秦穆公在位期间，社会经济飞速发展，已跃居当时先进国家的行列，并且兼国并土，称霸于西戎。秦穆公之后，秦国国势逐渐衰落。秦国社会虽有自己的特点，但到了春秋末期，同中原各国一样，秦国的奴隶制度也经历着它的危机，与中原各国的公室衰微、卿大夫把持国家大权的情形相类似。秦穆公之后，"庶长"专权，甚至操纵着国君的废立，致使内乱迭生，即所谓"厉、躁、简公、出子之不宁"（《史记·秦本纪》）。据《史记·六国年表》《秦本纪》《秦纪》的记载，公元前409至前408年秦简公的"令吏初带剑""百姓初带剑""初租禾"等法令表明，秦国在阶级关系和赋税关系上，已发生了重大的变化。封建主义的因素，已开始在秦国的奴隶社会内部产生。

战国初年，秦作为西方大国，其辖境西起现今甘肃省的东南部、陕西省中部的渭河两岸，东部与魏、韩和大荔之戎交界，南和楚、蜀相邻，西和獂、绵诸、乌氏诸戎相连，北与义渠、朐衍交界，国都在雍（今陕西省泾县西北）。

与秦国相邻的魏国，由于在战国初年实行了社会改革，国富兵强。而秦国自厉公至出子（公元前476年至前385年）期间，却是内乱不已，国势日衰，屡屡兵败于魏国，丧失了西河地区。西河地区的丧失，使秦国的安全受到严重的威胁。正是在这种内忧外患的形势下，秦献公开始了他的社会改革。

秦献公改革的主要内容有以下五点：

"止从死"

公元前384年，秦献公即位。这一年，他颁布了"止从死"的法令，正式废除人殉制度。人殉陋习，在秦国延续的时间较长。前621年，秦穆公死，用177人殉葬，其中包括子车氏的三名"良人"奄息、仲行、针虎。《诗经·秦风·黄鸟》即表达了当时人们对于这种野蛮行为的强烈谴责和对奄息等三人的深切怀念。曾经盛行于奴隶制初期的人殉制度，在春秋时期的中原各国已极为罕见。然而这种制度在秦国从秦穆公到秦献公，又延续了二百多年。秦献公正式废除人殉制度的法令，是秦国社会进步的标志之一。

迁都栎阳

前383年,秦献公将国都由雍迁至栎阳(今陕西省西安市临潼区栎阳村东北25华里,即12.5千米)。据《史记·货殖列传》记载:栎阳"东通三晋,亦多大贾",是秦国通向东方的门户,在战略上具有重要地位,又是商业贸易的中心之一。当时,魏国已占有关中平原东部的黄河西岸地区,设郡固守,时而进击秦国。而雍都距西河地区甚远,不利于失地的收复和对魏国的作战,秦献公毅然决定将国都迁至距魏国驻有重兵的西河郡一百华里(即50千米)的栎阳,它不仅表达了秦献公从魏国手中收复西河失地的决心,也显示了秦献公超人的胆略,为后世历代封建王朝关于迁都与定都的理论与实践,提供了可以效法的范例。

"为户籍相伍"

前375年,秦献公在秦国实行"为户籍相伍"的制度,将全国人口按五家为一伍的单位进行编制。这种编制,主要是军事性质的组织,为的是利于征兵,同时,便于对人民进行直接的统治。"户籍相伍"制度的实行,标志着秦国社会在阶级关系上已经发生了重大的变化。一大批原属于"普遍奴隶"的"野人"被编入户籍之中,取得了"平民"的身份,是以法律形式对阶级关系新变化的一种确认。

栎阳设县

春秋时期,楚、晋、秦诸国所设立的县,多在边远地带或系新征服的地区,一般带有军事上的设防性质。秦献公即位之后,又为秦国增设数县。其中,值得提出的是前374年在新都栎阳设县。栎阳设县的初衷,亦是军事上的考虑。然而,栎阳毕竟是秦国的都城。栎阳设县,对于县由最初的军事设防组织向军政合一的政权机构的过渡,无疑起了重要的桥梁作用,为后来商鞅变法时于全国推行县制准备了条件。

"初行为市"

前378年,秦国宣布在国都"初行为市",允许商人在国都自由从事商业活动。这就取消了奴隶制时代"工商食官"制度下对商业活动的种种限制;由官府垄断工商业的局面已被打破。"初行为市"以及随之而来的工商业发展,对于推动秦国奴隶制的瓦解,无疑起了积极的作用。

秦献公的在位时间,首尾三十二年。这期间,他在秦国所实行的一系列改革收到了显著的成效,在对外战争中初步扭转了屡败于外敌的被动局面:前366年,秦兵大败韩、魏联军于洛阴(今陕西省大荔县西);前364年,秦军大败魏军于石门(今山西省运城西南),斩首六万;前362年,秦军与魏军战于少梁,虏魏将公叔痤。秦献公的改革虽未能从根本上改变秦国的奴隶制度,但它对推动秦国社会进步所起的积极作用,是不容否认的。作为秦国社会大变革即将来临的前奏,秦献公改革为秦孝公、商鞅变法的发生和进行,开辟了道路。

秦孝公的《求贤令》与商鞅由魏入秦

前362年,秦献公卒。次年,其子渠梁即位,是为秦孝公,时年二十一岁。是时,同秦国并立的几个大国,有的经历了社会改革,国势正强;有的原来就是经济和军事上的强国,特别是与秦国相邻的魏、楚两国。魏自魏文侯改革以来，占有秦国的西河地区，并在洛水东岸修筑长城，以为攻守之备，是打入秦国机体内的一个楔子；南方的楚国，占有秦国南部边境外的汉中地区，时刻威胁着秦国的安全。秦国的北部、西部地区，受到诸戎势力的包围。在诸戎的包围之中和魏、楚两国的遏制之下，秦国的势力止限于渭水两岸，偏在一隅，即所谓"僻在雍州，不与中国诸侯会盟"。在七雄并立的局面下，长此下去，秦国且莫说是争雄，连图存也大成问题。

秦孝公作为一名开明君主，他从秦国的日趋衰落和邻国变法富强的事实中总结教训经验，把秦国所面临的严峻形势作为自己的奇耻大辱，因此决心在秦国实行变法图强。秦孝公回顾秦国历史上的兴衰，正视战国形势和秦国所处的地位，向全国人民发布了他的变法求贤法令。他说：

> 昔我穆公，自岐、雍之间，修德行武，东平晋乱，以河为界，西霸戎翟，广地千里，天子致伯，诸侯毕贺，为后世开业，甚光美。会往者厉、躁、简公、出子之不宁，国家内忧，未遑外事，三晋攻夺我先君河西地，诸侯卑秦，丑莫大焉。献公即位，镇抚边境，徙治栎阳，且欲东伐，复穆公之故地，修穆公之政令。寡人思念先君之意，常痛于心。宾客群臣有能出奇计强秦者，吾且尊官，与之分土。

秦孝公的变法求贤法令，回顾秦国历史，谈到了穆公称霸于西戎的大业；厉、躁、简公、出子时期国家的内乱和领土的沦丧；献公在位期间的图强励治。他痛心疾首，决心下令求贤，变法图强。秦孝公公布这项法令的意义在于，它是在秦国实行变法的动员令。这个动员令，是秦孝公以国君的身份向全国人民公布的。在当时，它不仅是秦国政治生活中的大事，而且在其他国家也产生了巨大的反响。这种反响的重要后果之一，便是公孙鞅的由魏入秦。

商鞅的变法理论与立法原则

商鞅是卫国国君的后代，即"诸庶孽公子"，公孙氏，名鞅，故称公孙鞅；因为是卫国国君的后代，又称卫鞅；入秦后受封于商地，故称商鞅。商鞅"少好刑名之学"，于前365年来到魏国，曾在魏国国相公叔痤手下充任"中庶子"，是一名掌管公族的小官吏。公叔痤知道商鞅有奇才，未及进贤而病危，魏惠王问公叔痤谁可接替他，公叔痤推荐商鞅，惠王不听。

魏国是"三晋"之一，早在春秋时期，晋国的法治建设就走在其他国家的前面。及至战国，魏文侯又首先在魏国实行改革，获得成功。当时，魏国是法家思想和法家人物的故乡，在这样优越环境里，法家思想和法治的遗风余教对商鞅的熏陶，使他在青少年时代便接受了法家思想的洗礼，加之商鞅本人的天赋和努力，使得他在青年时期便成了一位超群的法家人物。公叔痤死，商鞅为施展自己的抱负和才能，应秦孝公《求贤令》之召，由魏至秦。

前359年，商鞅来到秦都栎阳，走秦孝公宠臣景监的门路，求见孝公。商鞅本着"良鸟择木而栖"的原则，向秦孝公试探。前三次会见，第一次，商鞅以"帝道"进言，"孝公时时睡，弗听"；第二次，语以"王道"，孝公有甚于上次；第三次说以"霸道"，"孝公善之"。待至第四次接见，商鞅阐述了他的法治主张，"以强国之术说君"，秦孝公大悦。孝公与商鞅谈话，"不自知膝之前也，语数日不厌"。于是，秦孝公决定起用商鞅，在秦国实行变法。

商鞅的变法理论，见于他同反对派甘龙、杜挚的一场辩论中。

秦孝公决计在秦国实行变法，担心这将引起天下人的议论，在舆论上要遭到非难。为此，他决定按照秦国的惯例，召开包括反对派大臣在内的宫廷会议，在朝廷上就要不要实行变法问题，进行了一场大辩论。《商君书·更法》对此有详细的记载：

君（秦孝公）曰："代立不忘社稷，君之道也；错法务民主张，臣之行也。今吾欲变法以治，更礼以教百姓，恐天下议我也。"

公孙鞅曰："臣闻之：'疑行无成，疑事无功。'君亟定变法之虑，殆无顾天下之议也。且夫有高人之行者，固见负于世；有独知之虑者，必见毁于民。语曰：'愚者暗于成事，知者见于未萌。民不可与虑始，而可与乐成。'郭偃之法曰：'论至德者不和于俗，成大功者不谋于众。'法者，所以爱民也；礼者，所以便事也。是以圣人苟可以强国，不法其故；苟可以利民，不循于礼。"

孝公曰："善。"

甘龙曰："不然。臣闻之：'圣人不易民而教，智者不变法而治。'因民而教者，不劳而功成；据法而治者，吏习而民安。今若变法，不循秦国之故，更礼以教民，臣恐天下之议君，愿熟察之。"

公孙鞅曰："龙之所言，世俗之言也。夫常人安于故习，学者溺于所闻。此两者，所以居官而守法，非所与论于法之外。三代不同礼而王，五霸不同法而霸。故智者作法，而愚者制焉；贤者更礼，而不肖者拘焉。拘礼之人不足与言事，制法之人不足与论变，君无疑矣。"

杜挚曰："臣闻之：'利不百，不变法；功不十，不易器。'臣闻法古无过，循礼无邪，君其图之。"

公孙鞅曰："前世不同教，何古之法？帝王不相复，何礼之循？伏羲、神农，教而不诛；黄帝、尧、舜，诛而不怒；及至文、武，当时而立法，因事而制礼。礼、法以时而定，制、令各顺其宜，兵甲、器备各便其用。臣故曰：治世不一道，便国不法古。汤、武之王也，不循古而兴；夏、殷之灭也，不易礼而亡。然则反古未必可非，循礼者未足多是也。君无疑矣。"

孝公曰："善。吾闻穷巷多怪，曲学多辩。愚者笑之，智者哀焉；狂夫之乐，贤者丧焉。拘以世议，寡人不之疑矣。"

在这场辩论中，反对变法的甘龙和杜挚，他们用以反对的，不过是"圣人不易民而教，智者不变法而治""利不百，不变法；功不十，不易器""法古无过，循礼无邪"一类理论。这种理论，据甘、杜二人所言，皆来自"臣闻之"，且举不出历史事实来加以论证和说明。而商鞅用来驳斥甘龙、杜挚的变法理论，所根据的是《郭偃之法》和"五霸不同法而霸""汤、武之王也，不循古而兴；夏、殷之灭也，不易礼而亡"等被历史所验证过的"当时而立法，因事而制礼"的理论，主张"治世不一道，便国不法古"。在被历史事实所验证的理论面前，反对变法的理论失去了立足之地。主持这场辩论的秦孝公，听罢这场辩论，消除了心中"恐天下议己"的顾虑，决定立即在全国实行变法，并颁发了变法的第一道法令——《垦草令》。

商鞅的上述变法理论，可概括为以下五个要点：

第一，法无不是在一定时期本着从实际出发的因事而制宜的原则制定的。即："当时而立法，因事而制礼。礼、法以时而定，制、令各顺其宜。"

第二，时代变了，法也应随着相应地改变。即："治世不一道，便国不法古。"

第三，变法则兴，不变法则亡。即："三代不同礼而王，五霸不同法而霸""汤、武之王也，不循古而兴；殷夏之灭也，不易礼而亡"。

第四，实行变法是国君的权力。

第五，商鞅所说的变法，主要是指变革不合时宜的法制、宪法而言，而不是无条件地一味讲变法。当法律合时宜的时候，商鞅也是主张"居官守法"的。

同商鞅的变法理论相联系的，是他在秦国实行变法时的立法原则。这一立法原则，可概括为以下五个要点。

以法治国，不殊贵贱

商鞅的以法治国，是他的立法思想中至高无上的原则。这一原则讲的是法制在国家政治生活中的地位，这一地位便是：法是治国的根本。他说："夫利天下之民者莫大于治，而治莫康于立君，立君之道莫广于胜法。"（《商君书·开塞》）他又说："民本，法也。故善治者塞民以法，而名地作矣。"（《商君书·画策》）商鞅所说的"胜法"，就是实行法治；"民本，法也"，讲的是法是治国之本。商鞅的其他立法原则和他在秦国所从事的变法活动，都是以"以法治国"这一原则为出发点的。

同"以法治国"原则相联系的是"不殊贵贱"原则。司马谈《论六家之要旨》说："法家不别亲疏，不殊贵贱，一断于法。"所谓"不殊贵贱"是说，除国君和他的法定继承人外，无论享有何种特权的阶级、阶层和个人，都没有超越法律的权利；任何人触犯法律，都要依法制裁。商鞅为彻底贯彻"食有劳而禄有功"原则，在新法中规定"宗室①非有军功论，不得为属籍"，这是不殊贵贱原则在立法中的体现。在君主制的国家里，除国君和他的法定继承人外，其他人有无超越法律的特权，是衡量一个国家是否实行法治的重要标志之一。实际情况只能是这样：专任法治，以法治国，就必须在法律面前不殊贵贱；反言之，实行不殊贵贱，就意味着把专任法治奉为治国的至高无上的原则。

总之，以法治国，不殊贵贱，既是商鞅立法原则中的最高准则，也表达了法治在国家政治生活中的至高无上的地位。

当时因事，强国利民

当时因事，是商鞅立法的基本原则，即所谓"当时而立法，因事而制礼。礼、法以时而定，制、令各顺其宜，兵甲、器备各便其用"，"法宜其时"。这里，"时"是指所处时代，"事"是指实际情况，"宜"是与实际相符合，"便其用"是效益良好。即是说：制定法律要从当时本国的实际情况出发，法律条文要符合实际并收到良好的效益。这就意味着要改变那些与时代不符（过时的）、同实际相脱离、于治国有害的原有法律。这既是商鞅立法的基本原则，也是他变法理论的基本要点之一。

强国利民，是商鞅立法和变法所要达到的主要预期目的，即所谓"法者，所以爱民也；礼者，所以便事也。是以圣人苟可以强国，不法其故；苟可以利民，不循于礼"。强国利民作为商鞅立法时的基本出发点之一，因而也就具有立法原则的性质。

---

①宗室，这里指国君的家族。

赏罚为柄，厚赏重罚

赏罚作为商鞅推行新法的强而有力的手段，目的在于为新法的推行开创局面，收到令行禁止的效果。因此，韩非把赏罚比作"二柄"，称它是国君手中用以制服臣民的有力武器。商鞅在制定新法时对赏罚的作用有充分的认识，商鞅新法的诸多法律条文中，有许多条文往往同时具有赏与罚这两个方面的内容。这就表明，运用赏罚手段来推行新法，事实上成了商鞅的立法原则之一。

所谓厚赏重罚，是说在使用赏罚这一手段时，实行赏要厚、罚要重的原则，充分发挥赏罚的作用。厚赏重罚原则，在商鞅新法的诸多法律条文中，亦多所体现。

赏信罚必，轻罪重刑

赏信罚必即韩非所说的"赏莫如厚而信，使民利之；罚莫如重而必，使民畏之"（《韩非子·五蠹》）。这里，"信""必"讲的是取信于民、有法必依，执法必严、违法必究。可见，赏信罚必是商鞅推行新法（即执法）的基本原则。鉴于这一原则同赏罚为柄原则在内容上的联系，故列入商鞅的立法原则中予以说明。

轻罪重刑，是商鞅的又一立法原则。据《史记·李斯列传》记载："商君之法，刑弃灰于道者。夫弃灰，薄罪也；而被刑，重罚也。"商鞅的轻罪重刑的理论根据，是"行刑，重其轻者。轻者不至，重者不来，是谓之以刑去刑。"这就是他的"小过不生，大罪不至"（《韩非子·内储说上》）的以刑去刑理论。商鞅的轻罪重刑的原则，在商鞅新法的诸多条文中，亦多所体现。

移风易俗，废私立公

移风易俗，废私立公，是商鞅变法所要解决的根本问题之一，体现在商鞅新法的诸多法律条文之中。因此，废私立公实际上亦是商鞅的立法原则之一。据《韩非子·和氏》的记载，商鞅在秦国变法，"塞私门之请而遂公家之劳"，所要解决的是官场风气和社会风气问题，李斯甚至说"孝公用商鞅之法，移风易俗"（《史记·李斯列传》）。韩非所说的"夫立法令者，以废私也"（《韩非子·诡使》），即是从立法原则的高度谈到"废私"的。

商鞅起草新法与新法的公布

商鞅于公元前359年来到秦国，在他与甘龙、杜挚的辩论之后，秦国公布了第一个变法法令——《垦草令》。从前359年《垦草令》的公布到前356年商鞅被任命为"左庶长"公布第一批新法，其间共有三年的时间。三年之中，商鞅按照他的立法原则，结合秦国的实际情况，制定了他的第一批变法新令。这三年，便是商鞅起草第一批新法的时间。

商鞅的新法起草完毕、尚未公布之前，为使人们相信新法的必定执行，曾采取徙木赏金的办法，使新法取信于民。据《史记·商君列传》记载：

> 令既具，未布。恐民之不信己，乃立三丈之木于国都市南门，募民有能徙置北门者，予十金。民怪之，莫敢徙。复曰："能徙者，予五十金。"有一人徙之，辄予五十金，以明不欺，卒下令。

商鞅的徙木赏金，并不是他自己的发明。吴起在西河郡郡守任上,为取信于民,就曾采取类似的办法。商鞅的这种办法,是从他的"民不可与虑始"观点出发,通过取信于民,使人们相信,不管人们理解、相信、拥护与否,新法的实行是确定不移的。

《史记》中的"令既具,未布"一语表明,从秦孝公的决定变法,到新法的正式公布,中间有一个起草新令、准备公布新法的时间。这项工作,无疑是由商鞅来完成的。

商鞅新法的基本内容

公布《垦草令》

据《商君书·更法》的记载,《垦草令》是前359年商鞅来秦不久所公布的第一道法令。此时,商鞅的身份还是"客卿"。《垦草令》的内容已不详。《商君书》有《垦令》篇。该书虽然保存了不少关于商鞅变法的史料,但它毕竟成书于商鞅之后的商鞅学派之手。从《垦令》篇的内容看,它从十二个不同的方面在理论上说明实行怎样的政策,才可以使人们趋于农耕,收到"草必垦"的效果,不一定就是秦孝公所公布的《垦草令》法律条文。

关于商鞅第一次变法的主要内容,据《史记·商君列传》有以下八条:

"令民为什伍而相牧司连坐"

"令民为什伍",是把人民按照五家为伍、十家为什的单位进行编制。什伍之上设有"里",里有"里典"。什伍编制的性质,首先在于它是一种军事编制,服从战时征兵的需要。其次,这一编制又在秦国建立了户籍制度,便于国家掌握人口的数字,利于赋税的征收和行政上的管理与统治。

"相牧司连坐","相牧司",是说互相纠发;"连坐"是说"一家有罪而九家连举发;若不纠举,则十家连坐"。古时,入罪称"坐"。这里把"令民为什伍"同"相牧司连坐"联系起来,赋予秦献公改革中的"为户籍相伍"以新的内容,使"什伍"这一组织形式服务于禁止奸邪盗贼、加强法治的需要。什伍连坐法令,是商鞅变法的一大发明,而为其他六国变法所不见。

什伍组织的建立,实际上是把阶级关系上的变动用法律的形式固定下来。原来处于"普通奴隶"的"秦之野人",现在被编入"什伍"组织,具备了当兵打仗的资格,从而获得了"平民"身份。用法律确认"野人"的平民身份,赋之以相应的权利和义务,并以此为出发点,在秦国实行变法,富国强兵,把变法建立在合乎实际的、更加广泛的社会基础之上,这是商鞅变法不同于其他六国变法的一大特征。商鞅变法所获得的巨大成功,同什伍组织的建立是有着一定联系的。

"不告奸者腰斩,告奸者与斩敌首同赏,匿奸者与降敌同罚"

这条法律作为"相牧司连坐"法律的补充和具体内容之一,首先是指"什伍"之内的"告奸""不告奸""匿奸"及相关的赏罚。此外,这条法律还包含有更广泛范围内的"告奸""不告奸""匿奸"及其相关的赏罚的内容。如客店主人收留没有证件的旅客,便要同罪连坐。"不告奸者腰斩"的连坐法无疑是一条残酷的法律。然而,把这条法律简单地归结为对劳动人民的残酷镇压是不妥的。这因为,第一,这项法律是出于推行新法、实行法治、维护新秩序的需要,它的打击矛头,不单单是指向破坏秩序的劳动人民,也包括犯法的旧贵族势力在内。第二,同"不告奸""匿奸"相对应的,是"告奸者与斩敌首同赏"。按照新法斩敌首赐爵的原则,平民中的告奸者可以因此而获得爵位,由此而逐渐地上升为享有政治经济特权的统治阶级。这虽然有对劳动人民进行镇压的一面,但在当时的历史条件下,它主要是打击敌对势力、扩大新法赖以存在的阶级基础的一项积极的政策。

"民有二男以上不分异者,倍其赋"

实行"民有二男以上不分异者,倍其赋",是用惩罚的手段,强制推行一夫一妻制个体家庭制度。这项法令的初衷,原不过是为了农业生产的发展,扩大税收和增加兵源,谋求富国强兵。但实施的结果,却造就了大批以一家一户为单位的个体小农家庭。历史表明,以个体家庭为单位的小农经济,不仅是后世封建社会农业经济的主要内容,也是封建制度所赖以存在的社会基础,这就使得商鞅变法同其他六国改革相比,在否定宗族制度上具有更为彻底的性质。

"有军功者,各以率受上爵;为私斗者,各以轻重被刑大小"

这种奖励军功的法令,为的是鼓励士兵奋勇杀敌,是商鞅实现"强兵"的重要措施之一。关于按军功授爵的具体情形,据文献记载,杀敌甲士一人并取其首级者,可得到如下奖励:

赐爵一级(见《韩非子·定法》);
赐田一顷,宅九亩(见《商君书·境内》);
欲为官者,可以当俸禄为五十石的小官(见《韩非子·定法》);
可役使一人为自己的农奴(见《商君书·境内》);

斩敌"五甲首而隶五家"(见《荀子·议兵》)。

这种奖励军功的政策，使一部分战士因军功的大小不同而获得高低不等的爵位，从而在政治上和经济上享有大小不等的特权，上升为统治阶级。

"为私斗者，各以轻重被刑大小"法令中的"私斗"，主要是针对《商君书·战法》中所说的"邑斗"而言。能够操纵邑斗的，多是各邑中原来的大小奴隶主头目，直接受害者则是平民百姓。这种邑斗，对直接生产者和农业生产有很大的破坏力，不利于富国强兵和对外作战，所以新法对此规定了严厉的惩罚条款。

像商鞅新法中这种按军功授爵的政策和严惩私斗，亦不见于其他六国的变法之中。

"僇力本业，耕织致粟帛多者复其身；事末利及怠而贫者，举以为收孥"

"僇力本业，"是指致力于农桑，即耕织。"致粟帛多者复其身，"是指生产较多粟米者（可理解为除交纳规定的赋税外，多向国家交纳粟帛的人），可以免除本人的徭役。从"僇力本业"和"复其身"的联系中可以看出，僇力本业的人主要是直接生产者。而那些经营农业并不直接参加农业生产劳动的人，多享有特权，并不存在"复其身"的问题。事实上，"致粟帛多者"无疑是小农中的富裕户。国家对这种富裕户给以免除徭役的优惠，不仅刺激了农业生产的发展，而且必然要促进农村中的两极分化，有利于从小农之中造就一批新兴地主阶级。

"事末利"者，是指从事商业和手工业的商人和手工业者。"怠而贫者"，是指不从事生产的"游食者"。"举以为收孥"，是说连同妻子、儿女一同没入官府，罚作奴隶。这项法令，是用惩罚的强制手段，使"工商之民"和"游食者"趋于农耕，回归到农业生产者的队伍。实施这项法令的背景是，随着战国商品经济的发展和商业利润的高于农耕，必然要吸引一大批耕田者弃农经商，从而导致农业人口的减少和田野的不辟，加之大商人的垄断市场和在粮食贸易上的囤积居奇，严重地破坏了农业和工商业的正常比例关系，侵害了小农的利益，不利于农业生产的发展。这就同以"教耕战"为主要内容的富国强兵的国策形成了尖锐的对立。"事末利及怠而贫者，举以为收孥"，便是商鞅为解决这一矛盾而制定的一项法令。

"复其身"和"举以为收孥"的法令表明，商鞅的新法对于平民来说，既有因此而上升为统治阶级的可能，又有因此而沦为奴隶的危险。商鞅把对直接生产者的赏罚作为推行新法、发展农业生产、实现富国强兵的手段，这也是其他六国变法中所少见的。

"宗室非有军功论，不得为属籍"

"宗室"是指国君的宗族家室，"属籍"是指宗室的簿籍。这条法令是说，即或是国君公族，如果没有军功，便不能列入公族的簿籍，不得享有宗室的特权。国君的宗室尚且如此，更不必说其他没有军功的贵族了。这是对世卿世禄制度最为彻底的否定。商鞅变法后的秦国，宗室贵族始终未能形成足以同君权相抗衡的势力。在秦国，并没有出现像其他六国那样的宗室贵族长期专权的现象。因此，这条法令对于秦国后来的客卿制度、布衣将相格局乃至于中央集权君主专制政体的建立，创造了极为有利的历史条件。

"明尊卑爵秩等级，各以差次名田宅，臣妾衣服以家次"

"明尊卑爵秩等级"，是指制定新的爵秩及新的等级制度。商鞅变法之前，秦国已有爵制。商鞅变法时，为利用赏罚作为推行新法的杠杆，重修秦国爵制，由公士到彻侯，共分二十个等级[①]。爵位和官职不尽相同，它是同政治上和经济上的特权直接相联系的。具有某种爵级，便可以担任某级官职，坐享一定的经济收入。如第九级爵"五大夫"，便可以"税邑三百家"。

"各以差次名田宅"，是说按照爵级的差次占有相应数额的田宅。"臣妾衣服以家次"，是说占有臣妾（奴隶）的数额和标志身份的服制，应当因各自爵位的不同而有所区别。"名田宅"的"名"作动词用，指的是名实相符。按照爵位的尊卑来规定占有田宅、奴隶的数量，并用服制上的不同来标志他们的身份，是出于按功授爵的需要，使特权同爵位一致。这样，既可以防止无功或功小的人超越爵位等级攫取更多的特权，把特权限制在爵位所规定的范围内，使有爵者特别是享有高级爵位的人，不可能发展成为同国家和君权相抗衡的势力；而按爵位等级享有的田宅、奴隶数额一经公布，又可以鼓励那些无爵位或爵位较低的人，通过为国立功的途径，获得更高一级的爵位和特权。上述不见于其他六国变法中的规定，对于富国强兵的实现和封建制度的确立，无疑起了促进的作用。

"有功者显荣，无功者虽富无所芬华"

这条法令，实际上是对上述第二至八诸条法令的概括或与之相关，因而在商鞅第一次变法中所公布的诸法令中，带有《总则》的性质，是新法的核心内容和基本原则。这项原则是说有功（主要是军功）者可以获得相应的爵位和特权，无功者虽然富有财产（因继承或其他原因），但本人却没有资格享有政治上和经济上的特权。

[①] 高敏先生认为，商鞅变法时尚未有二十等爵，二十等爵是在商鞅变法之后逐渐形成的。（《兰州大学学报》1977年第3期）

商鞅新法的这条总则,显然是魏文侯改革中"食有劳而禄有功"原则在秦国的继续。所不同的是,商鞅新法又赋予魏文侯改革中这项基本原则(也是其他五国变法的基本原则)以新的具体内容和实施办法。商鞅为贯彻这条总则所制定的上述有关条款表明,《总则》是对"食有劳而禄有功"基本原则的新发展:它是商鞅总结自魏文侯改革以来各国的变法实践和经验教训,结合秦国的历史实际和自己在法治理论上的造诣和独创而制定的。《总则》把"食有劳而禄有功"原则更加具体化,并通过其他诸多法令的颁布使之落实和付诸施行,是商鞅对战国变法运动的一大贡献。

商鞅第一批变法新令取得显著成效之后,前352年,秦孝公任命商鞅为大良造(秦国当时最高的官职)。前350年,秦迁都于咸阳,秦孝公、商鞅公布了第二批变法新律。

"筑冀阙宫廷于咸阳"

"冀阙",是当时宫廷门外的一种较高的建筑物,其用途是用以来悬示和公布法令。"宫廷",既是国君及其家族的居住处所,又是国君和百官办公的地方。前350年,咸阳宫室营建完毕,秦孝公即迁都于此。《史记·商君列传》于"筑冀阙宫廷于咸阳"之下写道:"秦自雍徙都之",与秦国自栎阳徙都咸阳的事实不符。咸阳是"据天下之上游,制天下之命"(《读史方舆纪要》)的战略要地,秦孝公及其以后的历代秦君,正是利用了这一地理位置上的优势,从这里制定并颁布了令天下为之瞩目的政策、法令以及政治、军事、外交上的一系列重大决策,最终兼并了六国。

"令民父子兄弟同室内息者为禁"

这条法令,是第一批新法中"民有二男以上不分异者,倍其赋"

的补充和发展。从二男以上不分异者倍其赋到父子兄弟同室内息者为禁表明，只是"倍其赋"还不能使所有家有二男者自行"分异"，于是第二批新法中才规定了严令禁止的法令。其目的，一如所初，仍是为造就更多的个体家庭，以利于发展生产、征收赋税和扩大兵源。

"初为赋"

前348年，秦国实行"初为赋"。赋，原为秦国按土地征收的实物税和军赋。自秦简公于前408年实行"初租禾"（按田亩征税）六十年过后，秦孝公颁布"初为赋"，按人口征收"口赋"，即人头税，即《通典》《文献通考》所说的"任民所耕，不计多少，于是始舍地而税人"。《商君书·垦令》说："则以其食口之数，赋而重使之，则辟淫游惰之民无所食。"可见，将按田亩征税改为按人口征税[①]，任人所耕，舍地而税人，是为了鼓励人民多垦荒地，增产粮食；同时又可以使那些"辟淫游惰之民"无法逃避赋税，使之归于农耕；还可以使贵族豢养的"食客"数目受到来自征收赋税方面的限制。总之，既增加了国家财政收入，利于发展农业生产，又限制了工商之民和旧贵族扩张私人势力。

"为田开阡陌封疆"

关于"开阡陌封疆"的实质，目前史学界的看法分歧很大，有人认为是土地制度上的一次重大改革，也有人认为与土地制度无关。《史记·商君列传》把"开阡陌"同"赋税平"联系在一起表明，前者肯定与土地所有制有关。阡陌封疆原是秦国土地公有制度下个人所分得的土地疆界，同时又与田间的道路和沟洫系统结合在

[①]《史记·商君列传》有"为田开阡陌封疆而赋税平"，把土地的疆界同赋税联系在一起。可见，秦国并不曾废除按田亩征税，而是实行既按田亩又按人口征税的双轨制。

一起，具有双重的性质。随着井田制度的瓦解，原有的阡陌多数已不再是个人占有土地的疆界，内容和形式脱离了。阡陌封疆作为旧制度下的残留物，虽然不失作为道路和沟洫的功能（否则它便不可能残留下来），但毕竟不能作为新的土地占有制度下的疆界标记，不利于确认新的土地占有制度和农田水利规划。所以，与其说"开阡陌封疆"是土地制度变革的本身，毋宁说它是在土地制度已发生重大变革的情况下，以法律的形式确认新的土地所有制度，标志着封建主义的生产关系在秦国基本上得到了确立。在战国变法中，唯有秦国在土地所有制问题上采取了如此彻底的封建化政策。

"平权衡，正度量，调轻重"

《战国策·秦策三》载蔡泽对范雎之语："夫商君为孝公平权衡、正度量、调轻重。"《史记·商君列传》只谈到"平斗桶、权衡、丈尺"，而未谈及"轻重"。"权衡"是指计算重量的衡器，"量"是指计算容积的衡器，如"斗、桶"之类，"度"是计量长度的单位，如"丈、尺"之类，"轻重"是指货币而言。《史记》谈商鞅统一度量衡而未谈及货币，是一项疏漏。蔡泽是秦昭王时人，他同范雎讲商鞅统一货币，时间在前3世纪50年代前后，距离商鞅变法不到一百年，是可信的。

有人曾不加分析地讲，商鞅统一度量衡的目的，"无非是加强对人民的剥削"。其实，就整体而言，这条法律主要是服务于实行统一的赋税制度和俸禄制度，是发展社会经济即"富国"的需要，而计量标准不一，会给上述制度的实行带来许多不必要的麻烦和弊病。至于对广大劳动人民来说，度量衡和货币的统一，只能使他们因此在某种程度上免受因度量衡和币制上的混乱而造成的一些额外损失，而不是相反。总之，这一法令对秦国社会经济发展乃至于统一的中央集权制度的建立，都是有积极意义的。

"集小都乡邑聚为县，置令丞，凡三十一县"

秦献公改革，曾在国内增加县的设置，但未能普及全国。商鞅的这条法令，则是在全国范围内，特别是在全国的腹地将原有分散在各地的"小都""乡邑"聚而为县，普遍实行县制，将全国所有土地和人民纳入"县"的管辖之下，使"县"成为国家在地方上普遍设置的行政机构。

"置令丞"，是在县内设置令、丞官员。县令是一县的最高行政长官，县丞是县令的助手。每县设县尉一人，负责一县的军事。县令、县丞、县尉均由国君任命并可随时任免或调任，官职并非终身，更不能世袭。

"凡三十一县"（《史记·秦本纪》作"四十一县"，《六国年表》作"三十县"），是说在全国设县三十一。它标志着以县为地方政权机关的制度，在秦国已正式地建立起来。普遍推行县制的法令表明，中央集权制的国家政体，在秦国已经正式确立。

商鞅在秦国所发布的两批变法新令，除见于《商君书》和《史记·商鞅列传》的十五条之外的，据其他典籍所载，还有以下五条。

"塞私门之请而遂公家之劳"

商鞅变法的这项重要内容，见于《韩非子·和氏》的记载，其详已不得而知。商鞅实行这项法令，主要是为了改变秦国官场中原有的歪风邪气。吴起在楚国变法时就曾这样做过。当时称得上"私门"的，无疑是那些达官贵人。私门之间的私下请托，多是些损害"公家"（即国家）利益乃至于触犯新法的事。此门不塞，此风必长，其后果必将有碍于新法的贯彻执行和败坏官场与社会的风气。

"遂公家之劳",是说那些有功劳于国家的人,应及时得到奖赏,政府有关官员不得从中滞留,拖延不办。有功而不能及时得到奖赏,这显然与官场中的不正风气有关:官员如以"私门之请"为务,势必不能"遂公家之劳"。把制度上的改革同变更官场和社会风气联系起来,同步进行,是商鞅从吴起变法中汲取的一条成功经验。

"禁游宦之民而显耕战之士"

商鞅变法的这项内容,亦见于《韩非子·和氏》的记载。"游宦之民"是指那些靠四处游说而谋求官职爵禄的人,多属于"言纵横者"一类。"禁游宦之民"与吴起当年在楚国变法所实行的"破驰说之言纵横者"含义相同,意图和目的也大体一致,是吸取了吴起变法的成功经验。商鞅把"禁游宦之民"同"显耕战之士"联系起来,意在使游宦之民趋于农耕。"显耕战之士",即实行奖励耕织和奖励军功。

"乱化之民尽迁之于边城"

据《史记·商君列传》记载,商鞅变法在收到"乡邑大治"的效果之后,"秦民初言令不便者,有来言令便者。卫鞅曰:'此皆乱化之民也,尽迁于边城。'其后民莫敢议令。"商鞅在这里所说的"乱化之民",即魏国李克在魏文侯改革中所说的那些"乱乡曲之教"的"淫民",亦是吴起在楚国变法所说的那些"恶治"的"细民"。这些人在新法颁布时言"令不便",在新法取得成功后又来说"令便",自有其个人目的,且表明他们是地方上颇有势力和影响的头面人物,属于足可以乱教化的旧奴隶主贵族势力。商鞅将这些人"尽迁之于边城",是参照了吴起在楚国变法中所实行过的"令贵人往实广虚之地"的做法,以收到铲除旧势力、整顿教化、开发边地的效果。

商鞅的使"民莫敢议令",是为了消除人们对新法的怀疑和非难,以树立新法的威信。他认为:那些反复无常的乱化之民对新法的称赞,是言不由衷的,不可相信。

"刑弃灰于道者"

据《史记·李斯列传》记载:"商君之法,刑弃灰于道者。夫弃灰,薄罪也;而被刑,重罚也。彼惟明主,为能深督轻罪,而况有重罪乎?"商鞅的轻罪重罚,其理论根据是"行刑,重其轻者。轻者不至,重者不来,是谓之以刑去刑"。这种"小过不生,大罪不至"(《韩非子·内储说上》)的以刑去刑理论与实践,在变法之初,为扫除权贵们有法不依的积弊、树立新法的威信、加强人们的法制观念,在特定的历史阶段是有它的积极意义的。至于商鞅本人在当时是否意识到这种轻罪重罚应是特定时期的权宜之计,文献中并无记载。但是,商鞅之后的法家李斯却深知这一政策的利弊。他所讲的"彼惟明主为能深督轻罪",即是说,实行这一政策应当是审慎的、视其需要的、有条件的临时性措施,而且是唯有"明主"才能行之,并非任何时间、任何条件下都可以实行的。

"燔诗书而明法令"

商鞅在变法中实行"燔诗书而明法令",事见《韩非子·和氏》的记载,别无他征,其具体内容已难言其详。从《商君书·靳令》所反映的情况来看,燔诗书的目的是解决"六虱胜其政"的问题。《靳令》说:"六虱:曰礼乐,曰诗书,曰修善,曰孝悌,曰诚信,曰贞廉,曰仁义,曰非兵,曰羞战。"商鞅把以诗书礼乐为代表的儒家学说比喻成有害于国家的寄生虫,认为国"无六虱必强","有六虱必弱"。他还进一步说,"国以六虱授官爵,则治烦言生",将导致"君之治,不胜其臣;官之治,不胜其民"的后果。他的结论是,"好用六虱者亡",六虱乃"亡国之俗也"(以上引文均见《商君书·靳令》)。这里商鞅是把以诗书礼乐为代表的儒家政治学说及其伦理道德观念,看成是推行耕战、富国强兵、以法治国的大敌,将导致君不能治其臣、官不能治其民的严重后果,以至于"弱国""亡国",这就是商鞅实行"燔诗书而明法令"的出发点。"燔诗书而明法令"这一提法表明,韩非把商鞅的"燔诗书"看成是他为"明法令"的一种措施或手段。

商鞅的"改法为律"

商鞅的"改法为律",事见《唐律疏义》的记载:

> 李悝集诸国刑典,造《法经》六篇。……商鞅传授,改法为律。汉相萧何,更加悝所造《户》《兴》《厩》三篇,谓九章之律。

从上面这段记载来看,探讨商鞅"改法为律"的内容、目的及其意义,还得从李悝的《法经》谈起。

据《晋书·刑法志》的记载:

> 悝撰次诸国法,著《法经》。以王者之政,莫急于盗贼,故其律始于《盗》《贼》。盗贼须劾捕,故著《囚》《捕》二篇。其轻狡、越城、博戏、借假、不廉、淫侈、逾制,以为《杂

律》一篇。又以其律具其加减，是故所著六篇而已，然皆罪名之制也，商鞅受之以相秦。

《法经》六篇，《盗法》《贼法》讲的是对盗、贼的惩治，第三篇《囚法》讲的是断狱，第四篇《捕法》讲的是捕亡，第五篇《杂法》讲的是对轻狂犯法、偷越城墙、赌博、欺诈、贪污贿赂、荒淫奢侈、所用器物超越身份等级上的规定等几种违法行为的惩治，第六篇《具法》讲的是根据具体情况依法加重或减轻刑罚的某些具体规定。

《法经》的内容表明，它是一部刑法法典，讲的是对刑事犯罪的惩治。而"悝撰次诸国法，著《法经》"一语表明，《法经》是李悝参照当时各国的法律、为保护和巩固魏文侯改革成果、维护新的社会秩序并结合魏国的实际情况而制定的。

商鞅在秦国变法，上距李悝在魏国制定《法经》，时间已过去半个多世纪，各国的情况都发生了很大的变化。特别是李悝《法经》的制定，是在魏文侯改革取得基本成功之后，用它来维护新的秩序；而商鞅在秦国的首要任务，却是通过社会改革，改变"国乱兵弱而主卑"的局面，富国强兵。因此，只依靠《法经》，并不能完成秦国变法的重大使命。正是在这种情况下，才有了商鞅的"改法为律"。

商鞅"改法为律"的内容，一是《法经》作为一部刑法典仍为商鞅所采用，因为它是李悝总结各国立法经验而制定的一部自成体系、较为完备的刑法法典，有它的科学性和稳定性；二是商鞅为使秦国富强，在《法经》外又制定了一大批单行法规，因为不这样做，便无法从秦国实际出发来改变秦国的落后状态，称雄于诸侯。

"律"本是用竹管或金属管制作的定音或候气的仪器，有"六律""十二律"之称,"准则""法则"是"律"字的引申含义。从文献记载看,把成文法又称作"律",是战国时期的事。如赵国之法称作《国律》,《庄子·徐无鬼》中有"法律之士广治"的提法,等等。商鞅的"改法为律",主要是在《法经》之外,按照变法的基本原则(如"食有劳而禄有功""使有能而赏必行罚必当""聚小都乡邑集为县""燔诗书而明法令""塞私门之请而遂公家之劳")所制定的一些单行法规或具体的法律条文。

《管子·七臣七主》在谈到"法"与"律"的不同含义时说:

> 夫法者,所以兴功惧暴也;律者,所以定分止争也;令者,所以令人知事也。法律政令者,吏民规矩绳墨也。

所谓法者"兴功惧暴",是从根本法、宪法的角度,指出法带有基本原则的性质,对于治理国家能从整体上收到"兴功惧暴"的效果。而律者"定分止争",是说律如同某项具体法规那样,是相关的各项具体法律条文,因此可以用它来定分止争。

"法律"作为一个复合名词,与它同时代的复合名词如"仓廪""稼穑"一样——法与律、仓与廪、稼与穑在单独使用的情况下,一般都具有复合名词法律、仓廪、稼穑的含义。然而,在并列或相对使用时,两者之间在含义上的区别是明确的,不可混为一谈。《管子·七臣七主》对法与律分别做出的解释、《唐律疏义》中的"改法为律",都属于后一种情况。

云梦出土的《秦律》,"律"的名称已超过三十种(这肯定不是《秦律》的全部),其中包含有刑法、行政法、经济法、诉讼法、民法等诸多方面的条文。文献记载和出土秦律证明《管子·七臣七主》为法与律所下的定义是符合当时历史实际的。正因为如此,战国时期一些国家的成文法亦称之为律，如赵国的《国律》、秦国的《秦律》等。商鞅的"改法为律"和一大批单行法规、法令的制定与颁布，标志着秦国的法制建设进入了一个新的阶段。

秦国新型法律制度体系的初步建立

秦国的法制建设，自商鞅变法进入一个崭新的阶段。这一崭新阶段的主要标志，便是一个新型法律制度体系在秦国的初步建立。

这一新型法制体系，是商鞅依据先进的变法理论和立法原则制定出来的。如前文所述，商鞅的变法理论和立法原则，科学地总结了当时各国变法的经验，并结合秦国社会实际，加之商鞅本人的天赋和造诣，使得他能够为秦国乃至于中国社会奉献了一个崭新的法制体系。

在这个新型法制体系中，李悝所制定的中国第一部刑法法典，被商鞅保留和沿用。从《晋书·刑法志》和《唐律疏义》的有关记载看，商鞅对《法经》六篇，并没有像汉初萧何增加《户》《兴》《厩》那样，做大的删改和增补，承认这部刑法典在他的法制体系中具有根本法的地位。至于商鞅对《法经》六篇在具体内容上是否有过删改或补充，如有，都删改或补充了些什么，限于缺少记载，不得而知。

在商鞅的立法过程中，变法的几项基本原则，在他的新法中往往具有《总则》的地位。如本书前文所述的"有功者显荣，无功者虽富无所芬华"，便是其中明显的一例。

商鞅法制体系最为突出的一个特点，就是在刑法典和总则之外，有一大批单行法规、法令的制定与颁布。这些法规、法令有：

开垦荒地的法规；

什伍连坐的法规；

告奸与匿奸的赏罚法规；

强令父子、兄弟分家的法规；

奖励耕织与惩罚商贾的法规；

奖励军功与惩罚私斗的法规；

取缔宗室贵族特权的法规；

建立新的爵秩等级制度并赋予相应特权的法规；

按人头征税的法规；

确认新的土地占有制度的法规；

统一度量衡和货币的法规；

全国普遍设县的法规；

改变官场风气和社会风气的法规；

焚烧《诗》《书》和宣传法制的法规；

强令迁徙乱化之民去边地的法令；

惩治弃灰于道路者的法令。

正是商鞅的变法理论、立法原则、执法措施，以及他所沿用的李悝的刑法法典和他所制定和颁布的新法总则、一大批单行法规和法令，标志着中国历史上一个崭新的法律制度体系，在秦国已经初步建立起来。这一法制体系的形成和实施，收到了富国强兵的预期目的。

商鞅推行新法的几项重要措施

商鞅推行新法的重要措施，可以归纳为以下五项。

宣传法律，徙木而赏金，使令吏民知法

宣传新法，对人民进行法律知识的教育，使"天下之吏民，无不知法者"（《商君书·定分》）是商鞅推行新法措施之一。他所以"燔诗书"，就在于《诗》《书》一类典籍，是儒家对弟子乃至人民进行教育的教科书。《诗》《书》的传布，特别是儒家之徒利用《诗》《书》来以古非今，不利于法律知识的普及和法制教育的进行。因此，商鞅把"燔诗书"作为"明法令"的一种手段，《韩非子·和氏》把它概括为"燔诗书而明法令"。至于商鞅在公布新法前所搞的徙木赏金，实际上也是对新法的一次宣传：宣布他所颁布的新法，是要不折不扣地执行的。

不许议令，迁乱化之民，树立新法威严

树立新法的威严，是商鞅推行新法的又一措施。据《史记·商君列传》记载，商鞅在变法收到"乡邑大治"的效果之后，对于那些当初非难后来又称颂新法的"乱化之民"，全部强令迁徙到边远地区，并且收到了"其后民莫敢议令"的效果。不许人民议论法令，目的是树立新法的威严。据《商书君·定分》记载，公孙鞅说："敢剟定法令，损益一字以上，罪死不赦。"不许私下对法令改动一字，犯者处死，目的同样是为了树立新法的威严，最终还是为了有利于新法的推行。

不殊贵贱，日绳贵公子，严惩犯法权贵

据《史记·商君列传》记载，新法公布后，太子犯法，商鞅主张严办。经请示秦孝公，对太子犯法一案，判为"刑其傅公子虔，黥其师公孙贾"。因为太子是王位继承人，不可用刑，故以其师代受其刑。商鞅严惩犯法权贵的理论根据是"法之不行，自上犯之"，这是他从当时司法实践中总结出的一条重要经验教训。他认为：法律之所以不能实行，主要在于上层权贵们的带头违法。变法的反对派赵良称商鞅"日绳秦之贵公子"，说他每日每时都对秦国的贵公子们绳之以法，使得"宗室贵戚多怨望者"。可见，在推行新法的过程中，商鞅确实把主要的打击矛头指向犯法的权贵，严惩不贷。《史记·商君列传》在谈到"刑其傅公子虔，黥其师公孙贾"之后，紧接着说："明日，秦人皆趋令"，并收到"行之十年，秦民大悦"的效果。太子犯法，商鞅敢于严办，使得权贵们不敢轻易地以身试法，这对于新法的推行极为有利，所以开创出了"明日，秦人皆趋令"的局面。可见，在推行新法的诸项措施中，严惩犯法权贵，可谓推行新法的契机。

赏罚为柄，轻罪而重刑，要在令行禁止

赏罚为柄作为商鞅的立法原则之一，也是他推行新法的重要手段措施。为了使这一措施更为有利，他还提出了轻罪重罚的理论和立法原则，其目的在于以此收到令行禁止的效果。此外，赏罚作为一种措施和手段，对于新法的推行，往往能起到开创局面的作用。商鞅变法中的"刑其傅公子虔，黥其师公孙贾，明日，秦人皆趋令"以及齐国的齐威王为推行改革，"赏一人，诛一人，奋兵而出，诸侯震惊，皆还齐侵地，威行三十六年"（《史记·滑稽列传》），都是以赏罚为推行新法开创新的历史局面的典型案例。

整饬吏治，塞私门之请，改变社会风气

"塞私门之请而遂公家之劳"作为商鞅变法的重要原则和内容之一，目的在于整饬吏治，改变官场风气和社会风气。这项变法的原则和内容，事实上又是推行新法的重要措施之一。韩非所说的

"官行法"一语表明，法律是通过各级政府的官吏来执行的。显而易见，如果吏治黑暗，官员都忙于"私门"的请托，积案如山，官场风气腐败，这势必为新法的推行造成障碍。商鞅对这个问题有足够的认识，因而他从立法原则和执法措施的高度，在新法中写进改变官场风气和社会风气的有关条款。这一推行新法的重要措施，由于通过立法的手段，成了不准"损益一字"的法律条文，这就使得这项措施的实行，有了法律上的保证。

在商鞅变法中，立法原则、执法措施和新法条文，有时常常是三位一体的。即是说，在商鞅的新法中，有的法律条文既是法令，又是立法原则，也是执法措施。这是商鞅新法的一大特点。在中国法制史和法律思想史上，对于这一特点应该做出怎样的评价，这里姑且不论。但是，有一点是确凿无疑的，那便是商鞅新法的这一特点，对于新法的推行、实施和收到预期的效果，起了不容否认的积极作用。

商鞅新法的实施及其成效

商鞅所制定的新法，由于它在变法理论和原则上的正确，切合秦国当时的社会实际，加之推行新法措施的强而有力以及秦孝公、商鞅在实行新法上的坚定不移、执法如山，确保了新法的实施和收到预期的目的。从文献中的一些记载来看，商鞅的新法曾被认真地付诸施行。

《史记·商君列传》记载：秦孝公死，太子继位，公子虔告商君"欲反"，发吏捕之，商君逃至下关，到旅店投宿，店主人不知他是商鞅，见他又无凭证，对他说："商君之法：'舍人无验者，坐之.'"可见,商鞅的什伍连坐法令,在当时确实是被认真地付诸实行的。

商鞅强令父子、兄弟分家法令的施行,可见于《汉书·贾谊传》的记载。西汉的贾谊说:"秦人家富子壮则出分家,家贫子壮则出赘",便是对商鞅这一法令实施后果的一种写照。

关于奖励军功和按照爵位高低赋予相应的政治、经济特权,则见于本书前文所引《商君书·境内》《韩非子·定法》以及《荀子·议兵》的有关记载,这里不再征引。

关于取缔宗室特权法令的实施,《史记·商君列传》中"宗室贵戚多怨望者"一语表明,商鞅的这项法令已被认真地付诸实行。否则,就不会引起宗室贵戚中大多数人的"怨望"。特别是太子犯法,刑及其师傅,是严惩权贵犯法的一个典型案例。

关于统一度量衡和货币法令的施行,现藏上海博物馆的传世"商鞅方升",即是当时作为标准量器而制作的。实物表明,统一度量衡和货币的法令,在商鞅变法时确实被付诸施行。

商鞅新法实施的结果,在短期内即收到了显著的成效。据《商君列传》记载,商鞅的第一次变法,"行之十年,秦民大悦,道不拾遗,山无盗贼,家给人足,民勇于公战,怯于私斗",即是说:变法在短期内于秦国建立了井然的秩序,收到了富国强兵、乡邑大治的效果。在对外战争中,前358年,秦军首败韩军于西山。前354年,秦攻取魏国的少梁。前352年,秦兵围攻魏国的旧都安邑,安邑降秦。前351年,秦兵攻魏国的固阳,固阳降秦。

秦孝公、商鞅的第二次变法,同样获得了巨大的成功。前340年,商鞅用计生擒魏将公子昂,魏国被迫交还过去侵占的西河部分土地。为此,秦孝公封商鞅于於、商(今陕西省商县东南商洛镇)十五邑,号称"商君"。

秦孝公、商鞅的两次变法,是战国时期使诸侯震惊、士民瞩目的一件大事,战国及秦汉时期的文献,多有评论,现摘录如下:

《史记·秦本纪》:"卫鞅说孝公,变法修刑……(秦孝公)十九年,天子致伯;二十年,诸侯毕贺。"

《史记·商君列传》:"(商君)为田开阡陌……秦人富强,天子致胙于孝公,诸侯毕贺。"

《战国策·秦策一》:"商鞅治秦,法令至行。……期年之后,道不拾遗,民不妄取。兵革大强,诸侯畏惧。"

《战国策·秦策三》载蔡泽语:"夫商君……教民耕战,是以兵动而地广,兵休而国富,故秦无敌于天下,立威于诸侯。"

《韩非子·和氏》载韩非语:"商君教孝公以连什伍……显耕战之士。孝公行之,主以尊安,国以富强。"

《史记·李斯列传》载李斯语:"孝公用商鞅之法,移风易俗,民以殷盛,国以富强。"

《新序》论曰:"秦孝公保崤函之固,以广雍州之地,东并河西,北收上郡,国富兵强,长雄诸侯,周室归籍,四方来贺,为战国霸君,秦遂以强,六世而并诸侯,亦皆商君之谋也。"

战国和秦汉时人的大量评论表明,商鞅变法确实获得了巨大的成功,取得了显著的成效,达到了预期的目的,实现了富国强兵,为秦国日后的兼并六国、统一天下,奠定了坚实的基础。

第二章　战国法治理论与秦国法制建设

战国时代是中国法学繁荣的时代。在这个时代里，出现了一批著名的法家人物。他们所提出的系统而完备的法治学说，为封建制度在中国的确立起到了重大的作用。为魏文侯制定《法经》的李悝，无疑是战国初期法家学派的大理论家。主张"任法而治"的商鞅，强调依靠法治来富国强兵。强调国君用术的申不害，主张用术来加强君主的中央集权。强调君主乘势的慎到，主张把"权重位尊"作为君主行法、用术的前提。战国末期的韩非，则主张法·术·势三位一体，提出了建立统一的、君主专制的中央集权制国家的理论。在战国法家中，秦国的商鞅学派和齐国的管仲学派最负盛名。《韩非子·五蠹》所说的"今境内之民皆言治，藏《商》《管》之法者，家有之"，即可证明这一点。

战国时期的法治理论，同当时各家学说一样，并不受七国国界的限制。在这个意义上说，秦国的法制建设，无疑是在战国法治理论指导下进行的。其中，商鞅和商鞅学派的法治理论以及韩非的法治理论，对秦国的法制建设起到了重大的作用。

《商君书》的法治理论与秦国的法制建设

《商君书》及其史料价值

《商君书》是一部记载以商鞅为代表的秦国法家学派的政治主张和法治思想的著作。自《汉书·艺文志》以来,《隋书·经籍志》《旧唐书·经籍志》《新唐书·艺文志》《宋史·艺文志》对《商君书》均有著录。《汉书·艺文志》法家有《商君》二十九篇,今《商君书》二十六篇,第十六篇和二十一篇亡佚,实存二十四篇。

从《商君书》的内容来看,书中各篇所载的基本观点除大体上一致之外,尚有些明显的不同与对立,如《去强》篇的"重罚轻赏"、《开塞》篇的"刑九而赏一"与《修权》篇的"赏厚而信"、《外内》篇的"赏则必多",便属于这种情况。这表明,《商君书》并非一时一人之作,而是从商鞅到秦始皇统一中国的一百多年中,由秦国商鞅学派的法家陆续撰写、编辑而成。在《商君书》的《徕民》篇有"自魏襄以来,野战不胜,守城必拔。小大之战,三晋之亡于秦者,不可胜数也。""且周军之胜,华军之胜,长平之胜,秦所亡几何"数语。在《弱民》篇,有"秦师至鄢、郢,举若振槁;唐蔑死于垂沙,庄蹻发于内,楚分为五"数语。《徕民》与《弱民》所提到的上述历史事件和人物的历史年代:

魏襄王于公元前318—前295年在位;

周军之胜,是指秦国灭掉从东周王室所分裂出来的西周君和东周君,时间分别为秦昭王五十一年(前256年)和秦庄襄王元年(前249年);

华军之胜,是指公元前274年,秦国在华阳大败魏将芒卯,杀敌十五万;

长平之胜,是指公元前260年(秦昭王四十七年)秦将白起在

长平大败赵国军队,坑杀降卒四十余万人;

秦将白起率大军攻破鄢、郢,分别在公元前279、前278年;

楚将唐蔑战死于垂沙和庄蹻在楚国内部起事,均在楚怀王二十八年,即公元前301年。

上述历史事件和历史人物的年代表明,《商君书》成书年代的时间下限,不可能早于秦昭王的末年和秦庄襄王的元年(即公元前249年),但一般也不能晚于秦统一六国(公元前221年)。《商君书》最终编辑成书的年代,大体在公元前249年至公元前221年之间。但是,在《商君书》的最后一篇即《定分》篇中有"天子置三法官:殿中置一法官,御史置一法官及吏,丞相置一法官。诸侯、郡、县皆各为置一法官及吏,皆此秦一法官"数语。这段文字中所述的中央机构和地方政权的设置,似不存在于统一六国之前,而是在秦统一六国之后,与西汉前期的情形酷似。由此看来,《商君书》中的个别篇章如《定分》篇,很可能是西汉初年的法家撰写而成。

《商君书》的思想内容,含有如下几个方面:

商鞅本人的法治理论及其变法实践;

商鞅学派对商鞅法治理论的进一步阐述;

商鞅学派对商鞅法治理论的新发展;

商鞅学派向秦国政府所提出的建议;

秦国法制建设的有关记录。

关于商鞅本人的法治理论和变法实践,本书第一章已有叙述。下面,具体谈谈《商君书》对商鞅法治理论的继承和发展以及秦国政府在何种程度上接受了商鞅学派的法治理论,并付诸实践,从而使秦国的法制建设向前迈进了一步。

"不法古，不修今"

"不法古，不修今"原则，是商鞅学派对商鞅变法理论的继承和发展。《开塞》篇①说："圣人不法古，不修今。法古则后于时，修今则塞于势。周不法商，夏不法虞，三代异势，而皆可以王。故兴王有道，而持之异理。"这里，所谓"不法古"，即商鞅在《更法》篇所说的"治世不一道，便国不法古。"

《开塞》中所说的"不修今"，则是商鞅学派对商鞅"当时而立法，因事而制礼"原则的继承与发展。"不修今"当作"不循今"，即不拘守于现状，其理由是"修今则塞于势"，认为拘囿现状则不能适应形势的发展。

既不法古，又不修今，是说无论是古代的，还是当今的，只要不合乎时宜，与实际不符，就应当改变，因事因地制宜，变法革新。

"世事变而行道异"

把人类社会历史划分若干阶段，从而论述变法的必要，是商鞅学派对商鞅变法理论的进一步发展。《开塞》说："上世亲亲而爱私，中世上贤而说仁，下世贵贵而尊官。上贤者，以相出为道也；而立君者，使贤无用也。亲亲者，以私为道也；而中正者，使私无行也。此三者，非事相反也，民道弊而所重易也，世事变而行道异也。故曰：王者有绳。"这段话的意思是：

上世亲亲而人爱私利，中世崇尚贤人而好仁义，下世尊重贵人和官吏。崇尚贤人，以推举别人为原则；而设立国君，就使崇尚贤人的原则不适用了；只爱亲人，是以自私为原则；而提倡公正，就

---

①本章引《商君书》原文，只标出篇名。

使自私的原则行不通了。这三个时代的做法并不是故意彼此相反，而是人们原来遵循的原则被破坏，所注重的方面改变了，社会情况起了变化，治理的办法就不同了。所以说，开创王业有一定的准则。

所谓"世事变而行道异"，就是说时代和社会具体情况变化了，所实行的法律也应该随之变化。否则，"安其故而窥于时"，"上法古而得其塞，下修今而不时移，而不明世俗之变，不察治民之情"，则将"欲治民而助之以乱"（《壹言》）。即是说：安于旧制度而不考察时势的变化，效法古代而为旧制度所束缚，拘囿现状而不能随着时代前进，既不懂得时代风俗的变化，又不考察治理民众的实际情况，这势必是想把人民治理好，却反而助长了混乱。

秦国社会改革的使命，不可能因商鞅变法一蹴而就。从商鞅变法到秦统一六国的一百多年间，商鞅学派"不法古，不修今""世事变而行道异"的变法理论，仍具有它的重大实践意义。出土的云梦秦律乃至于秦统一六国后所制定的一系列法律制度，有很多条款都是在上述的变法理论指导下制定的。公元前213年，秦帝国的博士淳于越主张实行分封，丞相李斯以"五帝不相复，三代不相袭，各以治。非其相反，时变异也"为据，予以驳斥（见《史记·秦始皇本纪》）所用的仍是商鞅学派的"不法古，不修今""世事变而行道异"的变法理论。

"观俗立法，察国事本"

"观俗立法、察国事本"作为商鞅学派的立法原则，见于《算地》篇的记载："圣人之为国也，观俗立法则治，察国事本则宜。"这是对商鞅"当时因事，强国利民"立法原则的继承和发展。"观俗立法"，是说立法时必须考虑到原有的风俗等有关各方面的情况;"察国事本",是说立法时必须考查到国家和人民的基本情况和立国的根本(指"农战")。否则,"不观时俗,不察国本,则其法立而民乱,事剧而功寡,此之所谓过也"(《算地》)。这就是《壹言》中所说的:"故圣人之为国也,不法古,不修今,因世而为之治,度俗而为之法。故不察民之情而立之,则不成;治宜于时而行之,则不干。故圣王之治也,慎为、察务,归心于一而已矣。"这段话是说:

所以圣人治理国家,不效法古代,不拘守现状,按照当时的实际情况进行治理,参考社会风俗来制定法令。立法不考察民众的实际情况,就不会成功。推行合乎时宜的治理办法,才不会和现实相抵触。因此圣人治理国家,谨慎地考察时务,把注意力集中于实行农战。

《立本》篇的"俗生于法而万转",是说在"观俗立法"之后,反过来,法对风俗又有反作用,即风气的形成与法治有关:风气形成于法治,并且由于法治的推行而随着时势变化。

从云梦秦律的各项法律条文和《商君书》所反映的情况看,"观俗立法,察国事本"确实是商鞅之后秦国政府立法的基本原则。

"法明白易知而必行"

"法明白易知而必行",是商鞅学派所提出的又一重要立法原则。《定分》篇在讲述实行这项原则的道理时说:"夫微妙意志之言,上知之所难也。夫不待法令绳墨而无不正者,千万之一也。故圣人以千万治天下。故夫智者而后能知之,不可以为法,民不尽智;贤者而后知之,不可以为法,民不尽贤。故圣人为民法,必使之明白易知,愚智遍能知之。"这段话的意思是说:

那些隐晦难懂的言论,对于有上等智慧的人,也是难于理解的。不靠法律约束而能行为完全正确的人，千万人中不过一个。因此，圣人是按照千万人的情况来治理国家的。所以，只有聪明的人才能理解的，不可以作为法令，因为人民不都是智者；只有贤人才能理解的，也不可以作为法令，因为人民不都是贤者。因此，圣人为人民制定法令，必须使法令明白易懂，使愚人和智者都能够理解。

商鞅学派主张立法必须明白易知，其目的在于使全体人民都能懂得法律，凭借法律立功受赏，避免刑罚，即所谓"法明而民利之"（《错法》）、"法制明而民畏刑"（《君臣》），这就是"立法分明"（《修权》）的原则。否则，法令不明，"国无明法，不肖者敢为非"（《画策》），坏人就会敢于为非作歹了。《画策》篇还说："圣王者不贵义而贵法，法必明，令必行，则已矣。"即是说：圣人不重视义而注重法，法必须明白，令必须执行，这样就可以了。这就是"法明白易知而必行"（《定分》）的立法原则。

从云梦出土的《秦律》和《语书》（秦国南郡郡守腾所发布的《政府文告》）的内容来看，秦国政府在立法实践中，贯彻了这一立法原则。

"法详则刑繁，法简则刑省"

《说民》篇有"法详则刑繁，法简则刑省"一语。这句话，是从立法的角度上说：法律条文制定得过于详尽和烦琐，刑罚就会增多；法律条文简明扼要，刑罚就会减少。上述立法思想和原则的提出，是有针对性的。从出土云梦秦律来看，《秦律》的法律条文在某种程度上确有过于详尽而烦琐的弊端，并导致刑罚的增多，因而提出了"法简则刑省"的原则。《盐铁论》所说"秦法繁于秋荼，而网密于凝脂"，谈的正是这种情况。

然而，事实表明，商鞅学派所提出的"法详则刑繁，法简则刑省"的原则，并不曾被秦国的统治阶级所采纳和付诸立法实践。

"任法而治"

"任法而治"的以法治国理论，是商鞅学派法治理论的一个重要方面，在《商君书》中有很多的论述：

> 法令者，民之命也，为治之本也，所以备民也。为治而去法令，犹欲无饥而去食也，欲无寒而去衣也，欲东而西行也，其不几亦明矣！（《定分》）

> 民本，法也。故善治者，塞民以法，而名、地作矣。（《画策》）

> 故有明主忠臣产于今世，而能领其国者，不可以须臾忘于法。破胜党任，节去言谈，任法而治矣。使吏非法无以守，则虽巧不得为奸；使民非战无以效其能，则虽险不得为诈。夫以法相治，以数相举……臣故曰：法任而国治矣。（《慎法》）

> 故明主慎法制：言不中法者，不听也，行不中法者，不高也；事不中法者，不为也。言中法，则辩之；行中法则高之，事中法则为之。故国治而地广，兵强而主尊，此治之至也。人君者，不可不察也。（《君臣》）

> 明主之治天下也，缘法而治，按功而治。凡民之所以疾战不避死者，以求爵禄也。明君之治国也，士有斩首捕虏之功，必其爵足荣也，禄足食也。（《君臣》）

> 仁者能仁于人，而不能使人仁；义者能爱于人，而不能使人爱，是以知仁义之不足以治天下也。……圣王者不贵义而贵法……（《画策》）

上面这六段有关以法治国的论述，意思是说：

法令是民众的生命，治国的根本，它是用来保护民众的。治国而舍弃法令，就像想不挨饿却不吃饭，想不受冻却不穿衣，想往东去却往西走，这样做达不到目的是很明显的。(《定分》)

制服民众的根本，在于法律。所以善于治国的君主，用法律约束民众，这样，名望和土地就可以得到了。(《画策》)

所以如有明君忠臣出现于当今之世，而又能治理好他们的国家，那就不可以片刻忘记法治。破除结党营私，取缔空谈，以法治国，才能治好国家。只要使官吏除了法律之外再无其他凭借，官吏再巧诈也难以做成坏事；只要使民众除了打仗之外便无处施展能力，民众再奸险也诈骗不了人。……所以我说：以法治国，国家就会治理得好。(《慎法》)

因此，明君慎重地对待法制：言论不合于法制，不听信；行为不合于法制，不推崇；事情不合于法制，不去做。言论合于法制，就听信；行为合于法制，就推崇；事情合于法制，就去做。这样，国家就治理了，领土就扩大了，兵力强盛而且国君尊严，这就是把国家治理得最好的了，以上所说的，做国君的是不可以不清楚的啊！(《君臣》)

明君治理天下，是依照法制来治理，按照功劳行赏。凡是民众积极作战而不避死亡，那是为了求得爵禄。明君治理国家，战士有斩首、俘敌功劳的，一定要使他的爵位足够显荣，俸禄足够食用。(《君臣》)

仁者能够对人仁慈，而不能使人仁慈；义者能够爱别人，而不能使别人相爱。由此可知，仁义是不足以用来治理天下的。……因此圣王不重视义而重视法。(《画策》)

商鞅学派关于以法治国的以上论述，归结起来，就是说：法律是人民的生命、治国的根本，它是用来保护人民的。治理国家，不可以片刻忘记法律，使言、行、事三者都合于法治，便可收到"国治而地广，兵强而主尊"的效果，而仁义是不足以治天下的。因此，"塞民以法""缘法而治""任法而治"，便是结论。商鞅学派还认为，制服民众的根本，在于法律。国君如果以法治国，便可以"不任知虑"，即所谓"人主处匡床之上，听丝竹之声而天下治。"（《画策》）反之，如果不实行法治，虽然"人众兵强"，"苟非明法以守之"，也要"与危亡为邻"。（《弱民》）

《弱民》篇还举出强大的楚国为例，指出楚国在对外战争中屡屡失利，国内又发生庄蹻暴动，其根本原因是"地非不大也，民非不众也，兵甲财用非不多也，战不胜，守不固，此无法之所生也，释权衡而操轻重者也。"《弱民》篇还说："背法而治，此任重道远而无马牛，济大川而无舡楫。"即是说：治国而不用法，就像行远道、负重载而没有马、牛，渡大江而没有船、桨一样，是不可能达到目的的。

在商鞅学派的法治理论中，已重视到了"术"（数）和"势"的作用，指出只是有法，还不足治国。《错法》篇说："有法立而乱者"，原因就在于"法无度数而事自烦，则法立而治乱矣。"这里，"数"即"术"。《算地》篇说："主操名利之柄而能致功名者，数也。圣人审权以操柄，审数以使民。数者，臣主之术而国之要也。故万乘失数而不危，臣主失术而不乱者，未之有也。"《禁使》篇说："凡知道者，势、数也。故先王不恃其强，而恃其势；不恃其信，而恃其数。……故曰：其势难匿者，虽跖不为非焉。故先王贵势。"这里，强调权势对于国君治国的重要。

"国待农战而安，主待农战而尊"

在商鞅学派的法治理论中，农战学说占有最为突出的地位，是《商君书》中论述最多的问题。《商君书》现存二十四篇，除《更法》《开塞》《禁使》《定分》四篇外，其余二十篇都从不同的角度论及农战。书中，农战被认为是富国强兵的主要措施，治国的基本国策，即所谓"事本抟则民喜农而乐战"（《壹言》）。他们把农战视为国家的兴亡所系，认为"国之所以兴者，农战也。"（《农战》）

农战包含有"农"与"战"两个方面，二者有着密不可分的联系。"农"是指使人民趋于农耕，重视并发展农业生产，使国家在经济上富裕起来，目的在于富国。"战"是指使人民勇于作战，增强军事实力，使国家在军事上强大起来，目的在于强兵。而国富兵强，则是兼并天下所凭借的资本。农战学说之所以成为商鞅学派法治理论的中心内容，即在于此。

在重视发展农业生产方面，开垦土地、扩大耕地面积占有重要的地位。《垦令》篇曾提出二十项施政措施，涉及面甚广。该篇文章的作者认为，落实这些措施，将有助于荒地的开垦和农业生产的发展。因此，《农战》篇说："为国之道，务在垦草。"开垦荒地，是指在人多地少的地区；而在地广人稀的地区，则主张招徕邻国的人民来垦荒，即所谓"民胜其地务开，地胜其民务徕"（《算地》）。《商君书》的《徕民》篇，便是谈如何通过给予优惠的政策，以招徕韩、赵、魏三国的人民来秦国垦荒，并指出实行这种政策对秦国具有重大的意义。

重视并发展农业生产，除主张垦荒之外，便是倡导"尽地力"，即所谓"夫治国者能尽地力而致民死者，名与利交至"（《算地》）。这无疑是魏文侯改革中李悝"尽地力之教"政策在秦国的继续。

商鞅学派重视并发展农业生产的理论，确实被商鞅之后的秦国国君所采纳。工程浩大的都江堰工程和郑国渠的修建，即可以说明这一点。

为发展农业生产，商鞅学派还主张实行使人民趋于农耕，限制并打击商人的所谓"抑商"政策。这一政策所包含的内容有：

提高粮食价格，即"境内之食必贵"（《外内》）；

非农业人口征收更多的赋税和徭役，即"不农之征必多"（《外内》）；

加重征收关卡税和市场的交易税，令农民厌恶从商并使商人返归于农，即"市利之租必重"（《外内》）、"重关市之赋，则农恶商，商有疑惰之心"（《垦令》）；

商人家中的奴仆要登记造册并负担徭役，以减轻农民的负担，即"以商之口数使商，令之厮、舆、徒、重者必当名，则农逸而商劳"（《垦令》）；

禁止商人与农民之间的粮食贸易，即"使商无得籴，农无得粜"（《垦令》）；

向贵族之家的闲散人员征收赋税并加重使役，即"禄厚而税多，食口者众，败农者也。则从其食口之数，赋而重使之"（《垦令》）；

不许大夫之家雇工，令其子弟参加生产劳动，即"无得取庸，则大夫家长不建缮，爱子不惰食，惰民不窳，而庸民无所于食，是必农"（《垦令》）；

取缔非法旅店，限制人民迁徙，防止农业人口脱离农业而盲目流动，即"废逆旅，则奸伪、躁心、私交、疑农之民不行""使民无得擅徙，则诛愚乱农之民，无所于食，而必农"（《垦令》）；

国家统一经营山林川泽，使人民不能专靠山泽谋生，归于农耕，即"壹山泽，则恶农、慢惰、倍欲之民无所于食。无所于食，

则必农"(《垦令》);

贵族之家除嫡子外,都必须负担徭役,使之务农,即"均出余子之使令,以册使之,又高其解舍,令有甬官食概,不可以辟役。而大官不可必得也,则余子不游事人,则必农"(《垦令》);

命令军市的商人自备铠甲兵器,防止轻浮懒惰的人游逛军市,即"令军市无有女子;而命其商人自给甲兵……轻惰之民不游军市,则农民不淫,国粟不劳"(《垦令》)。

上述种种"重农抑商"措施,集中于一点,就是使那些从事商业活动和以游食为生的人,归于农耕。商鞅学派认为:"农战之民日寡而游食者愈众,则国乱而地削,兵弱而主卑"(《君臣》),因此,"圣人之立法化俗,而使民朝夕从事于农也"。(《壹言》)

"战",即令人民勇于对外作战,使"民之见战也,如饿狼之见肉。"(《画策》)

总之,商鞅学派的农战学说,概括地说,就在于"圣人之为国也:入,令民以属农;出,令民以计战……利出于地,则民尽力;名出于战,则民致死。入使民尽力,则草不荒;出使民致死,则胜敌。胜敌而草不荒,富强之功可坐而致也"(《算地》)。正如《外内》篇所言:"故为国者,边利尽归于兵,市利尽归于农。边利归于兵者强,市利归于农者富。故出战而强、入休而富者,王也。"

为推行农战,商鞅学派提出:"圣人之为国也,壹赏、壹刑、壹教。""所谓壹赏者,利禄、官爵专出于兵,无有异施也。"所谓壹教,为的是使人民都知道"务之所加,存战而已矣。夫故当壮者务于战,老弱者务于守,死者不悔,生者务劝,此臣所谓壹教也。民之欲富贵也,共阖棺而后止。而富贵之门,必出于兵。是故民闻战而相贺也,起居饮食所歌谣者,战也。"(《赏刑》)

《慎法》篇对农战学说有如下的概括:

故吾教令：民之欲利者，非耕不得；避害者，非战不免。境内之民，莫不先务耕战，而后得其所乐。故地少粟多，民少兵强。能行二者于境内，则霸王之道毕矣。

从战国时期文献和出土秦律来看，秦国政府确实把农战作为秦国的基本国策，农战是国家对人民进行法治教育的重要内容。

"赏刑者，法之约也"

如果说商鞅学派法治理论的中心内容是农战学说，那么，这一中心内容又大多可分成赏、刑两大类，因此被认为是实行法治的要领，即所谓"凡赏者，文也；刑者，武也；文武者，法之约也。"（《修权》）

赏，主要是对那些有功劳于国家的人，给予官爵秩禄和其他特权。按照《境内》篇的说法，"能得甲首一者，赏爵一级，益田一顷，益宅九亩，除庶子一人，乃得入兵官之吏。"关于役使"庶子"的情况，《境内》篇又说，"其有爵者乞无爵者以为庶子，级乞一人。其无役事也，其庶子役其大夫月六日；其役事也，随而养之。"这种按军功行赏，概括地说便是："明主之治天下也，缘法而治，按功而赏。凡民之所疾战不避死者，以求爵禄也。明君之治国也，士有斩首、捕虏之功，必其爵足荣也，禄足食也。农不离里者，足以养二亲，治军事。故军士死节，而农民不偷也"（《君臣》）。《荀子·议兵》的"五甲首而隶五家"和《韩非子·定法》的"商君之法曰：斩一首者爵一级，欲为官者为五十石之官；斩二首者爵二级，欲为官者为百石之官"，证明《境内》篇所说的按军功行赏，确被秦国政府付诸实行。

授官予爵，除了按军功即所谓"武爵武任"之外，商鞅学派还提出了按照向国家纳粟多少来授官予爵，即所谓"粟爵粟任"。《去强》篇说："兴兵而伐，则武爵武任，必胜；按兵而农，粟爵粟任，则国富。兵起而胜敌，按兵而国富者王"。《靳令》篇说："民有余粮，使民以粟出官爵，官爵必以其力，则农不息。"

总之，纳粟是出力，斩首是立功，这是授官予爵的两大途径，即所谓"夫民尽力而爵随之，功立而赏随之，人君能使其民信于此如明日月，则民无敌矣"（《错法》）。

刑，是刑罚，即对违法犯罪者的法律制裁。《禁使》篇说："人主之所以禁、使者，赏、罚也。"赏有功，罚有罪，是赏刑的依据。"明主之使其臣也，用之必加于功，赏必尽其劳"（《弱民》）。否则，"授官予爵，不以其劳，则忠臣不进，行赏赋禄，不称其功，则战士不用"（《修权》）。只有"君子操权一正以立术，立官贵爵以称之，论劳举功以任之，则是上下之称平"。（《算地》）

实行赏刑的目的，总的说来，是为了有效地统治人民。《错法》篇说："好恶者，赏罚之本。夫人情好爵禄而恶刑罚，人君设二者以御民之志，而立所欲焉。"具体地说，赏刑的目的还在于"止奸""去奸""禁邪""助禁"和"劝功""立其所欲"，这可见于如下的一些论述：

> 刑戮者，所以止奸也；官爵者，所以劝功也。（《算地》）
> 夫刑者，所以禁邪也；而赏者，所以助禁也。（《算地》）
> 立君之道，莫广于胜法；胜法之务，莫急于去奸；去奸之本，莫深于严刑。故王者以赏禁，以刑劝，求过不求善，借刑以去刑。（《开塞》）

其次，实行刑赏是为了使人民在对外战争中由"怯"变"勇"，

55

乐战轻死：

> 怯民使之以刑则勇，勇民使之以赏则死。(《说民》)
> 以刑治，民则乐用；以赏战，民则轻死。(《弱民》)

最后，指出以爵禄行赏的目的在于强兵，而能否正确地颁发爵禄，是国家兴衰存亡的关键：

> 行赏而兵强者，爵禄之谓也。爵禄者，兵之实也。……故爵禄之所道，存亡之机也。(《错法》)

凡人主之所以劝民者，官爵也。国之所以兴者，农战也。

"重罚轻赏"与"厚赏刑必"

商鞅的轻罪重刑、以刑去刑理论，亦见于《商君书》的有关记载：

> 行罚重其轻者，轻者不至，重者不来，此谓以刑去刑，刑去事成。罪重刑轻，刑至事生，此谓以刑致刑，其国必削。(《靳令》)
> 行刑重其重者，轻其轻者，轻者不止，则重者无从止矣。此谓治之于其乱也。故重轻，则刑去、事成、国强；重重而轻轻，则刑至而事生，国削。(《说民》)
> 以刑去刑，国治；以刑致刑，国乱。(《国强》)

商鞅学派在继承商鞅的重刑和轻罪重罚的理论同时，还提出了

"刑九而赏一"的"少赏""轻赏"的理论：

> 治国刑多而赏少，乱国赏多而刑少。故王者刑九而赏一，削国赏九而刑一。(《开塞》)
> 刑多则赏重，赏少则刑重。(《说民》)

这种重罚轻赏的思想，其理论根据，可见于商鞅学派如下的一些论述：

> 重刑少赏，上爱民，民死赏；重赏轻刑，上不爱民，民不死赏。(《靳令》)
> 重罚轻赏，则上爱民，民死上；重赏轻罚，上则不爱民，民不死上。(《去强》)
> 罚重，爵尊；赏轻，刑威。爵尊，上爱民；刑威，民死上。(《说民》)

在《画策》篇，商鞅学派用"刑不善而不赏善"的道理，进一步论述"重罚轻赏"在理论上的根据：

> 故善治者，刑不善而不赏善，故不刑而民善。不刑而民善，刑重也。刑重而民不敢犯，故无刑也，而民莫敢为非，是一国皆善也。故不赏善而民善。赏善之不可也，犹赏不盗。故善治者，使跖可信，而况伯夷乎？不能治者，使伯夷可疑，而况跖乎？

他们认为：对有善行的人实行奖赏，那就如同对没有偷盗行为的人都一律奖赏，因此起不到奖赏应起到的积极作用；奖赏多了，便会导致刑罚的使用。所以，要"先刑而后赏"即"多赏以致刑，轻刑以去赏。夫设刑而民不服，赏匮而奸益多，故民之于上也，先刑而后赏。"（《壹言》）

针对"轻赏""少赏"的论点，商鞅学派中有人提出了与此相反的"厚赏""多赏"的理论：

> 赏厚而信，刑重而必，不失疏远，不违亲近，故臣不蔽主而下不欺上。（《修权》）

这段话是说，赏赐厚重而有信用，刑罚严厉而又坚决，行赏不遗漏疏远的人，用刑不避开亲近的人，这样臣下就不敢蒙蔽国君，下级就不敢欺骗上级。

《外内》篇说："奚谓轻法？其赏少而威薄……故其赏少，则听者无利也；……故欲战其民者，必以重法。赏则必多，威则必严……民见战赏之多则忘死。"这段话的意思是说：什么是轻法呢？那便是赏赐少而刑罚轻……所以，赏赐少，那么听从法令的人就得不到什么好处……因此，想使人民积极去作战，就必须用重赏。赏赐一定要多，刑罚一定要严。……民众见到立功后受到的赏赐很多，就会在作战中不怕死。以上便是"厚赏重罚"派的理论根据。

商鞅变法和《商君书》、云梦《秦律》所记载的奖励军功和耕织，如斩敌一甲首赐爵一级的情况表明，秦国在商鞅变法和变法之后的长时期内，所实行的是"厚赏重罚"，而不是"刑九而赏一"的"轻赏"政策。战国末期的大法家韩非，进一步论述了商鞅学派的厚赏重罚理论，指出只有厚赏重刑，才能更有效地运用赏罚这一手段来达到富国强兵、兼并天下的目的。

"刑无等级"与"不宥过，不赦刑"
商鞅学派的"刑无等级"理论，见于《赏刑》篇的记载：

> 所谓壹刑者，刑无等级。自卿相、将军以至大夫、庶人，有不从王令、犯国禁、乱上制者，罪死不赦。有功于前，有败于后，不为损刑；有善于前，有过于后，不为亏法。忠臣孝子有过，必以其数断。守法守职之吏有不行王法者，罪死不赦，刑及三族。

这种"刑无等级"的理论，是对奴隶制时代"刑不上大夫"理论的否定，体现着有法必依、执法必严的原则。不言而喻，有法不依、执法不严的现象，主要不是发生在对待犯法的平民百姓之中，而是往往存在于对待犯法的卿相、将军一类的权贵的包庇和纵容。很显然，权贵犯法，尚且严惩，况且平民百姓？总之，权贵犯法时严惩不贷，有法不依、执法不严的问题便可基本上解决。

有法必依，执法必严，首先在于维护法律的尊严。商鞅学派主张，如果有人篡改法律一字以上，便要罪死不赦："有擅发禁室印，及入禁室视禁法令，及剟禁一字以上，罪皆死不赦"（《定分》）。"剟禁"，即指篡改禁室的法令。

维护法律的尊严，还在于维护法律的相对稳定性。商鞅学派主张，法律一经公布，便不能因为个人的"善言"而改变法律，即所谓"法已定矣，不以善言害法"（《靳令》），而"主贵多变，国贵少变"（《去强》），亦是说国君多谋是可贵的，但法律却不可朝令夕改，贵在有常。因为法律不随意改动，没有空子可钻，那些显要的

权贵便不得不改变原有的破坏法律的打算，刑罚也会因此而停止，即所谓"法立而不革，则显民变计，计变诛止"。(《靳令》)

很显然，已经公布的法律，可以因为某一个人物的"善言"而随意改变，使国家的法律处于朝令夕改之中，便不会有法律的尊严可言。

商鞅学派还主张，法律的尊严得到树立之后，依法与执法便有赖于执法的公平："靳令则治不留，法平则吏无奸"(《靳令》)。即是说：坚决执行法令，政务就不会积压；执法公平，官吏就不敢营私舞弊。

为维护法律的尊严，商鞅学派还主张不许人民议论法令，理由是"人主为法于上，下民议之于下，是法令不定，以下为上也"，甚至可以导致"奸恶大起，人主夺威势，亡国灭社稷之道也"(《定分》)。从维护法律的尊严看问题，不许人民议论法令，这在当时还是有一定积极意义的。在封建专制时代，人民不可能有议论法律的自由和参与制定法律的权利。

商鞅学派在阐述他们的有法必依、执法必严的理论时，谈到了当时存在着的有法不依及其形成的原因和产生的后果：

> 今世君不然，释法而以知，背功而以誉，故军士不战，而农民流徙。……国乱而地削，兵弱而主卑。此其所以然者，释法治而任名誉也。(《君臣》)
>
> 今夫世俗治者，莫不释法度而任辩慧，后功力而进仁义，民故不务耕战。(《慎法》)
>
> 世之为治者，多释法而任私议，此国之所以乱也。(《修权》)
>
> 君臣释法任私则乱。(《修权》)

所谓"释法"是指舍弃法律，即有法不依。商鞅学派认为，造成"释法"的原因，主要在于国君或执法官吏的"以知""以誉""任辩慧""任私议""任名誉"，即或用个人的巧辩、智谋，或相信虚名和私下的议论，把法律弃置不顾，这就势必要造成"国乱而地削，兵弱而主卑"，导致国家的混乱和灭亡。"释法"的严重后果，即在于此。

为做到有法必依、执法必严，商鞅学派除主张国君和官吏要去"私"外，还提出在父子、夫妻之间也要互相监督，检举犯罪。这样人们就难以独自做坏事或和别人一起做坏事，即"所谓治主无忠臣，慈父无孝子，欲无善言，皆以法相司也，命相正也。不能独为非，而莫与人为非"（《画策》）、"故至治：夫妻、交友不能相为弃恶盖非，而不害于亲，民人不能相为隐"（《禁使》）。

不仅对罪犯不许徇私枉法，商鞅学派甚至主张不给罪犯送饭，使奸民得不到支持，即"无得为罪人请于吏而饷食之，则奸民无主"（《垦令》），使人民不能逃避自己的罪过和应得到的惩罚，即"至治之国，民不得逃罪"（《禁使》）。

为维护法律的尊严，做到执法必严，商鞅学派还提出了"不宥过""不赦刑"的原则。即"有功于前"或"有善于前"的"忠臣孝子"，一旦有过犯法，也要依法严处。所谓"不宥过，不赦刑，故奸无起"（《赏刑》），即，只有不宽恕有过的人，不赦免受刑的罪犯，这样奸邪才不会发生发展。否则，犯罪受刑，又从而赦免，法律将失去尊严。

为从根本上解决有法不依，做到执法必严，商鞅学派还主张从立法上提供保证。他们总结当时法制建设中的一条重要教训，便是"国皆有法，而无使法必行之法"（《画策》）。因此，他们主张通过立法手段，制定并颁布保证使法律必定实行的法律，以解决有法不依和执法不严的问题。

在秦国,统治阶级采纳了商鞅学派的这一学说。云梦出土《秦律》特别是其中的诸多行政法规和经济法规对有关各级政府官吏和公职人员（包括执法官吏）的有法不依、执法不严的损公肥私以及渎职行为的惩罚规定得非常详细具体,在出土《秦律》中占有很大的比重。事实表明,通过立法手段解决执法问题,是秦国法制建设卓有成效和令行禁止的重要因素之一。

"刑用于将过"

商鞅学派在主张重刑的同时,还提出了"刑用于将过"的理论。《开塞》篇说:"王者刑用于将过,则大邪不生;……治民能使大邪不生,细过不失,则国治。"即是说:把刑罚用在犯罪刚刚萌发的时候,大的奸邪就不会发生;治理民众能使大的奸邪不发生、小的过失不漏掉,国家就会治理得好。反之,"刑加于罪所终,则奸不去;赏施于民所义,则过不止。刑不能去奸而赏不能止过者,必乱"（同上）。即是说:刑罚总是用在犯罪已经发生之后,奸邪就始终不能消除;赏赐用在人们所公认的道义行为之上,罪过就始终不能制止。刑罚不能消除奸邪,赏赐又不能阻止犯罪,国家必然大乱。

商鞅学派所提出的把刑罚用在犯罪刚刚萌发时的"刑用于将过"的思想,同他们所提出的"行罚重其轻者,轻者不至,重者不来,此谓以刑去刑",在理论根据上和逻辑上是相互一致的。或者说,"刑用将过"是实行轻罪重罚的理论根据之一。

"刑重而必得"

商鞅学派在主张重刑的同时,还进一步提出了"刑重而必得"

的问题，主张刑罪既要重，又要使罪犯无法逃避。《赏刑》篇说："禁奸止过，莫若重刑。刑重而必得，则民不敢试，故国无刑民。"即是说：禁绝奸邪和制止罪过，没有比用重刑更为有效的了。使用重刑而又能使罪犯一定被捕获判刑，罪有应得，人们就不敢以身试法，国家就没有必要对人民实行刑罚了。

商鞅学派指出当时法制建设存在的问题之一，便是"国皆有禁奸邪、刑盗贼之法，而无使奸邪盗贼必得之法。为奸邪盗贼者死刑，而奸邪盗贼不止者，不必得；必得而尚有奸邪盗贼者，刑轻也"（《画策》）。这是说：国家都有禁止奸邪和惩罚盗贼的法令，却没有使奸邪、盗贼一定会被捕获判罪的措施。从事奸邪和盗贼活动的人，依法要被判处死刑，而奸邪、盗贼活动却不停止，是因为奸邪、盗贼不一定能够被捕获，如果一定能够捕获判罪，还有奸邪、盗贼，那便是刑罚太轻的缘故。

"德生于刑"

商鞅学派强调刑罚、暴力，但并不否认道德风尚的作用，而是按照他们自己的法治学说，论述了道德风尚在法治中的地位及其与实力之间的关系："圣人之治也，必得其心，故能用力。力生强，强生威，威生惠，惠生德，德生于力"（《靳令》）。即是说：圣人治理人民，必得民心，所以能够使用民众的力量。实力产生强盛，强盛产生威望，威望产生恩惠，恩惠产生道德风尚，道德风尚产生于实力。商鞅学派还认为："刑生力，力生强，强生威，威生德，德生于刑"（《说民》）。认为新的风尚是实行刑罚和法治的结果，即"以刑杀之反于德，而义合于暴"的理论。这个理论认为：依法实行刑罚和杀戮，会导致新的道德风尚的形成，而所谓"仁义"倒是往往和残暴联系在一起。

63

商鞅学派的"德生于刑"，实际上谈的是道德风尚与法治建设的关系问题。在某种意义上说，"德生于刑"的观点自有它合理的内容，在当时不失为一个颇为深刻的见解。

"胜法之务，莫急于去奸"

《开塞》篇讲："胜法之务，莫急于去奸。"意思是说：实行以法治国的任务，没有比铲除奸民更为急迫的。自商鞅变法以来，打击"奸民"一直被秦国统治阶级视为治国的当务之急。所谓"奸民"，按照《画策》篇的说法："不作而食，不战而荣，无爵而尊，无禄而富，无官而长，此之谓奸民。"这些不劳而食、无功而荣、无爵而尊、无禄而富、无官而长的人，主要是那些原来享有世卿世禄的人，属于奴隶主贵族的旧势力，而不可能是那些长年劳作、终身穷苦的农民或奴隶，也不可能是那些因为立有军功或纳粟于国而上升为统治阶级的新兴地主。可见，商鞅学派继承商鞅的学说，主张把法律打击的主要矛头，首先指向那些破坏新法的奴隶主贵族势力。

"无宿治，则邪官不及为私利于民"

为实行法治，商鞅学派还主张整饬吏治。所谓"无宿治，则邪官不及为私利于民"（《垦令》）是说处理公务不过夜，不留积案，奸邪的官吏就无法从人民的身上谋求私利。这就是所谓"以日治者，王；以夜治者，强；以宿治者，削"（《去强》）。把政府机关的办事效率如何，提高到官场风气好坏和国家兴衰的高度来认识。

商鞅学派强调整饬吏治，并非无的放矢。《农战》篇在谈到当时的官场风气时写道，"然则下官之冀者皆曰：多货则上官可得而欲也。曰：我不以货事上而求迁者，则如以狸饵鼠尔，必不冀矣。

若以情事上而求迁者,则如引诸绝绳而乘枉木也,愈不冀矣。二者不可以得迁,则我焉得无下动众取货以事上,而以求迁乎?"这段话是说:希望得到高升的下级官吏都说:"奉献的财物多了,上级官吏的欲望就可以达到。"又说:"我不用财物贿赂上司而想要升官,就像用猫当食饵来引诱老鼠一样,必然没有希望;如果以诚实的态度服侍上司而想要升官,就像引用断了的墨绳来取直弯曲的木料一样,更是毫无希望的了。这两种情形都不能升官。我又怎能不到下边去搜刮民财来贿赂上司,以求得升官呢?"这段话表明,即或是在经过了商鞅变法的秦国,官场中的靠贿赂上司而谋求升官等不正风气,亦是相当严重的。有鉴于此,商鞅学派才提出了整饬吏治的主张。

整饬吏治,除了提高政府办事效率,做到"无宿治"之外,商鞅学派还主张限制官吏奢侈之风的滋长和在社会上的蔓延。《垦令》篇的"国之大臣、诸大夫,博闻、辩慧、游居之事,皆无得为,无得居游于百县",使"声服无通于百县",即是说:国家的大臣和大夫们,不许追求广闻博见,巧言善辩,游逛闲居,不许到各县去游玩;音乐歌舞和各种服饰、装饰品,都不许流通到各县,甚至主张大幅度提高酒肉的税收和价格以限制官员的奢侈,"贵酒肉之价,重其租,令十倍其朴。"(《垦令》)

云梦秦律中各项行政法规和经济法规关于官吏犯罪或失职的种种惩处规定,表明商鞅变法后的历代秦国政府,采纳并实行了商鞅学派关于整饬吏治的主张。

"开公利而塞私门"

在《商君书》中,商鞅学派还把他们的学说概括为"开公利而塞私门"。《壹言》篇说:

>上开公利而塞私门，以致民力，私劳不显于国，私门不请于君。若此而功臣劝，则上令行而荒草辟，淫民止而奸无萌。治国能抟民力而壹民务者，强；能事本而禁末者，富。

这里，"开公利"，就是教民耕战，奖励军功和耕织，从而达到国富兵强。"塞私门"，是禁止权贵之间私下的请托。私门之间的请托，多是违背法律、损害公利甚至是触犯刑律的事件。否则，何需私下进行？当时所存在的破坏法治的现象，主要表现在"私议""任欲""私门之请"这一问题上。因此，商鞅学派主张"塞私道以穷其志，启一门以致其欲"（《说民》）。即堵塞为私之道以禁绝人民谋私的念头，敞开"农战"这个唯一的大门，来满足人民的欲望。否则，"国乱者，民多私义；兵弱者，民多私勇"（《画策》）。因此，《修权》篇说："人主失守则危，君臣释法任私必乱。故立法分明，而不以私害法，则治""明主任法去私，而国无隙、蠹矣。"

商鞅学派指出："今乱世之君，区区然皆擅一国之利，而管一官之重，以便其私，此国之所以危也。故公私之交，存亡之本也"（《修权》）。这段话是说：现今乱世的君臣，只想专有一国的利益，把持一方的大权，谋取私利，这就是国家危亡的原因。所以，公私的分界，是国家存亡的根本。战国时期变法运动所要解决的主要问题，即在于"公利"与"私门"之间。战国末年大法家韩非所说的"夫立法令者，以废私也"（《诡使》）与《修权》篇所说的"公私之交，存亡之本"，都是就这个根本问题而言的。

"天下之吏民无不知法"

使"天下之吏民无不知法"（《定分》），就是对吏民进行普及法律知识的教育,即韩非所说的"以法为教"。为了有效地向人民进行普及法律知识的教育,商鞅学派主张法令要明白易知,使人们容易懂得接受(关于这一点,本章前文已有专门论述,不再重复)。他们认为,普及法律知识的目的,在于"吏明知法令也,故吏不敢以非法遇民,民不敢犯法以干法官也"(同上)。即是说:官吏明知人民都知道法令,所以不敢用非法的手段来对待人民,人民也不敢犯法去触犯官吏。

商鞅学派认为:国家每年要向人民颁布一次法令(《定分》):"一岁受法令以禁令",人民知道了法律,避祸就福,自己管理自己,并借此来达到天下大治,即"为置法官,吏为之师,以道之知,万民皆知所避就,避祸就福,而皆以自治也。故明主因治而终治之,故天下大治也。"(同上)

"置主法之吏,以为天下师"

为向人民进行普及法律知识的教育,商鞅学派主张"置主法之吏,以为天下师,令万民无陷于险危。"(《定分》)由国家设置的法官向人民进行法制教育,使人民懂得法律,知道避祸就福,使万民不致陷于危险。"置主法之吏,以为天下师",就是韩非所说的"以吏为师"。《定分》篇说:

> 为法令置官吏,朴足以知法令之谓者,以为天下正,则奏天子。天子则令之各主法令之。皆降受命,发官。各主法令之吏,敢忘行法令之所谓之名,各以其所忘之法令名罪之。主法令之吏,有迁徙物故者,则辄使学读法令所谓,为之程式,使数日而知法令之所谓,不中程,为法令以罪之。

这段话是说：为贯彻法令而设置官吏，要寻求通晓法律的人，由下面推荐给国君。国君分别任命他们主管法令，这些官吏都走下宫殿的台阶，拜受命令，前去赴任。各主管法令的官吏，胆敢忘记执行法令的条文，就分别按照他们所忘记的法令条文来治罪。主管法令的官吏，如有调动或死亡的，就立即派继任人学习法律条文的内容，并为他们定出规程，使他们在一定期限内通晓法令的内容，不符合规程，就依法治罪。

《定分》篇又说：

诸官吏及民，有问法令之所谓也于主法令之吏，皆各以其故所欲问之法令明告之。各为尺六寸之符，明书年、月、日、时，所问法令之名，以告吏民。主法令之吏不告吏民之所问法令之所谓，皆以吏民之所问法令之罪，各罪主法令之吏。即以左券予吏民问法令者。主法令之吏，谨藏其右券木柙，以室藏之，封以法令之长印。即后有物故，以券书从事。

这段话是说：众官吏和人民有向主管法令的官吏询问法令的内容，主管法令的官吏都要分别按照他们原来要问的法令明确地告诉他们。并且分别制出一个长一尺六寸的符作为证件，在上面写明年、月、日、时及所问法令条文，用它答复来问法令的官吏和民众。如果主管官吏不予回答，等到询问法令的人犯了罪，并且恰巧犯了他们所问的那一条，那就要按照吏民所问法令上所规定的罪，来分别惩处主管法令的吏。有人询问法令时，主管法令的吏就把符的左券交给询问法令的吏民。主管法令的官吏应谨慎地把符的右券藏在木匣里，放在屋内保存，并用司法长官的印封上。即使后来主管法令的吏死了，也要根据符上所写的来办理。

《定分》篇又说：

> 吏民欲知法令者，皆问法官。故天下之吏民，无不知法者。吏明知民知法令也，故吏不敢以非法遇民，民不敢犯法，以有法官也。遇民不修法，则问法官，法官即以法之罪告之，民即以法官之言正告之吏。民知其如此，故吏不敢以非法遇民，民又不敢犯法。

这段话的意思是说：官吏和民众中想知道法令的人，都去问法官。所以天下的官吏和民众，没有不知道法令的。官吏明明知道民众了解法令，所以他们不敢用非法手段来对待民众，民众也不敢犯法来触犯法官。如果官吏不按照法令来对待民众，民众就可以问法官，法官就按照法令规定的罪名告诉他们，民众就把法官的话严肃地告诉官吏。官吏知道这样，就不敢用非法的行为对待民众，民众也不敢犯法。

关于向人民进行法制教育的具体内容，就总体而言，主要是向人民进行以"农战"为唯一主要内容的教育，即所谓"壹教"，即"善为国者，其教民也，皆作壹而得官爵"。（《农战》）

关于以吏为师的重大意义，《定分》篇又说：

> 圣人必为法令置官也，置吏也，为天下师，所以定名分也。名分定，则大诈贞信，臣盗愿悫，而各自治也。故夫名分定，势治之道也；名分不定，势乱之道也。

即是说：圣人为了贯彻法令，必须设置法官和法吏，作为全国人的教师，用这些办法来确定名分。名分确定了，即使很奸诈的人也会变成忠实的人，民众也都老实听话，人人都能自己管理自己。

所以说，名分确定，是形势趋向稳定的途径；名分不确定，是形势趋向混乱的道路。

云梦出土的秦国法律文书中，有《法律答问》部分。从《法律答问》所反映的内容来看，商鞅学派所提出的以法为教，以吏为师，确实被秦国政府所采纳并付诸实行。

"有道之国，治不听君，民不从官"

商鞅学派认为，在法律制度中，国君的特殊地位在于"秉权""用术""垂法""举贤""重信""不以私害法"，即所谓：

> 惟明主爱权、重信，而不以私害法。（《修权》）
> 明君不道卑，不长乱也。秉权而立，垂法而治。（《壹言》）
> 明主在上，所举必贤。（《画策》）
> 主贵多变，国贵少变。（《去强》）

"秉权"，是说君主要握有权势，也就是要做到权重而位尊。所谓"君尊则令行"（《君臣》）、"夫民之不治者，君道卑也"（《壹言》）、"权者，君之所独制"（《修权》）、"夫治国舍势而任谈说，则身修而功寡"（《算地》），即是说：只有国君握有权势，位尊权重，法令才能够施行。而治理人民所以不好的原因，则在于国君的不尊。因此，"权"是由国君所独立控制的。治理国家舍弃权势而任凭空谈，那么虽有德行而功业却微小。所谓"人主夺威势，亡国灭社稷之道也"，是说国君失去威严和权势，乃是国家灭亡之道。

"用术"，是说国君要有驾驭群臣的谋术，《去强》篇的"主贵多变，国贵少变"，即，做国君的贵在多谋善变，国家的法令则贵在少变。

"垂法",一是说颁布法律是国君的权力,二是说国君要"任法而治",即以法治国。"法者,君臣之所共操也",是说法律是君臣所共同操持执行的。

"举贤",是说国君要任用贤才。《画策》篇的"明主在上,所举必贤,则法可在贤;法可在贤,则法在下,不肖不敢为非,是谓重治",即是说:明君在位,任用的必是贤臣,法律便掌握在贤者手里,法令就能在下面实行,坏人也不敢为非作歹,这就叫治理得好上加好。

"重信",是说国君要取信于民。《修权》篇说:"信者,君臣之所共立也……民信其赏,则事成功;信其刑,则奸无端。"可见,国君取信于民,主要是让人民相信国法的赏罚,便可以收到事业成功、奸邪不生的效果,商鞅学派认为,信是由国君和臣下用忠实地执行法律的行为而共同建立的。

商鞅学派在指出国君在法制上所享有的秉权、用术、垂法、举贤、重信等特殊地位和权力之后,紧接着便强调国君还得"不以私害法",即在某种意义上说,国君也没有超越法律的权力,国君不得以个人的意志和私下的利益,随意地更改或损害法律。商鞅学派的这个观点,是从当时执法实践的大量教训中总结出来的。所谓"今世君不然,释法而以知,背功而以誉"(《君臣》)、"法之不明者,君长乱也"(《壹言》)、"上舍法,任民之所善,故奸多"(《弱民》)、"君断则乱"(《说民》),这几段引文的意思是说:当今之世的国君,不是依法治国,而是放弃法制,任用智巧,不重视功绩而崇尚虚名。因此,国家的法令所以不严明,是因为国君助长了混乱。国君抛弃法度,听任人民的喜好,那奸邪就会增多。由国君独自判断是非,国家就要混乱。

商鞅学派在总结上述经验教训的基础上,于《说民》篇写道:

国治：断家，王；官断，强；断君，弱。……治则家断，乱则君断。治国者贵下断，故以十里断者弱，以五里断者强。家断则有余，故曰日治者王；官断则不足，故曰夜治者强；君断则乱，故曰宿治者削。故有道之国，治不听君，民不从官。

这段话是说：治理国家，政事在家中就能决断的，可以成就王业；政事由官吏才能决断的，国家可以强盛；政事由国君一人决断，国家就要削弱。……国家治理得好，是人民能够在家中判断是非的结果；国家混乱，是由国君独自判断是非的结果。治理国家，贵在由下层依法决断事情。所以，在十里这种行政单位才能决断事情的，国家就弱；在五里这种行政单位就能决断事情的，国家就强。政令断于民家，官府就不匆忙而有余暇。所以说，公事在当天处理完毕的，可以成就王业。法令都断于官府，官府就会感到时间和力量不足。所以说，公事到夜间才处理完，国家也可以强盛；凡事都由国君一人决断，就难免发生混乱。所以说，公事拖到过夜后才处理，国家就会削弱。因此，治国有方的国度，官吏根据法令治理社会，不必听从国君的吩咐；人民根据法令判断是非，不必听取官吏的裁决。

商鞅学派所提出的"治不听君，民不从官"，把他们的以法治国的法治学说提到了应有的高度，使他们的以法治国学说在理论上得到了完善：在这一学说中，法是至高无上的，而王权则处于法律之下。商鞅学派并没有在理论上赋予国君超越法律之上的权力。然而，在君主专制的国家政体之下，国君的权力事实上又是至高无上的，他有根据个人意志发布法令的权力，在实践中他可以凌驾于法律之上。因此，商鞅学派的"治不听君，民不从官""君断则乱"的理论，只能被秦国的历代国君有条件地接受：他们之所以接受，因为这对他们的富国强兵、兼并天下有利；但是，也常常不被他们所遵守，因为他们毕竟是君主专制政体下的国王。

在秦国，当秦始皇统一六国之前，法家学派似有某种程度上的言论自由；他们甚至可以指责国君的罪过。《算地》篇的作者说："今则不然，世主之所加务者，皆非国之急也。身有尧、舜之行，而功不及汤、武之略者，此执柄之罪也。臣请语其过：……"正是在这种政治气氛和历史背景下，秦国一代又一代的法家学者根据秦国的社会实际，以他们在法治理论上的修养，提出了一系列的法治学说。这些法治学说指导了秦国的法制建设，为秦国的法制建设做出了不可抹灭的重大贡献。

韩非的法治理论与秦国的法制建设

韩非的法治理论与秦的兼并六国

韩非作为先秦法家的集大成者，继承并发展了先秦法家的思想，提出了他的法·术·势学说，把法·术·势作为法治理论的三个重要组成部分，论述了三者的各自特征及其相互关系。韩非的学说，集中到一点，在于它首先是加强中央集权的君主专制理论，主要是在君臣的关系上，强调国君的绝对权力，防止大臣的专权，集国家军政大权于国君一人。

关于"法"，韩非继承商鞅学派的"开公利而塞私门""公私之交，存亡之本"的理论，提出了立法为公的原则，指出了"公法"与"私行"的对立："能去私行、行公法者，则兵强而敌弱"[①]（《有

[①] 以下引《韩非子》一书，只注明篇名。

度》)。立法的目的在于"废私",即所谓"夫立法令者,以废私也。"韩非所说的"公",是指"公室""公家",即当时各诸侯国的国家政权;"私"是指"私门""私家",即卿大夫势力。可见,韩非认为"法"主要是为了维护国家的利益,加强国君的权力,防止卿大夫势力侵犯国家利益,专断国家大权。

"术",被韩非认为是"人主之大物","帝王之具",指的是"术者,因能而授官,循名责实,操生杀之柄,课群臣之能者,此人主之所执也"(《定法》)。他又说:"术者,藏之于胸中,以偶众端而潜御群臣者也"(《难三》)。可见,术是被作为国君选拔、任用、考核、驾驭臣下百官的方法和手段,是"人主之所执"。为"潜御群臣",韩非主张通过"不欲见,务在周密"的阴谋手段来驾驭臣下。在《内储说上》篇,韩非曾列举历史事实并总结出战国国君曾用过的七种手段,即所谓"七术":

> 七术:一曰众端参观,二曰必罚明威,三曰信赏尽能,四曰一听责下,五曰疑诏诡使,六曰挟知而问,七曰倒言反事。

韩非还总结出人臣从事专权活动的五种手段,即所谓"五奸",使国君能有所警惕:

> 人臣有五奸而主不知也。为人臣者:有侈用财、货赂以取誉者;有务庆赏、赐予以移众者;有务朋党,徇智尊士以擅逞者;有务解免、赦罪狱以事威者;有务奉下、直曲怪言、伟服瑰称以眩民耳目者。此五者,明君之所疑也,而圣主之所禁也。(《韩非子·说疑》)

为察知"五奸",韩非主张"明君见小奸于微"(《难三》),并列举事实说明"微"有六端,即所谓人主之"所察也六微":

> 六微:一曰权借在下,二曰利异外借,三曰托于似类,四曰利害有反,五曰参疑内争,六曰敌国废置。此六者,主之所察也。(《内储说下》)

韩非认为,国君通过"七术",察知"五奸""六微",便可以做到在君臣关系上"群臣辐凑"于君,国君犹如鼓槌,臣下犹如鼓,随击而鸣响,重击则大鸣,轻击则小鸣,即所谓"至治之国,君若桴,臣若鼓"(《功名》)。从而达到国君驾驭群臣、集国家大权于国君一人的目的。

"势"。韩非所说的势,是就权势而言,即人主"乘威严之势,以困奸衺之臣"(《奸劫弑臣》)、"人主处制人之势,有一国之厚"(《五蠹》)。这里所说的人主之势,所包含的主要内容,则如范雎对秦昭王所言:"夫擅国之谓王,能专利害之谓王,制杀生之威之谓王"(《战国策·秦策三》),主张国君拥有"擅国""专利害""制生杀"的生杀予夺大权,处于"权重位尊"(《难势》)的地位。

同人主处制人之势当对立的,是贵族的专权,即"人主之所以身危国亡者,大臣太重、左右太威也。所谓贵者,无法而擅行,操国柄而便私也;所谓威者,擅权势而轻重者也"(《人主》)。可见,韩非讲势,所要解决的是防止贵族专断国家大权的问题。

韩非发展慎到关于势的学说,提出了"势不两立"的原则,要么国君擅国,要么贵族专权,二者不可并立,即"夫势者,便治而利乱也"(《人主》),是说权势在国君手中则便于治国,在大臣手中则利于为乱。

75

韩非说："势治者则不可乱，而势乱者则不可治"（同上），指出权势在国君手中，国家是不会乱的；而权势在大臣手中，想使国家治理也不可能做到。韩非所说的"人主失其势重于臣，不可复收"（《内储说下》）、"人臣太贵，必易主位"（《爱臣》），讲的正是国君一旦失去权势会带来怎样严重的后果。为此，法家主张权势应为国君一人所"独守""独制"：

> 法令者，君臣之所共也；权势者，人主之所独守也。（《管子·七臣七主》）
> 法者，君臣之所共操也；信者，君臣之所共立也；权者，君之独制也。（《商君书·修权》）

可见，法家讲"势"，并不是孤立静止地论述"自然之势"，而是"所谓言势者，人之所设也"（《难势》）。这个"人之所设"便是：

> 抱法处势则治，背法去势则乱。（同上）
> 君执柄以处势，故令行禁止。柄者，杀生之制也；势者，胜众之资也。（《八经》）

所谓"势者，胜众之资也"，是说权势作为暴力，是国君制服群臣百官的资本和凭借，这便是"势"的本质所在。

> 凡人君之所以为君者，势也。故人君失势，则臣制之矣。（《管子·法法》）

这句话，指出了"势"的实质和人君一旦失势后的"不可复收"。

如果说国君用术是为了"察奸""知奸",那么,在知奸之后,"止奸""困奸""除奸""绝奸",便成了主要的问题。所谓人主"乘威严之势,以困奸衺之臣""君之所以治臣者有三:一曰势不足化,则除之"(《外储说右上》)、"权专而奸止"(《吕氏春秋·知度》)、"善恃势者早绝奸之萌"(《外储说右上》),都是说国君在察知奸臣之后,只有靠手中握有至高无上的权势,才有可能做到困奸、止奸、除奸。而善于使用权势的国君,应当把臣下的奸邪行为消灭在刚刚萌发的时候。

在韩非的法·术·势理论中,法、术作为国君手中治理国家人民的两大工具,它的行使,是以国君享有"独制"的"制人之势"(即"权重位尊")为前提条件的。离开了势,法、术便无以实行。反之,法、术对于势来说又不是消极的。人主的"制人之势"的取得和确保,便是和国君的行法、用术联系在一起的。离开了法、术,"独制"之势便无以形成和享有。这就是法、术、势之间的相互制约、相辅相成的关系,法、术、势三者都是韩非法治理论中缺一不可的重要组成部分。总之,韩非的法·术·势学说继承并发展了商鞅学派乃至战国法家的"法治"学说,是加强君主专治的、完备的法治理论。

韩非生活在战国末年。当时战国的形势是:经过变法的各国,都毫无例外地出现了宗室贵族长期专断国家大权、使变法成果在很大程度上得而复失的现象。因而,加强君主专制、确立布衣将相格局,便成了富国强兵、兼并天下的关键。在秦国,秦昭王的起用范雎并罢黜魏冉,虽然结束了宗室贵族的专权,但并不意味着专权的危险已经完全过去。秦始皇统一六国前夕,秦国的宗室贵族曾利用韩国用修建郑国渠以疲敝秦国的阴谋被发现之机,提出"请一切逐客",企图以此排除客卿,再度专断国家大权。可见,韩非的加强君主专制的理论，对于当时的秦国来说，仍具有重大的实践意义。正因为如此，当韩非的著作传到秦国、秦王政在看过韩非的《孤愤》《五蠹》篇之后，曾感叹地说："寡人得见此人与之游，死不恨矣！"

韩非虽然是韩国人，他到秦国后又未及得到秦王的重用，便被李斯、姚贾等谗死狱中，但他的法制理论却得到秦国国君的高度重视，对于秦国的法制建设和兼并六国，事实上起到了相当重要的指导作用。

韩非的中央集权理论与秦王朝的法制建设

公元前221年，秦王政统一了六国，建立了中国历史上第一个中央集权的封建王朝，制定并颁发了一系列的制度、法令和政策。

在秦帝国的法制建设中，首先是中央集权制国家政体的完善和确立，其中包括将国君的称号由"王"改为"皇帝"以及国君在国家政权中享有至高无上权力的有关规定和制度上的保证。与此同时，为加强中央集权制度，还采取了一系列的措施，其中包括统一货币、统一度量衡、统一文字、修筑驰道、建筑长城、迁徙居民等。在秦始皇为加强中央集权制封建王朝所进行的法制建设中，韩非的法治理论也起到了重要的指导作用。韩非生前所主张建立的"事在四方，要在中央，圣人执要，四方来效"（《扬权》）的大帝国，在秦王朝的法制建设中得到了完全的实现。

第三章　云梦秦律的发现及秦国法制建设的三个时期

云梦秦律的发现及其年代

1975年12月，我国考古工作者在湖北省云梦县睡虎地发掘了12座战国末年至秦代的墓葬。其中，十号墓出土了大量秦代竹简。这批竹简经整理拼复后，总计有简1155支（另残片80片），内容共有十种：

1.《编年纪》

2.《语书》

3.《秦律十八种》

4.《效律》

5.《秦律杂抄》

6.《法律答问》

7.《封诊式》

8.《为吏之道》

9.《日书》甲种

10.《日书》乙种

其中,《语书》《效律》《封诊式》《日书》是竹简上原有的书题。其他6种书题,是由竹简整理小组所拟定的。

这批竹简,大部分是秦国的法律文书。而十一号墓的主人,很可能就是《编年纪》中所提到的"喜"。据载,喜生于秦昭王四十五年(前262年),生前曾任安陆御史、安陆令史、鄢令史及鄢的狱吏等与司法有关的职务。因此,喜死时以他生前所用的大批法律文书殉葬,是很可以理解的。

这批竹简,字迹清晰,全为墨书隶体。据舒之梅先生考证,墓主人喜是这批竹简的抄存者;抄存的年代在秦始皇时期;抄存的目的,是这批竹简的拥有者喜在生前为着司法工作上的需要。

云梦秦简的抄写年代虽在秦始皇时期,但竹简中所抄写的秦国法律文书,其成文年代却有早有晚。最早的,可上溯到商鞅变法;晚的,则到秦始皇三十年。因此,这批法律文书,反映了秦国自商鞅变法(前359年)至秦始皇三十年(前217年)长达近一个半世纪中秦国法制建设的历程,因而对于研究秦国的法制建设具有重大的意义。

云梦秦律的基本内容

《编年纪》

《编年纪》共有竹简53支,它逐年记述自秦昭王元年至秦始皇三十年期间秦统一中国战争中的大事,同时记载一个名叫"喜"的人的生平及有关事迹,类似后世的年谱。从书写的字体看,从秦昭王元年到秦始皇十一年的大事,大约是一次写成的。这期间关于喜和他的家事记载,以及秦始皇十二年以后的简文,字迹较粗,可能是后来续补写成的。

《编年纪》发现的意义,除了可以据此补充、核校《史记·六国年表》中的不足和错误外,还可以从中了解到十号墓主的身份和经历,知道竹简中的大量秦国法律文书,是墓主喜生前历任与司法有关的职务时所用,有助于了解秦国的法制建设。

《语书》

《语书》是秦王政(始皇)二十年(前227年)四月初二秦国南郡郡守腾颁发给本郡各县、道的一篇政府文告,共有14支简,最初定名为《南郡守腾文书》,《睡虎地秦墓竹简》依竹简原有题目正名为《语书》。这篇政府文告发布的时间,是秦国在南郡的统治已达半个世纪之久。然而,当地的楚人势力在南郡还有很大的影响,楚国力图收复这一地区。文告的内容,有助于了解秦国政府在地方上,特别是在新征服地区推行法治、实行"以法为教"等有关情况。

《秦律十八种》

《秦律十八种》共有201支简,律文的每条末尾都记有律名或律名的简称。对照《秦律十八种》中的《效》和同墓出土的《效律》,可知《秦律十八种》的每一种可能都不是该律的全文,只是抄写人根据自己的需要摘录了十八种秦律的一部分而已。

《秦律十八种》所包含的内容相当广泛,其中计有:

《田律》(农业生产的管理);

《厩苑律》(关于饲养牲畜的厩圈和苑囿的管理);

《仓律》(粮草仓库的管理);

《金布律》(货币财物的管理);

《关市》（关卡和市场税收的管理）；

《工律》（官营手工业的管理）；

《工人程》（官营手工业的生产定额）；

《均工》（关于手工业劳动者的调度）；

《徭律》（关于徭役的法律）；

《司空》（关于司空职务的法律）；

《军爵律》（按军功授爵的法律）；

《置吏律》（任用官吏的法律）；

《效》（核验官府物资财产的法律）；

《传食律》（驿站供应饮食的法律规定）；

《行书》（关于传送文书的法律规定）；

《内史杂》（关于内史职务的法律规定）；

《尉杂》（关于廷尉职务的法律规定）；

《属邦》（关于管理少数民族的机构——属邦的职务规定）。

《秦律十八种》虽然不是这18种法律的全文，更不是秦律的全部（同墓出土的《秦律杂抄》中，还发现《除吏律》《游士律》等11种律名），但内容已相当丰富。这些法律条文的发现，为了解秦国法律的详细情况，提供了十分珍贵的可信史料。

《效律》

《效律》共有60支简，第一支简的背面写有"效"字标题，应是一篇首尾完具的律文。和《秦律十八种》中的《效》相对照，可知《十八种》中的《效》只是摘录了《效律》当中的一部分。

《效律》详细规定了核验县和都官物资账目的一系列制度。其中关于度量衡器误差限度的规定，有助于了解统一度量衡在秦国的贯彻实施情况。

《秦律杂抄》

《秦律杂抄》共有42支简。简文各条,有的有律名,有的没有律名,内容比较庞杂。它表明,这部分竹简可能是抄录者根据需要从秦律中摘录的一部分律文,有些条在摘录时可能对律文作了简括和删节,因而较难理解。

《秦律杂抄》摘录的范围广泛,其中所存律名计有11种:

《除吏律》(关于任用官吏的法律);

《游士律》(关于限制游说之士的法律);

《除弟子律》(关于任用弟子的法律);

《中劳律》(关于从军劳绩的法律);

《藏律》(关于府库收藏的法律);

《公车司马猎律》(关于公车司马进行田猎的法规);

《牛羊课》(关于考核牛羊畜养的法律);

《傅律》(成年男子登记名籍的法律);

《敦(屯)表律》(关于边防的法律);

《捕盗律》(捕拿盗贼的法律);

《戍律》(关于征发边防戍卒的法律)。

上述秦律11种,除了《除吏律》与《秦律十八种》的《置吏律》名称相似外,和《秦律十八种》并无重复。这一事实表明,秦律的种类繁多,云梦出土秦律只不过是秦律中的一小部分而已。

《秦律杂抄》中许多律文与军事有关,是研究秦国军事法规的重要材料。

《法律答问》

《法律答问》共有简210支,内容有187条,多是采用问答的形式,对秦律某些条文、术语以及律文的含义做出明确的解释。

《法律答问》是解释性的律文，解释的范围主要是秦律的主体即刑法部分。商鞅的改法为律，依据的是李悝的《法经》。《答问》所解释的秦律条文，与《法经》六篇即《盗》《贼》《囚》《捕》《杂》《具》的范围大体相同。

《答问》所引用的某些律文，最早的很可能是商鞅时期制定的，但更多的是属于商鞅之后到秦统一六国之前不同时期的秦律。此外，也有一些是关于诉讼程序的说明。总之，《答问》对于我们了解秦国法律的具体内容及其发展，对于研究秦国的诉讼制度，都是重要的珍贵史料。

《封诊式》

《封诊式》有98支竹简，简文共分25节，是治狱案例，也有人称它为治狱格式。《封诊式》所包含的内容，相当广泛，其中：

治狱：治狱指审理法律案件。本节的简文内容是说，审理案件要根据所记录的口供进行追查。不用拷打而得实情，最好；实行拷打，不好；恐吓犯人，表明审理的失败。

讯狱：讯狱指审讯犯人。简文中提到审讯犯人时所应遵循的原则，指出审讯时非不得已，不应实行拷打。

有鞫：鞫指审讯问罪。简文内容是被告犯罪所在地县丞发给罪犯原籍县丞的公函，请代为调查犯罪人的身份、有无前科并请依法查封其在原籍的财产。

封守：封守指查封和看守被审讯人的财产及其程式。简文提到被审讯人已被查封的各种财物及其住地的里典和四邻证实确已全部查封，并由他们轮流看守，等候命令。

覆：覆指被告犯罪所在地县政府发往罪犯原籍县政府的公函。公函中提到请代为查清有关罪犯的姓名、身份、籍贯、犯罪历史，并将所录全部回报。

盗自告：盗自告系某盗窃犯自首并告发他人的案例。

□捕：□捕系某盗牛犯逃亡后、捕获某杀人犯并前来官府自首的案例。

□□：某甲、乙二人捕获丙、丁二个私铸钱币的罪犯、并将其铸钱所用钱范一并交送官府的案例。

盗马：扭送某盗马犯的案例。

争牛：争讼一度丢失的黑色母牛归属问题的案例。

群盗：一件结伙抢劫盗窃后逃亡并因拒捕而被杀、被捕的案例。

夺首：一件争夺敌人首级并砍伤他人的案例。

□□：一件争夺敌人首级的案例。

告臣：某人将不听使唤的奴隶卖给官府的案例。简文的下半部分是官府向某乡调查上述有关情况的格式，并要求做出书面汇报，以便核定是否属实。

黥妾：某大夫请求官府对自己的婢女施加黥劓刑罚的案例。

迁子：某人向官府控告他的亲生儿子，并请求官府将其子断足后流放到蜀郡的边远县分、终生不得离开流放地点的案例。

告子：某人控告自己的儿子不孝，并请求官府将其子处以死刑的案例。

疠：将被怀疑为是麻风病患者的病人送交官府并由医生进行检验的案例。

贼死：一件查验被他人杀害的男尸的案例。简文对现场及男尸受害的种种情形作了详细的勘验记录。

经死：一件查验吊死的女尸的案例。简文中详细地记载了现场和女尸吊死后的情状，还规定了勘验这类案件应当验明和讯问各种情况的程式。

穴盗：一件查验挖洞盗窃他人衣物的案例。简文中对被盗现场从各方面做了详细的查验记录。这一详细的查验记录表明，它是查验此类案件现场并做出详细记录的一种程式。

出子：女子甲有身孕，与另一成年妇女乙斗殴后流产。甲到官府控告乙，官府派人对女子甲及家属进行多方面的调查、检验，以便确认控告是否属实。

毒言：一件被他人控告为口舌有毒的案例。在审讯供词中，被告人承认他的外祖母曾因口舌有毒被论罪流放，而他本人口舌无毒，并无其他前科。

奸：一件捕获某男女白昼通奸并将其押送官府的案例。

亡自出。某人因逃避徭役而逃亡、后来又自行到官府自首的案例。

《为吏之道》

《为吏之道》由51支竹简组成，内容多为官吏常用词语，有些地方文意不很连贯，可能是供学习做吏的人使用的识字课本，多为四字一句。这部分简文的内容，除了能说明当时评价官吏行为的标准外，有不少地方与《礼记》《大戴礼记》《说苑》相同，有些文句属于封建统治阶级的处世哲学，某种程度上反映了儒法融合的初步迹象以及当时社会风尚等问题。

此外，甲、乙种讲时日禁忌，与法律无涉，不另介绍。

云梦秦律发现的重大意义

云梦秦律是商鞅秦律的继续

云梦出土的秦国法律文书的丰富内容表明，这一发现具有重大的意义。这一意义，首先就在于云梦秦律是商鞅秦律的继续。

战国末年的韩非，在谈到秦国商鞅之后的法制建设时曾经说过："及孝公、商鞅死，惠王即位，秦法未败也。"云梦秦律的发现，证实了韩非的这一概括。高敏先生在《商鞅〈秦律〉与云梦出土〈秦律〉的区别和联系》[载《云梦秦简初探》（增订本），河南人民出版社，1981年]一文中指出，云梦秦律是商鞅秦律的直接延续，二者之间存在着连贯性：

《史记·商君列传》《韩非子·定法》所载商鞅的"什伍连坐"法令，在云梦秦律中就多有反映。《秦律杂抄·傅律》"百姓不当老，至老时不用请，敢为诈伪者，赀二甲；典、老弗告，赀各一甲；伍人，户一盾，皆迁之。"（《睡虎地秦墓竹简》，文物出版社，第143页。本书至此以下，凡引用该书简文，皆简化成："简·×××"字样，×××代表书中的页码）《秦律杂抄·屯表律》："军新论攻城，城陷，尚有栖未到战所，告曰战围以折亡，假者，耐；屯长、什伍知弗告，赀一甲；伍二甲"（简·145）。此外，《法律答问》解释说："律文说与盗同法"，又说"与同罪，这两类犯罪者的同居、里典和同伍的人都应连坐"（简·159—160）。可见，云梦秦律的连坐法同商鞅的连坐法，是一脉相承的。

在赐爵制度方面，《史记·商君列传》《韩非子·定法》《商君书·境内》的"有军功者各以率受上爵""斩一首者爵一级""能得甲首一者赏爵一级"，同《秦律十八种·军爵律》的"从军当以劳论及赐""隶臣斩首为公士"（简·92、93），两者基本上是一致的。

商鞅变法中关于罚作奴隶的法律如"事末利及怠而贫者举以为收孥"，在云梦秦律中更是屡见不鲜，如"耐为隶臣""刑为隶臣""以为隶臣"，等等。

此外，商鞅变法中的严惩盗贼、禁止私斗、赏告奸、废逆旅、禁游说、整饬吏治和统一度量衡等，在云梦秦律中亦多有反映，这里就不一一列举了。

大量事实表明，云梦秦律是商鞅秦律的继续，在相当大的程度保留了商鞅秦律的内容。

云梦秦律反映了秦国法制建设的进程

云梦秦律同商鞅秦律除联系之外，两者之间又存在着一定的区别。据高敏先生的文章（同上）考证，一些见于商鞅秦律的条款，却不见于云梦秦律。如商鞅秦律中的"刑弃灰于道者""盗马者死""不告奸者腰斩，告奸者与斩敌首者同赏"等条款都不见于出土秦律。

云梦秦律对商鞅秦律的发展，表现在法律分目的增加上。商鞅改法为律，在大的编目上，基本上保留了《法经》六篇的原貌，而出土秦律，涉及的律名就达三十种。这些律名，很可能是在商鞅秦律的大目之下增加的细目。出土秦律中的《工人程》《牛羊课》的出现，表明在《律》之外，又出现了《程》《课》等发展或补充律文的法令。此外，《封诊式》中的"式"和《法律答问》中多次提到的"比"，也都带有补充法律条文的性质。三十多个律名（商鞅以后的秦律律名，远不止于云梦出土的三十种）以及"程""课""式""比"的出现，从一个侧面反映了云梦秦律对商鞅秦律的发展。

关于云梦秦律反映了秦国自商鞅变法到秦统一六国的法制建设进程，这在出土秦律中是多所反映的，据舒之梅先生《珍贵的云梦秦简》（载《云梦秦简研究》，中华书局，1981）的考证：

《法律答问》有"何谓甸人？甸人守孝公、献公冢者也。"这肯定是商鞅之后的法官所做的解释。由于只提到孝公为止，这条解释很可能撰写于秦惠文王时期。

《封诊式·迁子》有"迁蜀边县"和"以县次传诣成都"语。秦灭蜀和占有成都是在秦惠文王后元九年（前316年），灭蜀后确曾徙秦民于蜀地。可知，这条简文反映的是秦灭蜀之后的一些情况。

《秦律十八种·置吏律》有条律文在讲到官吏任免事项时，只提到"十二郡"。自秦惠文王于前312年始设立汉中郡起，到秦昭王时才达到十二个郡。可知，这条律文是在秦昭王设立十二郡之后才制定的。

《封诊式·夺首》等二个案例都提到攻打刑（邢）丘的战斗。《史记·秦本记》和秦简《编年纪》都提到秦昭王四十一年"攻邢丘"的战争（前266年）。可知，这两个案例都应当发生在前266年之后。

《为吏之道》所附录的两条魏律，律文在开头所写明的颁发时间，按历朔推算为魏安釐王二十五年（前252年），即秦昭王五十五年。可知，《为吏之道》可能是写成于秦昭王晚年和秦孝文王和秦庄襄王时期，不会晚至秦始皇时期，因为文中多次出现"正"字，不避秦始皇讳。

此外，出土秦律律文有相互矛盾的地方。如《法律答问》一条律文说："夫盗千钱，妻所匿三百，何以论妻？妻知夫盗而匿之，当以三百论为盗"（简·157），而另一条律文则说："夫盗二百钱，妻所匿百一十，何以论妻？妻知夫盗，以百一十为盗"（简·157）。可见，二条律文，一条"以三百论为盗"，一条"以百一十为盗"，在"论为盗"的标准上大为不同。云梦秦律律文相互矛盾的情况表明，秦律的律文在不同时期是有所变动的。《法律答问》对律文的某些解释，并非出自一时一人，系逐渐积累而成。

出土秦律形成于商鞅之后至秦统一六国之前的诸多证据,以及出土秦律律文相互矛盾的存在,表明云梦秦律反映了这一时期秦国法制建设的进程。

秦国法制建设的三个时期

商鞅变法时期

商鞅变法是秦国法制建设的第一个时期。这一时期的主要成果,是在秦国初步建立了新型的法律制度,为后来的法制建设奠定了坚实的基础。在这个意义上可以说:没有商鞅变法,就没有秦国法制建设的蓬勃发展和秦的统一六国。关于这一时期法制建设的基本情况,本书第一章已有论述,不再重叙。

商鞅被害至秦统一六国时期

从商鞅被害(前338年)到秦统一六国的近一百二十年间,是秦国法制建设的第二个时期。这期间秦国的法制建设,总的说来,是在商鞅变法的基础上,继续向纵深发展,使秦律已具备了刑法、刑事诉讼法、行政管理法、军事法规、民事法规等方面的内容。事实表明,秦国自商鞅变法之后到统一六国之前,已经把各种政治制度、经济制度、军事制度,全部用法律条文的形式固定下来,建立了完备的封建主义的法制体系,确立了封建制度,实现了富国强兵,从而在兼并六国的战争中取得了胜利。这一时期,是秦国法制建设的关键时期,它巩固并发展了商鞅变法的积极成果,使秦国的法制建设取得了决定性的胜利,在政治、经济、军事和意识形态方面,实现了以法治国。

关于这一时期的法制建设，本书第四、五、六、七、八、九章，将分别作具体的论述。

秦帝国时期

公元前221年秦统一六国，建立了中国历史上第一个中央集权制的封建王朝，秦国的法制建设从而进入了一个新的时期。这一时期法制建设有两个特点，一方面在秦国法制建设的基础上，以确立封建专制制度、加强中央集权为中心的法制建设，迅速地在全国范围内普遍展开，收到了明显的效果。这一时期秦王朝所制定的一系列制度、政策和法令，如关于"皇帝"尊号等一系列加强君权的规定，确保皇帝在国家政权中享有至高无上的绝对权力；对国家政权机构进行调整，使之适应加强中央集权的需要；颁发保护土地私有的法令；实行统一货币、度量衡、文字和修驰道、筑长城、迁徙居民以及焚书坑儒（焚书坑儒是一个需要另作评价的复杂问题）等，使商鞅以来秦国法制建设的积极成果，在全中国的范围内迅速地得到落实。秦帝国的法制建设，概括地说，即坚持中央集权，"事决于上"，"权制于君"，全面地实行以法治国：在政治上，"专任刑罚"；在组织上，"专任狱吏"；在意识形态领域内推行"以法为教""以吏为师"，秦始皇在芝罘刻石中所标榜的"大胜作始，建定法度，显著纲纪"，"普施明法，经纬天下，永为仪则"；在泰山刻石中所标榜的"治道运行，诸产得宜，皆有法式"等，在某种程度上概括了秦帝国法制建设所取得的成就。

另一方面，秦始皇、秦二世又推行严刑苛法，把商鞅的轻罪重刑原则推行到无以复加的程度，结果导致了秦帝国的二世而亡。

秦始皇被统一中国的重大胜利冲昏了头脑，秦国的法律在他的手中开始被看成是万能的。秦国在商鞅变法时虽曾实行过轻罪重罚的政策，但从云梦秦律看，商鞅以后的秦律最多的是实行"刑称罪"的原则。秦始皇继皇帝位后，他不是实行与民休息的政策，而是大兴土木，人民徭役负担过重，使大批的农民沦为罪犯和奴隶，富国强兵的"农战"政策遭到严重破坏，秦帝国的法制建设开始脱离原有的轨道，轻罪重刑被运用到无以复加的程度，苛法和重刑使人民忍无可忍。例如，《秦律十八种·徭律》规定："失期三日到五日，谇；六日到旬，赀一盾；过旬，赀一甲"（简·76）。而二世皇帝却把服徭役失期的刑罚加重到"失期，法皆斩"（《史记·陈涉世家》）的程度，导致了大泽乡的陈胜、吴广起义。贾谊在《新书·过秦论》中所说的秦国因"繁法严刑"而兴，又因"繁刑严法"而亡，深刻地概括了秦国的法制建设与秦国兴亡的关系。

第四章　秦国的刑法建设及其实施

春秋时期法律制度变革的中心内容，是各诸侯国以保护私有财产为中心的成文法的相继公布。以郑、晋、楚三国为例，在郑国，公元前536年，郑国执政子产铸刑书"以救世"，即"铸刑书于鼎，以为国之常法"（《左传》昭公六年及杜预注）。公元前501年，"郑驷歂杀邓析，而用其竹刑"（《左传》定公九年），把法律条文写在竹简上。在晋国，公元前633年，晋文公"作被庐之法"（《左传》僖公二十七年）。公元前620年，晋国赵盾"始为国政"，制事典，正法罪。辟狱刑，董逋逃，由质要，治旧污，本秩礼，续常职，出滞淹……使行诸晋国，以为常法（《左传》文公六年）。公元前513年，晋国"铸刑鼎，著范宣子所为刑书焉"（《左传》昭公二十九年），正式公布成文法。在楚国，楚文王时曾作《仆区法》，禁止奴隶逃亡，并规定"盗所隐器，与盗同罪"（《左传》昭公七年）。楚庄王时作《茅门之法》，规定诸侯、大夫、诸公子入朝时，车不得进入宫门，以保障国君安全。

至战国时期，各国刑法建设有更大的发展。李悝《法经》的制定，即是各国刑法建设的集大成之作。商鞅继李悝《法经》之后，改法为律，是对《法经》的继承和发展。因此，秦国的刑法建设，是春秋战国以来各国刑法建设合乎逻辑的发展。

刑法在秦律中居于主体地位

刑法作为规定犯罪和刑罚的法律规范，它的首要任务在于解决打击什么、保护什么的问题。在阶级社会，刑法主要是为了维护现存社会秩序，因而在各项法律中享有突出重要的地位。秦国的法律制度，亦不例外。

战国初年李悝所制定的《法经》六篇，实际上就是一部刑法典。商鞅变法时改法为律，继承了李悝的《法经》。只是，商鞅时期的刑法典，由于失传，其详已不得而知。但是，云梦秦律的出土，使我们得以了解从商鞅变法到秦统一六国时期秦国刑法建设的概貌。

云梦秦律中的五种法律文书《秦律十八种》《效律》《秦律杂抄》《法律答问》《封诊式》等所包含的内容是相当广泛的。其中，有关刑法的部分居于主体地位。《法律答问》和《封诊式》的大部分内容讲的都是与刑法有关的问题，充分说明了这一点。

《盗律》《贼律》在刑法中居于首要地位

据《晋书·刑法志》的记载，李悝制定《法经》，认为"王者之政，莫急于盗贼"，所以《盗法》《贼法》被列于《法经》之首。出土秦律中虽有《捕盗律》的名目，但只不过是整个《盗律》的组成部分之一，而不见有《盗律》《贼律》的名称。但是，在出土秦律特别是《法律答问》和《封诊式》中,讲到"盗""贼"的律文,则占有很大的比重。如《法律答问》的一百八十多条解释性的律文中,讲到盗贼的就有五十多条。在《封诊式》的二十五个案例中,属于盗贼方面的就有六例。

关于"盗"的诸多律文,对于"盗"者、匿赃者、分赃者、同谋者以及知情者,都有详细的惩罚规定。对于"群盗"的惩处更严,犯者罪加一等。对于盗窃犯罪,要根据所盗财物的多少来定罪量刑。

《贼律》的名目虽不见于出土秦律,但从律文中多次出现的"贼伤人""贼杀"以及"盗杀人""贼杀主"等概念来看,秦律注意区分杀人和伤人的具体情况和性质上的不同,并且根据性质的不同和杀、伤的情节、部位、后果来确定刑罚的轻重。

战国文献和出土秦律中所说的"盗贼",实际上包含两层含义:一是指盗贼行为,即盗贼其事;二是指盗贼活动的从事者,即盗贼其人。就盗贼行为而言,盗主要是指偷窃财物或金钱;贼主要是指非法杀人或伤人。至于就盗贼行为的从事者而言,实际情况相当复杂。文献或秦律中所谈到的"盗贼",其中除了被压迫的人民群众反抗统治阶级的斗争如偷窃或抢夺主人的钱、物,杀伤主人之外,还包括职业盗贼的杀人越货;有正当职业的人偶然的盗贼行为以及统治阶级内部某些成员其他的(即劫杀窃夺之外的)"非份"之行等。至于盗贼行为的受害者,从来就不只是统治阶级,还包括人民大众在内[①]。尽管情况如此复杂,但历史表明,在一般情况下(即没有爆发大规模人民起义或其他暴乱的情况下),国家所建立的秩序,它所遭到的破坏常常是来自盗贼的杀人越货。战国文献中所

[①] 黄中业:《论盗贼》,《历史学》1979年第4期。

说的:"行五刑、诛大罪,所以禁奸邪、止盗贼"(《管子·禁藏》)、"国皆有禁奸邪、刑盗贼之法"(《商君书·画策》)、"重罚者,盗贼也"(《韩非子·六反》),等等,足以说明统治阶级所制定的刑法,包括秦国的刑法在内,都是把惩治盗贼列于刑法的首要内容。

犯罪

犯罪

商鞅学派的理论和秦国的法律,认为凡属破坏等级制度和社会秩序的行为,违犯了国家的法律,都构成犯罪。按照商鞅学派"王者刑用于将过,则大邪不生"的理论,即使是轻微的违法行为,如"细过""微奸""细奸""小奸",都构成犯罪,应予以刑罚。出土秦律表明,秦法实践了这一理论。例如,《法律答问》"甲谋遣乙盗,一日,乙且往盗,未到,得,皆赎黥"(简·152)。是说甲主谋派乙去盗窃,一天,乙去行盗,还没走到,就被拿获,甲乙都应判处赎黥。《法律答问》中还记载:盗采他人的桑叶,赃值不到一钱,也被认为犯罪,罚服徭役三十天;又如某人为盗窃赃值千钱的人匿罪,分赃不满一钱,也要与盗窃千钱的大盗同罪。据《史记·商君列传》记载:"秦孝公卒,太子立。公子虔之徒告商君欲反,发吏捕商君。"可见,仅仅以"欲反"的罪名,而不问是否有无谋反的行为,也同样以"谋反"问罪。

刑事责任能力

在秦律中,只有当人们能够明辨是非、控制自己的行为并对自己的行为有负责能力的时候,有了犯罪行为才被法律认定为犯罪,并按法律的规定予以惩罚。在一般情况下，年龄被作为确认刑事责任能力的标准。但是，在云梦秦律中，不仅按年龄，而且更是按身高作为刑事责任能力的标准。《法律答问》有两条简文："甲小未盈六尺，有马一匹自牧之。今马为人败，食人稼一石，问当论不当？不当论及偿稼。"（简·218）是说：甲年小，身高不满六尺，有马一匹，自己放牧。现马被人惊吓，吃了别人的禾稼一石，问应否论处？答曰：不应论处，也不应赔偿禾稼。另一条简文是："甲盗牛，盗牛时高六尺。系一岁，复丈，高六尺七寸，问何论，当完城旦。"（简·153）是说：甲偷牛，偷牛时身高六尺。囚禁一年，再加度量，身高六尺七寸，问甲应如何论处？答曰：应完城旦。可见，身高不满六尺，不负有民事责任和刑事责任，而六尺七寸就要负刑事责任了。据《仓律》记载，男子在六尺五寸以上、女子在六尺二寸以上，才被看作是成年，负有法律上的责任。秦尺六尺五寸，约合今1.5米；六尺二寸，约合今1.4米。在当时，身高一米四五的青年，一般在年满十五岁左右。

秦律虽规定了刑事责任能力的标准，但如果有人指使未成年人犯罪，指使者要依法受到严惩。《法律答问》："甲谋遣乙盗杀人，受分十钱，问乙高未盈六尺，甲何论？当磔。"（简·180）是说：甲主谋派乙盗劫杀人，分到十钱，问乙身高不满六尺，甲应如何论处？答曰：应车裂。

犯罪行为与犯罪动机

在秦律中，对具有刑事责任能力的人，认定他们是否犯罪，在确认他们犯罪行为的同时，还要考察他们在犯罪时的动机，坚持犯罪行为与犯罪动机相统一的原则。对于那些虽有违法行为，但只要不出于行为人的故意或过失，或者是行为人不知情，就不以犯罪论处。

例如盗窃犯罪，只要有了以盗窃为目的的行为，即有了犯罪的动机，无论已遂与未遂，得到财物多少或得到财物与否，都构成盗窃犯罪。《法律答问》有："抉钥，赎黥。何谓抉钥？抉钥者已抉取之乃为抉，且未启亦为抉？抉之弗能启即去，一日而得，论皆何也？抉之且欲有盗，弗能启却去，若未启而得，当赎黥。抉之非欲盗也，已启乃为抉，未启当赀二甲。"（简·164）是说：抉钥，应赎黥。什么叫抉钥？撬门键的人已撬开才算撬，还是没撬开也算撬？撬而未能撬开就走了，当天被拿获，以上各种情形都应如何论处？答曰：撬门键目的在于盗窃的，未能撬开就走，或未撬开而被拿获，都应赎黥。撬门键目的不在盗窃的，已开才算作撬，未开应罚二甲。

在包庇或窝赃犯罪问题上，《法律答问》有："甲盗不盈一钱，行乙室，乙弗觉，问乙论何也？毋论。其见知之而弗捕，当赀一盾"（简·155）。是说：甲盗窃不满一钱，前往乙家，乙没有察觉，问乙如何论处？答曰：不应论罪。如系知情而不加捕拿，应罚一盾。

据《法律答问》记载，在告奸问题上，所告不实，如果是出于故意，就构成诬告罪；如果不是出于故意，则属于过失犯罪，一般不追究刑事责任，而是处以罚款。在官吏渎职问题上，官吏判案失职，如果官吏有包庇罪犯的故意，就构成"不直罪"，处罚很重；如果没有包庇罪犯的故意，则属于"失刑罪"即过失犯罪，一般给予行政处分。可见，坚持犯罪行为与犯罪动机相统一，是秦律刑法的一项重要法律原则。

依法论罪与以罪定刑

在中国，依法论罪是同春秋末年开始颁布成文法典开始的。在此之前,"先王议事以制,不为刑辟"(《左传·昭公六年》),由统治阶级按照自己的意志,随时决定给破坏秩序的人以刑罚,实行的是"罪行擅断主义",使人民无所措手足。

成文法典在各诸侯国的陆续公布,是对"罪刑擅断主义"的否定,实际上实行的是"罪刑法定主义"。商鞅主张统治阶级应当根据自己的利益制定出成文法典,予以公布,使人人知晓。然后,依据法律的明文规定,凡属违犯法律的行为,都被认定为犯罪。《商君书·说民》所说的"有道之国,治不听君,民不从官",指的就是人们必须服从法律,而不听从君臣们的临时主张和个人意志,实行"缘法而治"(《商君书·君臣》)。

在确认犯罪之后,究竟处以何种刑罚,商鞅学派提出了"罚随罪"的原则,即凡属犯罪行为,都应给予相应的刑罚。韩非所说的"名刑相当,循绳墨"(《韩非子·诡使》),即是说,刑罚必须与所犯的罪行相一致,以罪定刑,按照法律条文的明文规定,来确定形罚的轻重,不得随意从轻或加重。否则,不是依法按罪定刑,刑罚则收不到预期的效果,即"释法制而妄怒,虽杀戮而奸人不恐"(《韩非子·用人》)。

在坚持依法论罪、以罪定刑原则的同时,战国时期的法家还坚决反对在法律之外论罪定刑。法家之所以主张公开颁布成文法,就在于使人民知道国家奖赏什么、惩罚什么,从而避祸就福,同时也为对犯法者依法定罪提供根据。韩非为考察官吏所提出的"循名责实"原则,其中便包括依据法律所规定的"罪名"来定罪。凡符合罪名规定的行为即属于犯罪,并依法处以相应的刑罚;不符合罪名规定的行为则不属于犯罪,不应给予任何刑罚。总之,只能惩罚法律条文所禁止的犯罪行为,不许惩罚法律条文没有禁止的行为,即禁止"法外用刑"。韩非所说的"不引绳之外""不急法之外""使人无离法之罪"，便是就此而言。韩非的这一理论，同"罪行法定主义"的基本内容和精神，基本上是一致的。

诚然，秦法的依法论罪和以罪定刑，从理论到实践都是有条件的。它所否定的"罪刑擅断"，是对臣下即执法官吏而言，而对于拥有立法、司法、行政大权的国君，则拥有"擅断"的权力：他可以超越法律，凌驾于法律之上。在这点上，秦法的罪刑法定和资产阶级的罪刑法定主义，毕竟有质的不同。

出土秦律表明，秦法基本上实践了依法论罪和以罪定刑。

在立法上，秦律采取按一事一例来广设条款的原则，使律文的规定具体化，为推行罪刑法定提供了有利的客观条件。如盗窃犯罪，秦律按犯罪主体的不同身份，立有"害盗盗""求盗盗""公士盗""士伍盗""臣妾盗""子盗父""子盗假父""奴盗主父""父盗子"等专条。对于受盗窃侵犯的客体，也按照对象的不同，立有诸多专条，如"盗钱""盗布""盗牛""盗马""盗羊""盗桑叶""盗祭具""盗徒封""盗封啬夫"，等等。

关于杀人、伤人犯罪，秦律也按照犯罪主体身份上的不同，设有如下专条："擅杀子""擅杀、刑、髡其后子""主擅杀、刑、髡其子及奴妾""人奴擅杀子""臣妾谋杀主""伯擅杀侄""殴父母""殴大父母""人奴殴主""人奴妾笞子""夫殴笞其妻""邦客与主人斗""求盗与罪人格"，等等。同时，秦律对于伤人、杀人，也根据性质、所用凶器及其造成后果上的不同，分设有不同的条款，如凶器与手段有"拔剑伐""斗以针、钵、锥""以兵刃、殳梃、拳指伤人""啮"，等等。造成的后果有"拔发""尽拔须眉""斩人发结""断齿""断鼻""断指""抉耳""折肢""杀人"的不同。

秦律关于盗窃、杀人、伤人犯罪的主体与客体的上述区分与规定，为依法论罪，以罪定刑提供了客观上的标准和依据。秦律中所见的一些具体的刑罚，如"弃市""戮""磔""定杀""斩左止又黥以为城旦""斩左止以为城旦""黥劓以为城旦""黥为城旦""完为城旦""耐为鬼薪白粲""鬼薪鋈足""耐为隶臣""黥颜頯为隶臣""耐为司寇""耐为候""迁""赀二甲""赀一甲""赀一盾""赀徭三旬""赀戍二岁""赀戍一岁""赎死""赎宫""赎黥""赎鬼薪鋈足""赎迁""赎耐"，等等，都是在关于犯罪主体与客体的诸多区分的详细规定的基础上，分别制定出来的。

依法论罪和以罪定刑的详细法律规定，既为官吏的执法必严提供了条件，也为惩处官吏的拒不执法提供了依据。秦律中的"失刑罪"，即是指错判案件而并非出于故意，只是客观上背离罪刑法定原则。"不直罪"，是指故意重罪轻判或轻罪重判，有意违背罪刑法定原则。"纵囚罪"，是故意开脱应当判罪的人，包庇罪犯。

秦律在贯彻依法定罪、以罪论刑原则上，还有以下三点值得提出：

一是否认习惯法，不追溯以往。秦律中没有承认任何习惯法的痕迹，也没有追溯以往的效力。这同商鞅变法时对秦国原有的落后风俗习惯的彻底改革有关，是秦国变法和法制建设的优良传统。因此，李斯把商鞅的变法概括为"移风易俗"。在《法律答问》中，我们所看到的只是对成文法进行解释，而没有一处是谈及习惯法的。关于不追溯以往，《法律答问》有："或以赦前盗千钱，赦后尽用之而得，论何也？毋论。"（简·167）是说：有人在赦令颁布前盗窃一千钱，赦令颁布后将钱全部花费而被拿获，应作何论处？答曰：不予论处。这条解释，体现了刑法无追溯以往的效力。秦律所规定的刑罚，具体而固定，没有伸缩性。例如服役的徒刑，只有无期刑，而没有不定期刑。

二是"廷行事"的运用。客观事物是十分复杂的。秦律的一事一例、广设条款并不能包括所有的危害统治阶级利益的各种具体行为。为此，秦律采取"廷行事"的形式作为对成文法补充的类推案例。这种类推案例经司法机关确认后，即具有法律上的效力，从而成为成文法的补充形式。

"廷行事"即法庭成例，相当于判例法。秦律中"廷行事"的形成有如下四种情形。一是因成文法规定不具体而形成的"廷行事"，如秦律禁止仓库浪费粮食，但浪费多少才受到刑罚，法律无明文规定，《法律答问》则提出："实官户关不致，容指若抉""实官户扇不致，禾稼能出""空仓中有荐，荐下有稼一石以上"，均予以按"廷行事赀一甲"的处分（均见简·215）。二是因成文法不准确或不甚合理而形成的"廷行事"，如"告盗加赃罪"指对盗窃犯罪的错告数量较少，一般处罚较轻。但是，秦律判处盗窃罪依赃数多少而规定了不同的量刑等级，如五十五钱、一百一十钱、二百二十钱、六百六十钱等。有时错告数虽然很小，但却使赃数因此超过某一量刑等级，使被告人因此错受高一级的刑罚。如果出现这种情况，要从重处罚告发人。《法律答问》有"告人盗百一十，问盗百，告者何论？当赀二甲。盗百，即端加十钱，问告者？当赀一盾，赀一盾应律，虽然，廷行事以不审论，赀二甲"（简·167）。这里，控告人故意增加十钱，使被告错受重一级的刑罚，控告人按法律规定应处以罚一盾的轻刑，但廷行事以"控告不实"从重处罚，罚二甲。而另一条："告人盗千钱，问盗六百七十，告者何论？毋论"（简·168）。这里，控告人加赃三百三十钱，但由于赃六百七十钱和赃千钱属于同一量刑等级，被告并未因此而错受高一级刑罚，所以对于控告人也不予论处。三是因刑事政策改变而形成的"廷行事"，如《法律答问》有："廷行事吏行诅伪，赀盾以上，行其论,又废之。"(简·176)这里,官吏弄虚作假,罪在罚盾以上的,除依判决执行外,按"廷行事"又加以撤职永不叙用的处罚。这最后按"廷行事"所加的处罚,显然是和整饬吏治的政策有关。四是因坚持成文法而形成的"廷行事",如《法律答问》有:"廷行事有罪当迁,已断已令,未行而死若亡,其所包当诣迁所。"(简·177)是说:有罪应加流放,已经判决,尚未执行而死去或逃亡,按"廷行事":因连坐而当去的家属仍应前往流放的地点,坚持原判决的执行。

三是"比"的运用。"比"即"比附"或"类推"。例如,秦律中没有明文所定"殴高大父母"所应受的刑罚,《法律答问》则指出:如出现这种情况,则应按"比大父母"即"殴大父母,黥为城旦舂"来论罪。(简·184)

可见,以"廷行事"和认定类推案例的形式,订正、补充和发展成文法的内容,从而使法律不断完善,这是秦律在贯彻依法论罪和以罪定刑原则上,进一步落实罪刑法定的重要标志之一。先秦法家和秦律所开创的这一传统,被后来的汉律所继承和发展了。

轻罪重刑与刑称其罪

商鞅与商鞅学派的轻罪重刑理论和荀况的刑称其罪理论,本书第一、二章已有论述。这里,仅介绍体现于秦律当中的轻罪重刑和刑称其罪原则,即商鞅学派和荀况上述理论在秦国法制建设中的实践。

商鞅秦律的轻罪重刑的原则

"以刑去刑"的"轻罪重罚"理论是商鞅首先提出来的,并成为商鞅新法的一项重要原则,在商鞅变法中被付诸实施。商鞅时期的秦律早已失传。因此,商鞅秦律中的轻罪重罚原则,我们只能从文献记载中窥见一斑。

《史记·李斯列传》记载:"商君之法,刑弃灰于道者。夫弃灰,薄罪也;而被刑,重罚也。"可见,李斯也认为因弃灰于道而受刑,是属于轻罪重罚。

《史记·商君列传》记载,秦孝公死,公子虔之徒以商鞅"欲反"的罪名逮捕商鞅。"欲反",充其量不过是犯罪动机,但公子虔却要用这个罪名来杀害商鞅。

《史记·商君列传》又载,新法有"令民为什伍而相牧司连坐"法令。这种一家有罪而同在一个什伍之内的其他九家"若不纠举",便一律算作犯罪而受到刑罚的连坐法,诛及并无犯罪行为甚至并不知情的无辜之人,岂止是轻罪重罚?

商鞅新法中还有"不告奸者腰斩""匿奸者与降敌同罚"的法令。"不告奸",充其量不过是犯包庇窝藏罪。一律处以死刑,纯属轻罪重刑。如果罪犯犯了小罪,应处以死刑之下的刑罚。在这种情况下,不告奸者也要处以"腰斩"的重刑吗?

商鞅新法中还有"事末利及怠而贫者,举以为收孥"的法令。这种把从事商业活动的人和不从事农业生产的贫困者,连同他们的妻子儿女一同没入官府、罚作奴隶的做法,纯属于无罪受刑或轻罪重罚。

此外,《盐铁论·刑德》所说的秦法有"盗马者死,盗牛者加"的法律,同样是属于轻罪重罚。

上述轻罪重罚的法令,只不过是商鞅秦律中的一小部分条款。仅这一小部分条款就足以说明,秦律的轻罪重刑竟达到了怎样惊人的程度。

云梦秦律的轻罪重刑原则

轻罪重刑在商鞅之后到秦统一六国之前,作为秦法的一项重要原则,在云梦秦律中亦多有反映。例如:

五人盗,赃一钱以上,斩左止,又黥以为城旦。(简·150)
或盗采人桑叶,赃不盈一钱,何论?赀徭三旬。(简·154)
同母异父相与奸,何论?弃市。(简·225)
甲亲子同里士伍丙不孝,谒杀,敢告。(简·263)
誉敌以恐众心者,戮。(简·173)

以上是云梦秦律轻罪重刑的一般举例,此外,秦律中的预谋犯罪与已遂犯罪同等刑罚以及秦律中的若干刑罚加重的原则,如政治犯罪重于刑事犯罪、对于君主的犯罪又重于一般的政治犯罪;共同犯罪重于单独犯罪、集团犯罪重于一般共犯、群盗重于一般集团犯以及教唆未成年人犯罪刑罚尤重、累犯从重、数罪加重、牵连犯从重、故意犯罪重于过失犯罪、执法官吏犯法从重等。尽管刑罚从重或加重同轻罪重罚并不是一回事,但秦律的轻罪重刑既如上述,那么在此基础上的从重或加重,只能使秦律的轻罪重刑更加严重。

从一般的违法行为到轻微的犯罪行为,再到犯罪行为、严重犯罪行为,这在性质和后果上是大不相同的。危害不大的违法行为,一般不构成犯罪;轻微的犯罪行为,不一定动用刑罚。而云梦秦律则往往把一切违法行为都认定为犯罪行为,是云梦秦律轻罪重罚的重要表现。至于商鞅所制定的什伍连坐法,在云梦秦律中亦有大量的反映,可分为家属连坐、邻里连坐、职务连坐三大类,其案例不胜枚举。总之,云梦秦律是继承了商鞅秦律的轻罪重刑原则的。

云梦秦律中"刑称罪"的律文和案例

云梦秦律中所体现的轻罪重刑原则,作为商鞅秦律轻罪重刑原则的延续,却不是商鞅秦律轻罪重刑原则的发展和加重。能够说明这一点的是,商鞅秦律中一些轻罪重罚的律文,如"刑弃灰于道"、"不告奸者腰斩""匿奸者与降敌同罚""事末利及怠而贫者,举以为收孥""盗马者死,盗牛者加"等,已不见于云梦秦律。云梦秦律中的轻罪重刑,主要体现在对盗窃罪、杀人伤人罪、危害君主罪和官吏渎职罪上。其中,有些处罚较重的案例,是属于集团盗窃和教唆未成年者杀人而按加重或从重原则加以刑罚的。

在云梦秦律中,亦不乏"刑称罪"的律文和案例。下面,仅以盗窃犯罪作举例说明(只摘录"简文"的译文):

《法律答问》:"甲盗窃不满一钱,前往乙家,乙没有察觉,问乙如何论处?不应论罪。如系知情而不加捕拿,应罚一盾。"(简·155)

又:"甲窃钱用以买丝,把丝寄存乙处,乙收到了,但不了解盗窃的事,乙应如何论处?不应论罪。"(简·156)

又:"丈夫盗窃三百钱,告知其妻,妻和他一起用这些钱饮食,妻应如何论处?没有预谋,应作为收藏;如系预谋,与其夫同罪。"(简·158)

又:"父亲盗窃儿子的东西,不作为盗窃。如义父盗窃义子的东西,应如何论处?应作为窃盗。"(简·159)

又:"士伍甲窃盗,如在捕获时估其赃物价值,所值应为一百一十钱,但吏当时没有估价,到审讯时才估,赃值超过六百六十钱,因而把甲黥为城旦,问甲和吏如何论处?甲应耐为隶臣,吏以失刑论罪。甲有罪,吏知道他的罪而故意从重或从轻判刑,应如何论处。以不公论处。"(简·166—167)

又:"甲控告乙盗牛或杀伤人,现在乙没有盗牛、没有伤人,问甲应如何论处?如系故意,作为诬告他人;不是故意,作为控告不实。"(简·169)

此外,云梦秦律中有关赀刑的条款,是对于百姓的一般违法行为和轻微的犯罪行为以及官吏的一般失职行为,处以赀金赀物、赀劳役的惩罚,以金钱、财物、劳役赎罪,不追究刑事责任。这同商鞅的轻罪重刑相比,无疑是一种进步。赀刑的设立,为推行"刑称罪"原则,提供了有利的客观条件。关于赀刑,本书下文还要谈及。

诚然,荀况的"刑称罪"和秦律的"以罪定刑"是两个不同的概念,具有不同的含义。"刑称罪"指的是刑罚应和罪行相称,既不重判,也不轻判。而以罪定刑只是说犯什么罪,就依法判什么刑,而不问罪与刑之间是否畸轻、畸重。有重刑主义之下的以罪定刑,也有轻刑主义之下的以罪定刑。商鞅秦律属于前者,云梦秦律有很多律文与案例体现了轻罪重刑原则,但与商鞅秦律又有所不同。历史事实表明,荀况的刑称其罪是针对着轻罪重刑和以罪定刑提出来。如果说以罪定刑(即"罪行法定")对于"罪刑擅断"来说,是一个巨大的进步,那么,"刑称其罪"比"以罪定刑"则是在更高的层次上,阐述了"刑与罪"的关系,具有更为进步的意义,因而在中外法律思想史上具有重大的意义。

秦帝国时期的轻罪重刑

秦帝国时期的轻罪重刑,本书第三章已有论述。这里,略作补充说明。据《史记·秦始皇本纪》记载,在《焚书令》中规定:"有敢偶语《诗》《书》,弃市。以古非今者,族;吏见知不举者,同罪。令下三十日不烧,黥为城旦。"如果泄漏皇帝行动的秘密,要处以死刑,即"行所幸,有言其处者,罪死"(《汉书·食货志》)。所说的在秦帝国的重刑之下,"赭衣半道,断狱岁以千万数",路上的行人,刑徒竟占了一半!此外,《汉书·董仲舒传》说秦帝国"刑者甚众,死者相望",《盐铁论·诸圣》说"秦时劓鼻盈蔂,断足盈车",在某种程度上概括了秦帝国时期的轻罪重罚及其所造成的严重后果。

秦律的刑罚因犯罪人的身份而异

商鞅在秦国变法,为秦律确定了"刑无等级"的原则,即所谓"不别亲疏,不殊贵贱,一断于法"(司马谈:《论六家要旨》)。这一原则的实质,是除了国君和他的法定继承人之外,任何人违法犯罪,无一例外地都要受到刑罚的惩处。然而,同犯某一罪行,犯罪人所受惩罚的轻重,有时却因犯罪人的等级身份而异。这是秦律也是封建时代法律所具有的特征之一。

自商鞅变法始,秦国逐渐形成了以军功爵为主要内容的爵秩等级制度。秦国的法律在有爵与无爵、高爵与低爵以及官与民、主与奴、父与子、士伍与商贾、作务、赘婿、后父以及隶臣妾等关系上,维护有爵者特别是具有高级爵位的人以及官吏、主人、父亲、士伍的特殊利益,使之在受到刑罚惩处时,比无爵者、低爵者、民、奴、子、商贾、作务、赘婿、后父、隶臣妾处于较为有利的地位,事实上承认他们的特殊身份和所享有的特权,从而在维护封建法律制度尊严(即维护统治阶级根本利益)的基础上,通过有限度的调整刑罚上的轻重,以利于维护封建的等级制度。

爵位的有无、高低与刑罚上的轻重不等

在秦律中，同犯一种罪行，有爵者和无爵者（即"士伍"）、高爵与低爵，所受到的惩罚并不相同。

《游士律》规定：犯有帮助秦人出境或除去名籍罪行的人，如果是上造（第二级爵位）以上的爵位，处以较轻的"鬼薪"的刑罚；如果是公士（第一级爵位）以下，则处以较重的"刑为城旦"的刑罚。（简·130）

有爵位的人，享有赎刑的特权。《法律答问》载：少数民族地区的"君长"，爵位在"上造"以上，有罪应准予赎免。如犯有"群盗"罪，可判为"赎鬼薪鋈足"；如犯有处以宫刑的罪，可判为"赎宫"。其他与群盗同样的罪，也照此处理。（简·200）

有爵位的人在服刑时享有特殊的优待。《司空律》规定：公士爵位以下的人以劳役抵偿赎刑、赎死的罪，要服城旦、舂的劳役，但不必穿红色的囚衣，不施加木械、黑索和胫钳。（简·86）

宗室贵族中的无军功者，虽不能获得爵位，但可以与"公士"享有同等的法律特权。《法律答问》规定：没有爵位的宗室子孙应判处赎刑的，可以与公士同样减处为"赎耐"。（简·231）

"大夫"（第五级爵位）以上的爵位，依法可不编入"什伍"，从而获得了不适用邻里连坐法的特权。（简·217）

官吏与百姓在刑罚上的轻重不等

秦律对官吏特别是执法的官吏犯法，刑罚更重。但是，官吏是封建统治阶级的政治代表，在大多数情况下，刑罚对官吏和百姓的惩治是不平等的。《法律答问》规定：

同是犯逃亡罪，大夫服役而逃亡，一个月后被拿获，只是"赀一盾"；再次服役时再度逃亡，满一年后被拿获，仅处以"耐"刑。

如果是百姓不服徭役,则"笞"打五十;再度逃亡,拿获后要加重处罚。(简·206、209—221)

官吏监领人犯而人犯逃亡,能自己捕获或亲友代为捕获,官吏可以不问罪。(简·205)如果是百姓押送在乡里作恶的人而将其放走,他将像被放走的罪犯那样服拘禁劳作。

《法律答问》还规定:"吏从事于官府,当坐伍人不当?不当。"(简·217)可见,官吏享有不受邻里连坐法株连的特权。

主人与奴隶在刑罚上的轻重不等

秦律规定,主人对自己臣妾(即奴隶)的人身侵犯,被视为"家罪",属于"非公室告",不受法律上的追究,即《法律答问》中所说的"主擅杀、刑、髡其子、臣妾,是谓'非公室告',勿听"(简·196)。在一般情况下,主人惩罚自己的奴隶,也要上报官府。官府往往是准许主人惩罚自己奴隶的请求,但要由官府执行刑罚。反之,则不然。奴隶对其主人人身或财产的侵犯,则构成严重的犯罪,将受到严厉的刑罚,处罚后仍交还给主人使役。《法律答问》有:男奴甲谋教婢女乙偷主人的牛,把牛卖掉,带着卖牛的钱一同逃越国境,出边塞时,被拿获,各应如何论处?答曰:应按城旦的样子施以黥刑,然后分别交还主人。(简·152)

父与子在刑罚上的轻重不等

为维护父家长在家庭中的统治地位和绝对权利,秦律规定"擅杀子,黥为城旦舂"(简·181),而不是处以死刑。然而,在程序法上,秦律又规定父母杀子为"非公室告",勿听。"而行告,告者罪"(简·196)。这就事实上取消了"子告父母"的权利。父亲擅自杀死亲生儿子,按秦律虽属犯罪,但诉讼法的规定,却使杀死亲生儿子的父亲，往往受不到刑罚的惩处。

反之，则不然。子女如侵犯父母的人身，则被认为重大犯罪，刑罚极重。《法律答问》有："殴大父母，黥为城旦舂"（简·184），《封诊式·告子》案例：某士伍甲到官府控告自己的儿子不孝，请求处以死刑。官府接受控告后，当即命人前去捉拿，并审讯核实（简·263）。这个案例虽然没有记载是否将其子处死，但从某士伍的请求中可以看出：子不孝于父，重者是可以判处死刑的。至于"父盗子，不为盗"的法律规定（简·159），使得父亲对已经独立生活子女的私有权产，仍然拥有某种支配权力。

士伍和商贾、作务、赘婿、后父、隶臣妾在刑罚上的轻重不等

按秦律规定，士伍（即百姓）和商贾、作务、赘婿、后父、人貉、隶臣妾在刑罚上是不平等的。其中，隶臣妾的地位最为低下，处于奴婢和刑徒的双重身份。

在"重农抑商"政策下，商贾和作务（即手工业者）是限制和打击的对象，《司空律》规定：以劳役抵偿赀赎债务而要求以他人代替服役，只要年龄相当，可以允许；而商人和手工业者欠债的，不允许由其他人代替服劳役。（简·84—85）

赘婿、后父是百姓中的贫困者，法律地位低于士伍，与商贾相同。据《史记·秦始皇本纪》记载："三十三年，发诸尝逋亡人、赘婿、贾人略取陆梁地，为桂林、象郡、南海，以适遣戍。"可见，赘婿是与逃避徭役的犯人和商贾，以相同的身份被发配到南方去的。

隶臣妾犯罪，比士伍犯同一罪行的刑罚要重得多。秦律规定：隶臣监领城旦，城旦逃亡，应将隶臣完为城旦，并没收其在外面的妻、子为官奴婢（简·201）。而士伍放跑了坏人，只需顶替跑了的坏人服役，并不连带妻子。

人貉是最初的隶农，是农奴的前身。秦律规定：所谓人貉，其子要去奉养主人。不去奉养主人，即应没收为官奴婢；虽不奉养主人，但向主人缴纳粮食的，不予没收，给予主人。（简·235）

秦律中的犯罪种类

秦律中所涉及的犯罪种类，见于文献记载和云梦秦律的颇多。乔伟著《中国法律制度史》，把秦律中的犯罪种类归纳为十类（见该书第120—151页），现略述如下。

侵犯国君罪

商鞅变法之后，加强君主专制，国君的命令即法律，不许阳奉阴违，更不许拒不执行。《商君书·赏刑》说："自卿相、将军以至大夫、庶人，有不从王令、犯国禁、乱上制者，罪死不赦。"《秦律杂抄》："伪听命书，废弗行，耐为候；不避席立，赀二甲，废"（简·129）。即是说：装作听朝廷的命书，实际上废置不予执行，应耐为候；听命书时不下席站立，罚二甲，撤职永不叙用。《秦律杂抄》还规定伤害了国君驾车的马，马皮破一寸，罚一盾；二寸，罚二盾；超过二寸，罚一甲（简·141）。可见，不仅是抗拒君命，即使是对国君有不敬的行为，也被认为是犯罪。

秦始皇统一六国，即皇帝位，君权被进一步加强。侵犯或威胁皇帝的人身安全，为法律所绝对不容。前218年，秦始皇东游，在阳武遇张良行刺，误中副车，于是"令天下大索十日"。甚至，有人无意或有意泄漏了皇帝的言语、住所，也要被处以死刑。至于对皇帝进行诽谤或散布妖言，更要严惩，即所谓"诽谤者，族；偶语者,弃市"(《史记·高祖本纪》)。秦始皇三十六年,有人在陨石上刻字:"始皇帝死而地分",秦始皇闻知后即派官吏追查,因为没有找到刻字的人,便"尽取石旁居人诛之"(《史记·秦始皇本纪》),株连千家万户。

皇帝之下的百官,只要被加以"不忠"的罪名(秦律对"不忠"的含义,并无明确的条文规定),便可以处死。秦始皇死,赵高和李斯伪造秦始皇给扶苏与蒙恬的诏书,书中给蒙恬加以"为人臣不忠"的罪名而"赐死"。秦二世杀蒙毅,也是以"不忠"的罪名而"赐死"的。

盗窃和损害公私财物罪

秦律对盗窃公私财物的犯罪,刑罚尤重。秦律对于盗窃私人财物的犯罪,本书前文已有论述。对于损害国家财物,也被认定是犯罪行为。《法律答问》载:部佐已向百姓收取田赋而不上报,就要以"匿田罪论处"(简·218)。又如《司空律》规定:有私用官有牛车,以及借用者不好好喂牛,使牛瘦瘠了;不修缮车,使车翻倒,大车的牯扭曲了;以及不把车盖好,车围和车伞生生断裂了,主管牛车的人和领用牛车的吏和官长都有罪(简·81)。

侵犯人身罪

侵犯人身罪主要是指杀人和伤人的犯罪行为,即所谓"贼",是秦法所严厉打击的对象之一。关于这一点,本书前文已有论述。还需要指出的是,为加强同杀人、伤人的犯罪行为做斗争,秦律规定:遇有杀人、伤人的事发生,在场者不予救援,要追究刑事责任。《法律答问》:有贼进入甲家,将甲杀伤,甲呼喊有贼,其里典、伍老虽外出不在家,没有听到甲的呼喊,也要论罪

(简·193)。又如：路遇杀人或伤人，在场者不予救援，其距离在百步之内者，应罚以二甲，即所谓"有贼杀伤人冲术，偕旁人不援，百步中比野，当赀二甲"（简·194）。

逃避徭役、赋税罪

秦代的徭役异常繁重，包括筑城，修宫室、陵墓、官府以及从事运输等，是人民的沉重负担。《徭律》规定：为朝廷征发徭役，如耽搁不加征发，应罪二甲。迟到三天到五天，斥责；六天到十天，罚一盾；超过十天，罚一甲。所征发人数已足，应尽速送抵服役处所。遇降雨不能动工，可免除本次征发。征发徒众作城邑的工程，要对所筑的墙担保一年。不满一年而墙坏，主持工程的司空和负责该墙的君子有罪，令原来修墙的徒众重新修筑，不得算入服徭役的时间。县应维修禁苑及牧养官有牛马的苑圈，征发徒众为苑囿建造堑壕、墙垣、藩篱并加补修，修好即上交苑吏，由苑吏加以巡视。不满一年而有毁缺，令该县重新征发徒众建造，而不得算入服徭役的时间（简·76—77）。如果逃避徭役，将受到严厉的惩罪。

秦代的赋税分田租和口赋两种。田租是按土地面积所征收的土地税，口赋是按人口所征收的人头税。

在田租方面，《田律》规定了人民按田亩交纳粮食和饲草的数量，不许逃避田租。本书前文所引《法律答问》，有一条便是说乡里负责收税的"部佐"，如果已向百姓收取田赋而不上报，那就要以匿田罪论处。

在口赋方面，《傅律》规定：隐匿成童及申报废疾不确实，里典、伍老应赎耐。百姓不应免老或已应免老而不加申报，敢弄虚作假的，罚二甲（简·143）。《傅律》的这些惩罚规定，主要是为了防止人民逃避口赋。

官吏执行职务上的犯罪

关于官吏在执行职务上的犯罪，本书将在行政管理法规部分专门论述。

思想言论方面的犯罪

秦国没有言论自由，秦始皇称帝之后尤甚。属于言论犯罪的有：

以古非今罪：即所谓"有敢偶语《诗》，《书》者，弃市；以古非今者，族；吏见知而不举者，与同罪。"(《史记·秦始皇本纪》)

妄言罪：《史记·郦生列传》："陈留令曰：'秦法至重也，不可以妄言，妄言无类。'"

非所宜言罪：《史记·叔孙通列传》："陈胜起山东，使者以闻，二世召博士诸儒生问……诸生或言反，或言盗。于是二世令御史按诸生言反者，下吏，非所宜言。"

投书罪：投书即投匿名信。《法律答问》："'有投书，勿发，见辄燔之；能捕者购臣妾二人，系投书者鞫审讞之。'所谓者，见书而投者不得，燔书，勿发；投者，书不燔，鞫审讞之之谓也"(简·174)。是说："有投匿名信的，不得拆看，见后应即烧毁；能把投信人捕获的，奖给男女奴隶二人，将投信人囚禁，审讯定罪。"律文的意思是，看到匿名信而没有拿获投信人，应将信烧毁，不得开看；已拿获投信人，信不要烧毁，将投信者审讯定罪。

军事方面的犯罪

关于军事方面的犯罪，本书将在军事法规部分专门论述。

审判方面的犯罪

属于审判方面的犯罪有：

见知不举罪：官吏发现违法行为而不检举，便构成见知不举罪。《史记·秦始皇本纪》："吏见知不举，与同罪。"

不直罪：故意从重或从轻判刑，是为不直罪。《法律答问》："罪当重而端轻之，当轻而端重之，是谓不直。"（简·191）

纵囚罪：包庇罪犯使之不被判刑，是为纵囚罪。《法律答问》："当论而端弗论，及伤其狱，端令不致，论出之，是谓纵囚"（简·191）。是说：应当论罪而故意不论罪，以及减轻案情，故意使犯人够不上判罪标准，于是判他无罪，称为"纵囚"。

失刑罪：由于工作中的过失（不是出于故意），致使判刑失轻失重的，叫作失刑罪。《法律答问》："士伍甲盗，以得时值赃，赃值百一十，吏弗值，狱鞫乃值赃，赃值过六百六十，黥甲为城旦，问甲及吏何论？甲当耐为隶臣，吏为失刑罪。"（简·166）

婚姻家庭方面的犯罪

关于婚姻家庭方面的犯罪，本书将在民事法规部分论述。

其他妨害管理秩序罪

其他妨害管理秩序方面的犯罪有：

接纳没有居住凭证的游士，要受到惩罚：《游士律》："游士在，亡符，居县赀一甲；卒岁，责之。"（简·130）

妨害市场管理罪：《金布律》："贾市居列者及官府之吏，毋敢择行钱、布；择行钱、布者，列伍长弗告，吏循之不谨，皆有罪。"（简·57）

拖欠公私债务：《金布律》规定：欠债不得超过当年，如超过当年仍不缴纳，以及不按法令规定缴纳的，均依法论处，即"其债勿敢逾岁，逾岁而弗入及不如令者，皆以律论之。"（简·61—62）

通奸与强奸：秦律规定，男女通奸属于犯罪。《封诊式·奸》："某里士伍甲诣男子乙、女子丙，告曰：'乙、丙与相奸，自昼见某所，捕校上来诣之。'"（简·278）但案例没有说明判处何种刑罚。《法律答问》："同母异父相与奸，何论？弃市。"（简·255）可见，凡兄弟姊妹相奸，均处以死刑。关于强奸，出土秦律只有一条："臣强与主奸，何论？比殴主。"（简·183）在秦律中，通奸既属犯罪，强奸犯罪的刑罚比通奸当然要重。

秦律的判刑原则

秦律的判刑原则，据乔伟《中国法律制度史》的归纳，有如下十类，下面摘录存目：

1. 秦律规定了应负刑事责任的法定年龄。
2. 实行原心定罪的原则，把有无罪过作为定罪判刑的必要条件。
3. 区别故意或过失，故意从重，而过失从轻。
4. 处罚未遂行为。
5. 共犯从重，特别是集团犯罪要加重处理。
6. 教唆未成年人犯罪从重处罚。
7. 同谋犯加重处罚。
8. 累犯加重处罚。
9. 二罪从重处罚。
10. 自首减刑或免刑。

此外，诬告反坐亦是秦律的判刑原则之一。所谓诬告反坐，即诬告他人犯罪，诬告的是什么罪，对诬告人便以什么罪来论处。

秦律的刑罚体系

秦律作为封建社会的法律制度，不仅继承了奴隶社会残酷的刑法，而且有所发展；同时也制定了一些较为宽容的刑罚，如赀刑、赎刑，以利于对轻微违法犯罪行为的惩罚，现分别论述如下。

谇

谇即训诫、斥责，多用于犯有轻微罪行的官吏，是轻于赀刑的一种刑罚，刑罚等级与赀刑相近。例如：《徭律》规定，朝廷征发徭役，如迟到三天到五天，主管官吏便要受到"谇"的惩处。《效律》规定，因仓库漏雨或对积粟保存不善，导致禾粟腐朽，其不可食用的禾粟不足一百石以下的，啬夫要受到"谇"的处罚。《法律答问》有"甲贼伤人，吏论以为斗伤人，吏当论不当？当谇"（简·230）。是说：甲杀伤他人，吏以斗殴伤人论处，吏应否论罪？应申斥。

赀刑

赀刑作为一种财产刑，是一种经济上的制裁方法，它通过使犯人在经济上受到一定损失，以达到惩罚犯罪的目的，是由执法机关强制执行的。在秦律中，赀刑应用范围较广，从官吏的失职行为到百姓的一般违法犯罪行为。前者，属于行政处罚。赀刑主要是指赀物、赀金和赀劳役三类。

赀物：赀物主要是赀盾和赀甲。在云梦秦律的赀刑案例中，以赀盾和甲为最多。盾和甲是战时用量较大的物资，价值较贵，并非一般劳动人民所能负担得起的。因此，出土秦律中虽不乏对百姓赀盾和赀甲的案例，但更多的还是适用于犯有轻微罪行的官吏。例如官吏犯有"不直罪""失刑罪"或其他失职犯罪，往往处以赀盾、赀甲的处罚。秦律中赀盾、赀甲的案例颇多，本书已多有征引，这里不再举例说明。

赀金：赀金主要是赀布和赀钱。《法律答问》有："邦客与主人斗，以兵刃、殳梃、拳指伤人，䞈以布。何谓䞈？䞈布入公，如赀布，入赍钱如律"（简·189）。是说：邦客和秦人相斗，邦客用兵刃、棍棒、拳头伤了人，应䞈以布。什么叫"䞈"？将作为抚慰的布缴官，也就是和罚布一样，依法缴钱。秦代钱、布通用，凡律文规定罚布的，实际上多折钱缴纳。《金布律》规定："钱十一当一布。其出入钱以当金、布，以律。"（简·56）是说：十一钱折合一布。如出入钱来折合黄金或布，应按法律规定。

赀劳役：赀劳役主要是赀徭和赀戍。对于没有支付盾、甲能力的劳动人民来说，赀刑多是赀徭或赀戍，而有支付能力而又有公职在身的官吏，则是赀盾、赀甲。《秦律杂抄》有："不当稟军中而稟者，皆赀二甲，废；非吏也，戍二岁；徒食、屯长、仆射弗告，赀戍一岁；令、尉、士吏弗得，赀一甲"（简·133—134）。是说：不应自军中领粮而领取的，皆罚二甲，撤职永不叙用；如不是官吏，罚戍边二年。一起吃军粮的军人、屯长和仆射不报告，罚戍边一年；县令、县尉、士吏没有察觉，罚一甲。

罚作徭役的案例，《法律答问》有："或盗采人桑叶，赃不盈一钱，何论？赀徭三旬"（简·154）。《司空律》还规定："有罪以赀赎及有债于公，以其令日问之，其弗能入及偿，以令日居之，日居八钱；公食，日居六钱"（简·84）。即是说：有罪应赀赎及欠官府债务的，应以判决规定的日期加以讯问，如无力缴纳赔偿，即自规定日期起使之以劳役抵偿债务，每劳作一天抵偿八钱；由官府给予饭食的，每天抵偿六钱。

肉刑

肉刑是残害人的肌肤、肢体、生理机能的一种残酷的刑法，其中有很多是从奴隶社会中继承过来的。秦律中的肉刑有笞，黥（墨），劓，刖（斩左止、膑、鋈足），耐，髡宫，等等，现分述如下。

（1）笞：笞刑是用竹、木板抽打犯人的背部，是对轻微犯罪行为的常用刑罚，即所谓"薄刑用鞭扑"（《汉书·刑法志》）。据秦律所载，笞打的数量有"笞十""笞三十""笞五十""笞百""熟笞之"等不同的等级，加之施刑时的轻重不同，这种"薄刑"有时却可以致人死命。汉景帝在诏书中承认，即或在"文景之世"，也存在着"加笞者，或至死而笞未毕"的现象，并重新规定"当笞者，笞臀。毋得更人，毕一罪乃更人"（《汉书·刑法志》）。从汉景帝时期的情况可以推知，笞刑在秦国也往往是给罪犯带来严重后果的刑罚。秦帝国丞相李斯，便是被赵高的"榜掠千余，不胜痛"而"自诬服"的（《史记·李斯列传》）。《封诊式·讯狱》的"其律当笞掠者，乃笞掠"（简·246）表明，秦律允许审讯时在特殊情况下可以刑讯拷打，而这种刑讯的手段，当是笞刑。

在云梦秦律中，施用笞刑的范围较广，案例较多，例如：

用公家牛耕田，牛腰围每减瘦一寸，要笞打主事者十下，即"笞主者寸十"；

在饲养耕牛的考核中，主事者成绩低劣，要笞打三十下，即"殿，笞卅。"（以上两条均见简·30、31）

士伍服徭役不及时报到，要笞打五十下，即"今士伍甲不会，笞五十。"（简·221）

城旦做工而被评为下等，每人笞打一百下，即"城旦为工殿者，笞人百。"（简·137）

此外,《史记·李斯列传》的"榜掠千余",则是笞打次数多至无以数计的记录。

(2) 黥(墨):黥刑又称墨刑。《周礼·秋官·司刑》郑玄注说:"先刻其面,以墨窒之。言刻颎为疮,以墨窒疮孔,令变色也。"可见,这种刑罚是在犯人的额部刺字涂墨。这对受刑人既是一种肉体折磨,也是一种精神上的侮辱,因为此种刑罚会成深色伤疤,终生不褪。在秦律中,黥刑的适用比较普遍,如用于盗窃罪、伤害罪、行贿罪、政治犯罪等。黥有时做为主刑单独使用,如《史记·商君列传》的"黥其师公孙贾"、《史记·黥布列传》的"及壮,坐法黥"等。黥有时与其他刑罚结合,作附加刑使用,特别是常同"城旦"这种徒刑结合使用。云梦秦律中屡见不鲜的"黥为城旦"(七例)、"黥为城旦舂"(三例),便可以说明这一点。如《法律答问》中的"赃值过六百六十,黥甲为城旦"(简·166)等。

《法律答问》有"人奴妾笞子,子以胅死,黥颜頯,畀主"(简·183)。頯是人的颧部。可见,黥的施刑除一般在额部外,有时也在人的两颧部位施刑。

(3) 劓:劓刑是割去犯人鼻子的一种刑罚,适用范围较广,亦分为独立刑和附加刑而使用。《史记·商君列传》的"公子虔复犯约,劓之",便是劓作为独立刑使用的。《法律答问》的"不盈五人,盗过六百六十钱,黥劓以为城旦"(简·150)和《封诊式·黥妾》中的"乙使甲曰:丙悍,谒黥劓丙"(简·260),便是劓作为附加刑使用的。在秦律的肉刑之中,劓是重于黥刑而轻于刖刑的一种刑罚。

(4) 刖(斩左止、膑、髌足):刖刑是斩去犯人的左右趾,即截去犯人的左右足,斩趾即是断足。云梦秦律中有"斩左止"的刑罚。同刖刑相近似的,还有"膑刑",即去掉犯人的膝盖骨。《白虎通》云："膑,去膝盖骨也。"据先秦文献记载,春秋时期,刖刑适用较广,以至齐国有"屦贱踊贵"之说(《左传·昭公三年》)。秦以农战为国策,为保证农村劳动力和兵源,秦律中刖刑使用较少。"鋈足"究竟属于何种刑罚,说法尚有争论。

《史记·孙子吴起列传》记载:庞涓陷害孙膑,"以法断其两足而黥之",还有《法律答问》中的"五人盗,赃一钱以上,斩左止,又黥以为城旦"(简·150)以及"斩左止为城旦",都是在其他刑罚之上科以加重的刑罚。

云梦秦律中还有"耐以为鬼薪而鋈足"(简·198)、"令赎鬼薪添足"(简·200)、"谒鋈亲子同里士伍丙足"(简·261)等三条案例。有人认为鋈足是砍去犯人的双足,或称"刖足";有人则认为是用一种刑具套在犯人的足颈上,用来代替斩左止的这种肉刑。

(5)耐(完):耐刑是剃光犯人鬓毛的刑罚。《说文》段玉裁注曰:"不剃发,仅去其鬓曰耐,亦曰完。谓之完者,言完其发也。"按照当时人们的观念,"身体发肤,受之父母,不敢毁伤,孝之始也"(《孝经·开宗明义》)。发,指头发、眉毛、鬓须。因此,毛发也被看成是人体的一部分,剃光头发、鬓须的刑也应当属于肉刑的一部分。

在一般情况下,耐多是作为主刑而单独加以使用的,如云梦秦律中的:

> 分甲以为二甲蒐者,耐。(简·131)
> 告曰战围以折亡,假者,耐。(简·145)
> 捕人相移以受爵者,耐。(简·147)
> 一具之脏不盈一钱,盗之当耐。(简·161)
> 赃值百一十,以论耐。(简·165)

在云梦秦律中，耐作为主刑而单独论罪的，计有上述等十八例。在有些情况下，耐也作为附加刑来使用，如"耐为候"（共二例）、"耐为司寇"（一例）、"耐为隶臣"（五例）、"耐为鬼薪"（一例）。

有人提出：耐与完作为一种刑罚的两种名称，在秦简中，耐常常作为主刑而单独使用，而不见"完"作为主刑单独使用，完只是作为附加刑同城旦结合使用，如"完城旦""完为城旦"等。因此，刘海年《秦律刑罚考析》（载《云梦秦简研究》）推测："完"与"耐"在髡剃部位上可能是有所区别的。

(6) 髡：髡是剃光犯人头发的一种刑罚，与"耐"和"完"是同一个等级的刑罚，轻于其他肉刑，是一种耻辱刑。在《法律答问》中有：

"擅杀、刑、髡其后子，谳之。"何谓"后子"？官其男为爵后，及臣邦君长所置为后太子，皆为"后子"。（简·182）

子盗父母，父母擅杀、刑、髡子及奴妾，不为"公室告"。（简·195）

主擅杀、刑、髡其子、臣妾，是谓"非公室告"，勿听。而行告，告者罪。（简·196）

可见，髡一般是作为单独刑而不是附加刑而被使用的。一般来说，髡是家长对其子女或奴婢所施用的"私刑"。只是将这种私刑施加于有爵者继承人以及臣邦君长的后嗣太子时，国家法律才追究刑事上的责任。

(7) 宫（腐）：宫刑又称腐刑。《汉书·刑法志》颜师古注："宫，淫刑也，男子割腐，女子幽闭"，即男子去掉生殖器，女子

123

幽闭宫中，是肉刑中最重的刑罚，在刑级中仅次于死刑。宫刑原是惩罚男女之间不合于礼义规定的性行为，为的是惩罚淫乱，故曰淫刑。又因为"宫刑其创腐臭，故曰腐刑。"(《汉书·景帝纪》注)自西周、春秋以来，国君后宫中多用受过宫刑的男子任职任事，所以其中有少数人能谋取高级职位、攫取重要权力，如齐桓公时的竖刁、秦王政时的文信侯嫪毒、秦二世时的丞相赵高等。秦简中的"宦者""宦奄""宫隶""宫更人"等，多是受过宫刑的男女犯人，可见当时受宫刑的人数并非很少。《法律答问》的"臣邦真戎君长，爵当上造以上……其有腐罪，赎宫"(简·200)。是说少数民族的君长，爵位在上造以上，犯了应判处为宫刑的罪，可刑为"赎宫"，准予赎免。

徒刑

徒刑是在一定时期内罚犯人作苦役的刑罚。秦律中的徒刑种类繁多，适用范围广泛，常常和其他肉刑并科使用。秦律中所见的徒刑有候、司寇和舂司寇、隶臣妾、鬼薪和白粲、城旦和城旦舂，现略述如下。

（1）候：候可能是用来伺望敌情的一种刑徒。《除弟子律》的"当除弟子籍不得，置任不审，皆耐为候"(简·130)。是说：如有不适当地将弟子除名或任用保举弟子不当者，均耐为候。《法律答问》的"当耐为候罪诬人，何论？当耐为司寇"(简·202)。是说：应判处耐为候的人又诬赖他人，应判处为"耐为司寇"。这后一条案例表明，候应当是轻于"司寇"的一种徒刑，刑期可能是一年。上述二条，都是属于候刑附加耐刑的案例。

（2）司寇和舂司寇：司寇和舂司寇是轻于隶臣而重于候的一种徒刑。《汉旧仪》说："司寇，男备守，女作如司寇。"司寇所从事的苦役，范围较广，不只是"备守"。女子判罚为司寇，往往从事舂米的苦役，故称"舂司寇"。《法律答问》有"司寇盗百一十钱，先自告，何论？当耐为隶臣，或曰赀二甲"（简·154）。又，"当耐为候罪诬人，何论？当耐为司寇"（简·202）。表明司寇是轻于隶臣而重于候的一种徒刑。

《司空律》有"司寇勿以为仆、养、守官府及除有为也。有上令除之，必复请之"（简·91）。《内史杂》有"候、司寇及群下吏毋敢为官府佐、史及禁苑宪盗"（简·107）。上述第一条是说：不得任用司寇做赶车的仆、烹炊的养、看守官府或其他事。如有上级命令任用他们，一定要重新请示。另一条是说：候、司寇以及众下吏，都不准做官府的佐、吏和禁苑的宪盗。

《司空律》还规定："毋令居赀赎债将城旦舂。城旦司寇不足以将，令隶臣妾将。……廿人，城旦司寇一人将。司寇不蹷，免城旦劳三岁以上者，以为城旦司寇"（简·89）。这里，城旦司寇被用来监领城旦舂，只有在城旦司寇人数不够的情况下，才可令隶臣妾监领。每二十名需加监管的人，由城旦司寇一人监领。如司寇人数不足，可以把已劳作三年以上的城旦减为城旦司寇。城旦的刑期是五年至六年，劳作三年的城旦可减为城旦司寇，以此推算，司寇的刑期当为二年。

（3）隶臣和隶妾：隶臣和隶妾亦统称隶臣妾。《汉书·刑法志》："男子为隶臣，女子为隶妾。"秦律中的隶臣妾情形比较复杂。第一，同其他刑徒一样，隶臣妾是因为本人犯罪而受到的刑罚：

司寇盗百一十钱，先自告，何论？当耐为隶臣。（简·154）

公祠未阕，盗其具，当赀以下耐为隶臣。（简·161）

> 士伍甲盗，以得时值赃，赃值百一十……甲当耐为隶臣。（简·166）

> 当耐司寇而以耐隶臣诬人，何论？当耐为隶臣。（简·202）

> 捕赏罪，即端以剑及兵刃刺杀之，何论？杀之，完为城旦；伤之，耐为隶臣。（简·204）

可见，隶臣作为国家的罪犯，同"臣妾"（即奴隶）是不同的。

第二，隶臣妾同其他刑徒也有不同的地方，即有的隶臣妾并不是由于本人犯罪，而是因为是被籍没的犯人的家属，或是战场上投降过来的敌人，或者是隶臣妾的后代。如：

> 寇降，以为隶臣。（简·146）

> 女子为隶臣妻，有子焉，今隶臣死，女子别其子，以为非隶臣子也，问女子何论也？或黥颜頯为隶，或曰完，完之当也。（简·225）

正因为有上述的不同，隶臣妾可以有自己的家庭、独立的经济生活和由自己支配的私有财产，隶臣的妻子可以是平民的身份，隶臣在一年中只有一定的时间"事公"，他们所受的刑罚，可以用爵位赎免，用戍边赎免或以他人赎替。例如：

> 欲归爵二级以免亲父母为隶臣妾者一人；及隶臣斩首为公士，谒归公士而免故妻隶妾一人者，许之，免以为庶人。（简·93）

> 百姓有母及同生为隶妾，非谪罪也而欲为冗边五岁，毋偿兴日，以免一人为庶人，许之。（简·91）

隶臣欲以人丁粼者二人赎，许之。（简·53）

关于隶臣妾的刑期，刘海年先生认为可能是三年，栗劲《秦律通论》则认为："隶臣妾是终身刑。"（见该书第268页）

（4）鬼薪和白粲：鬼薪和白粲作为一种徒刑，《汉旧仪》解释说："鬼薪者，男当为祠祀鬼神伐山之蒸薪也；女为白粲者，以为祠祀择米也。"《史记集解》引应劭曰："取薪给宗庙为鬼薪也。"可知，从事为祠祀宗庙而入山伐柴的男犯称鬼薪，从事为祠祀宗庙而择米的女犯称白粲。其实，鬼薪和白粲所从事的徒役绝非限于以上所述。在有些情况下，他们也从事手工业生产劳动和其他苦役。《史记·秦始皇本纪》的"其舍人轻者为鬼薪"。《秦律杂抄》的"有为故秦人出，削籍，上造以上为鬼薪"（简·130），是鬼薪作为单独刑使用的案例。《法律答问》中的"当刑为鬼薪"，"当耐为鬼薪"，是鬼薪附加其他肉刑的案例。鬼薪和白粲的刑级轻于城旦舂，重于隶臣妾，其刑期有三年与四年两种不同的说法。

（5）城旦和城旦舂：城旦和城旦舂是强制男女犯人从事筑城、舂米等苦役的一种刑罚。《汉旧仪》："城旦者，治城也；女为舂，舂者，治米也。"应劭解释说："城旦者，旦起行治城；舂者，妇人不预外徭，但舂作米。"城旦作为修筑城墙的男犯，有时也被罚作从事手工业生产劳动。《秦律杂抄》的"城旦为工殿者，笞人百"（简·137），便属于此类。城旦和城旦舂在服役时要穿囚衣、戴囚帽、带刑具，有专人监领，不得与一般人接触。

城旦有带有附加刑和不带有附加刑两种。云梦秦律中屡见不鲜的"完为城旦""完城旦"，即属于不附加任何肉刑、保持"身体发肤"完好的一类。附加肉刑的，称"刑为城旦"或"刑城旦"。秦律依罪行轻重而附加不同的肉刑。秦律中屡见不鲜的"黥为城旦"，

"黥为城旦舂""黥劓为城旦""髡为城旦""斩左止又黥为城旦"等,都属于这一类。城旦的刑期因有无附加其他肉刑而有四年与五年的不同,而另一种说法是五年与六年。

收孥(籍没)

收孥又称"收""籍设",是将罪犯的妻子儿女没收归官府、罚作官奴的一种刑罚。秦律中属于这一刑罚的有:

《史记·商君列传》:"事末利及怠而贫者,举以为收孥。"

《法律答问》:"夫盗千钱,妻所匿三百,何以论妻?妻知夫盗而匿之,当以三百论为盗;不知,为收。"(简·57)

又,"夫盗三百钱,告妻,妻与共饮食之,何以论妻?非前谋也,当为收;其前谋,同罪。"(同上)

又,"隶臣将城旦,亡之,完为城旦,收其外妻、子。子小未可别,令从母为收。何谓从母为收,人固卖,子小不可别,弗卖子母谓也。"(简·201)

秦律的收孥法,是把大批人民罚作奴隶的一种刑罚。

流刑

流刑是把罪犯押解偏远或边境地区服役的一种刑罚,是对死刑和肉刑的从宽处理而产生的一种刑罚,有迁、谪、逐三种。

(1)迁:官吏犯失职罪或渎职罪以及百姓犯有其他罪行,判罚为迁刑而流放到偏远或边境地区服役,这在云梦秦律中有多处记载,如"故大夫斩首者,迁"(简·131)、"吏自佐、史以上负从马、守书私卒,令市取钱焉,皆迁"(简·133)、害盗"不盈二百廿十以下到一钱,迁之"(简·150)、"啬夫不以官为事,以奸为事,论何也?当迁"(简·177)等,一共有十例。判处迁刑而见于文献记载的有：《史记·商君列传》："此皆乱化之民也，尽迁之于边城"；《史记·秦始皇本纪》："八年……迁其民于临洮""九年……及夺爵迁蜀四千余家""十二年……秦人六百石以上，夺爵，迁；五百石以下不临，迁，勿夺爵"。（以上三例，是对长安君、长信侯、吕不韦三案处理时的刑罚之一种）

迁作为犯罪的一种减刑措施，据《史记·秦本纪》记载，在秦昭王时期，二十二年，"魏献安邑，秦出其人，募徙河东赐爵，赦罪人，迁之""二十五年，拔赵二城。二十六年，赦罪人，迁之""二十七年，错攻楚，赦罪人，迁之"、"二十八年，大良造白起攻楚，取鄢、邓，赦罪人，迁"。

迁刑因具有实边的性质，在一般情况下，家属必须同去（啬夫受迁刑，妻子可以不随同流放），而且"终身毋得去迁所"，一生都不许离开被迁往的地点。

（2）谪：谪作为流刑的一种，有因罪流放和无罪流放两种情况。《史记·秦始皇本纪》："三十三年前，发诸尝逋亡人、赘婿、贾人略取陆梁地，为桂林、象郡、南海，以適（谪）遣戍。"其中，"逋亡"是犯罪之人，而赘婿和贾人则是政治地位低下的受歧视者，并不是罪犯。

（3）逐：逐是将客居的外人驱逐出境的一种惩罚。《史记·秦始皇本纪》所载，凡是私下参加安葬吕不韦的，如是秦国人，则夺爵流放；而客于秦的晋国人，则驱逐出境，即所谓"晋人也，逐出之。"据《史记·李斯列传》记载，秦国的宗室贵族利用韩国水工郑国修渠阴谋被发觉一事发难，提出"请一切逐客"，主张把客居于秦国的游士、客卿包括李斯在内，一律驱逐出境。后因李斯写了《谏逐客疏》，秦王政才下令取消了《逐客令》。

死刑

死刑是剥夺犯罪人生命的一种刑罚。秦律执行死刑的方法繁多，野蛮残酷。见于云梦秦律的死刑有"戮""磔""弃市""定杀""生埋"等五种，而著于文献记载的，还有"车裂""腰斩""枭首""坑""赐死"以及"囊扑""凿颠""抽胁""镬烹""绞"等死刑的执行方法。

（1）绞：用绳子将犯人勒死。这种执行方法可以使尸体保存完整，是死刑中一种较轻的处死方法，并不经常使用。见于文献记载的有《战国策·秦策》："应侯欲伐赵，武安君难之，去咸阳七里，绞而死之。"

（2）弃市：在闹市执行死刑，以达到恐吓他人的目的。至于处死的手段，《周礼》郑玄注以为是"杀以刀刃"；清人沈家本为"当亦斩刑"，与郑玄说相近；而《史记·索隐》则认为"绞刑为弃市"。弃市作为秦律死刑中常用的处死方法之一，见于云梦秦律的有"士伍甲无子，其弟子以为后，与同居而擅杀之，当弃市"（简·181—182）、"同母异父相与奸，何论？弃市"（简·225）。见于文献记载的有"有敢偶语《诗》《书》者弃市"（《史记·秦始皇本纪》）。

（3）戮：对斩处死刑的人，行刑前先刑辱示众，然后再斩首。《法律答问》的"戮者何如？生戮，戮之已乃斩之之谓也"（简·173）。即是说：什么叫"戮"？先活着刑辱示众，然后斩首。这和《周礼·秋官·司寇》所说的"戮，犹辱也，既斩杀又辱之"的说法是一致的。

（4）枭首：将犯人斩首并将首级悬挂木杆上示众。《史记·秦始皇本纪》："尽得毒等。卫尉竭、内史肆、佐弋竭、中大夫令齐等，二十人皆枭首。"《正义》曰："悬首于木上曰枭。"

（5）腰斩：斩腰以处死，见于《史记·商鞅列传》的"不告奸者腰斩"和《史记·李斯列传》的"论腰斩于咸阳市"。

（6）车裂：将犯人处死后体解肢体的一种刑罚。《史记》中所记载的对荆轲的"体解轲以徇"、对宋留的"车裂留以徇"、对商鞅的"车裂商君以徇"，"卫尉竭……等二十人皆枭首，车裂以徇"等，都是将犯人处死后体解肢体的，因而与"磔"不同。

（7）磔：磔又称为"矺"，是用分裂肢体的方法将人处死，比车裂更为残酷，是死刑中重于弃市的一种处死方法。见于《法律答问》的有"甲谋遭乙盗杀人，受分十钱，问乙高未盈六尺，甲何论？当磔"（简·180）。《史记·李斯列传》："十公主矺死于杜。"

（8）坑：用活埋的方法将人处死。见于《史记·秦始皇本纪》："尝与王生赵时母家有仇怨，皆阬之""乃自除犯禁者四百六十余人，皆阬之咸阳"，《史记·黥布传》："上召诸将问曰：'布反，为之奈何？'皆曰：'发兵击之，阬竖子耳，何能为乎'！"

（9）定杀：对患有麻风病的罪犯，投入水中淹死。《法律答问》的"疠者有罪，定杀。定杀何如？生定杀水中之谓也。或曰生埋，生埋之异事也"（简·203）。是说：麻风病人有罪，应定杀。定杀是怎样的？就是活着投入水中淹死。有人认为是活埋，活埋与律意不合。

（10）囊扑：将人装入囊中扑打致死。据《说苑·正谏》记载，秦王政曾把太后与嫪毐私生的二个儿子，用此法处死，因此茅焦说秦王政"囊扑两弟，有不慈之名"。

（11）赐死：对功臣和帝王近亲所施用的令其自尽的处死方法。据《史记·白起列传》记载：白起因拒不接受国家的任命，"秦王乃使使者赐之剑，自裁。"又如，秦始皇死，赵高与李斯篡改遗诏，"更为书赐公子扶苏、蒙恬；数以罪，赐死。"（《史记·秦始皇本

纪》)

(12) 具五刑：对犯人先施各种肉刑，然后再执行死刑。据《史记·李斯列传》记载："二世二年七月，具斯五刑，论腰斩咸阳市。"

赎刑

赎刑是用交纳一定数量的金钱、财物或者用服劳役来代替已经判处的刑罚。它同赀刑的区别，在于后者是依法判处的应交纳的财物的刑罚。赎刑的适用范围广泛，包括从最轻的肉刑——耐罪到死罪，都可以赎免。云梦秦律中的"赎耐""赎迁""赎黥""赎鬼薪鋈足""赎宫""赎死""赎罪""赎刑"等各种各样的提法，可以说明这一点。用钱赎罪的，可见于"或赎迁，欲入钱者，日八钱"（简·91）等有关记载。用劳役赎罪的，可见于《司空》律的规定："有罪以赀赎及有债于公，以其令日问之，其弗能入及偿，以令日居之，日居八钱；公食者，日居六钱"（简·84）。秦律赎刑中的"赎耐""赎黥"，是对一切人都可以适用的赎刑，而其他的一些赎刑，则仅仅适用于少数享有特权的人物。赎罪所用的金钱，一般劳动人民并无能力支付；所谓扣禄、减禀赎，只有官吏才有可能享受，特别是有些罪只有享受特权的人才可以赎免，例如：

真臣邦君公有罪，致耐罪以上，令赎。（简·227）

内公孙无爵者当赎刑，得比公士赎耐不得？得比焉。（简·231）

臣邦真戎君长，爵当上造以上，有罪当赎者，其为群盗，令赎鬼薪鋈足；其有腐罪，赎宫。其他罪比群盗者亦如此。（简·200）

公士以下居赎刑罪、死罪者,居于城旦舂,毋赤其衣,勿枸椟欙赎。(简·84)

赦免

赦免是国家根据需要对依法判处的刑罚予以免除的决定。这种决定,具有法律上的效力。有的赦免,是免去罪犯原判处的较重的刑罚,然后再罚处较轻的刑罚(如流放)。如《史记·秦本纪》所记载的秦昭王时期曾多次发布的"赦罪人,迁人",即属于这种情况。

凡属于赦令颁布前所发生的犯罪行为,赦令颁布后不再追究刑事责任。《法律答问》的"或以赦前盗千钱,赦后尽用之而得,论何也?毋论"(简·167)。即是说:有人在赦令颁布前盗窃一千钱,赦令颁布后将钱全部花费而被拿获,应如何论处?答曰:不予论处。

在秦律中,同某种刑罚并科执行的还有"夺爵"(剥夺爵位)和"废"(革职永不叙用)。但是,夺爵和废作为对有官爵的人的一种惩罚,在严格意义并不是刑罚,本章不再另作论述。

第五章　秦国刑事诉讼法的建设及其实施

秦律中的"囚律""捕律"作为刑事诉讼的程序法，并没有保存下来，使我们难以全面而系统地掌握秦律的刑事诉讼法。但是，云梦秦律的发现，使我们得以了解秦律刑事诉讼法的基本原则和若干细节，以见其概貌。

有罪推定与无罪推定原则

秦律是从商周时期奴隶社会的法律发展而来，在某种程度上继承了中国奴隶社会法律的"有罪推定"原则。另一方面，作为封建社会上升时期的法律，特别是秦国为巩固和发展商鞅变法的积极成果，实现富国强兵、兼并天下，推行以法治国，因之"无罪推定"原则在秦律中亦有较多的体现，现分述如下。

在"有罪推定"原则下，刑事被告人一经被告发，在无充分证据证明被告人有罪的情况下，就被推定为有罪，以罪犯对待，这一点，在秦律的"非公室告"（非公室告详见后文）中体现得最为明显：只要是父母、主人控告自己的儿子、奴隶，官府便立即逮捕被告人,并以罪犯对待。这种情形,当然也和父与子、主与奴在法律上的不平等关系有关。《法律答问》的"免老告人以为不孝,谒杀,当三环之不?不当环,亟执勿失"(简·195)。即是说:老人控告其子不孝,要求判以死刑,应否经过三次原宥(即调查核实)手续?答曰:不应原宥,要立即拘捕,勿令逃走。主人对自己奴婢的控告,也是如此。《封诊式·告臣》便是一经主人告发,官府只要查清主奴关系之后,便逮捕被告,以罪犯对待。

秦律在刑事诉讼过程中,被告人在实际上往往被剥夺为自己的行为进行辩护的权利,只有证明自己有罪的举证责任。云梦秦律中的"自首""自出""自告"等被法律所鼓励的行为,便是对刑事被告人有举证责任的法律规定。《法律答问》的"把其假以亡,得及自出,当为盗不当?自出,以亡论。其得,坐赃为盗;盗罪轻于亡,以亡论"(简·207)。即是说:携带借用的官有物品逃亡,被捕获以及自首,应否作为盗窃?答曰:自首,以逃亡论罪。如系捕获,按赃数作为盗窃;如以盗窃处罪轻于以逃亡处罪,则仍以逃亡论罪。

司法官吏有权利对被告人进行刑讯,这是对刑事被告人履行举证责任的法律保证。刑讯的目的,主要迫使被告人履行自己的举证责任,而不是为了弄清事实,结果往往是被告人被屈打成招,承认自己有罪。秦律虽然对使用刑讯有所限制,但毕竟有条件地允许使用刑讯,体现的是"有罪推定"的原则。

另一方面,"无罪推定"原则在秦律中亦多有体现。

秦律的刑事诉讼,除"非公室告"外,一般是在事前掌握足够的犯罪证据,才可以逮捕刑事被告人。《封诊式·盗自告》案例中,公士甲到官府自首盗窃犯罪,并供出同案犯士伍丙。由于甲提供了丙犯罪的人证与物证,官府才派令史立即逮捕士伍丙。

秦律虽然没有保证刑事被告人有为自己辩护的权力，但在法庭上被告人的陈述，均须记录在案。如《封诊式·毒言》案例中，百姓丙陈述自己被告"口舌有毒"的经过，说明自己的外祖母在早年因为口舌有毒罪被流放，因此在祭祀和日常交往中，同里人都不肯与他"共饮食"等，这就在事实上默认了刑事被告人有为自己辩护的权利。《法律答问》中的"告人盗千钱，问盗六百七十""甲告乙盗牛，今乙盗羊、不盗牛"表明，法庭之所以能做出与原告不同的判决，无疑是听取了被告人对自己行为的辩护和法庭调查核实的结果。

在诉讼过程中，刑事被告人的自供并不是定罪科刑的最后根据，而是要对供词进行调查核实。据《封诊式·亡自出》所载，法庭在听取前来自首的逃亡犯甲的供词后，随即进行调查，然后做出结论，而不是以被告人供词作为定罪量刑的最后依据，这也是对"有罪推定"原则的一种否定。

关于刑讯，秦律的原则是不予鼓励和提倡，而是规定在特殊情况下，才可使用刑讯，但法官必须注明：供词是在被告多次改变口供情况下通过刑讯获得的。《封诊式·治狱》所提出的"毋笞掠而得人情为上；笞掠为下；有恐为败"（简·245—246）。体现了秦律对刑讯的原则。总之，有条件地允许法官刑讯刑事被告人、怀疑用刑讯得来的供词的各种法律规定，都是符合"无罪推定"原则的。

特别是秦律的禁止诬告和"诬告反坐"的规定，也是对"有罪推定"原则的一种否定。

侦查和审判中对证据的注重

云梦秦律和文献记载表明，秦法在侦查和审判中，重视从多方

面搜集和使用证据,其证据种类有:

被害人的陈诉

被害人的陈诉,作为基本证据之一,是立案侦查和拘捕犯人的主要依据,也是定罪科刑的重要证据。秦律规定,被害人的陈诉,需要经过核实,才可以作为可靠的证据来加以使用。《封诊式·黥妾》一案,县丞在接受一件主人控告奴婢的案件后,向原告居住地某乡发出外调公函,以查清人犯的姓名、身份、籍贯、曾犯有何罪等,用书面回报。公函中的"其问如言不然?"即询问:是否如同被害人陈诉的一样?

被告人的供认和陈诉

被告人的供认和陈诉,作为基本证据之一,也是侦查和定罪的主要证据之一。但是,同被害人的陈诉一样,秦律规定被害人的供认和陈诉,也需要经过查证核实后,才可以作为可靠的证据加以使用。如果是经过刑讯得来的供词,只要本人翻供,供词便失去证据的价值。

第三者的证言

诉讼双方以外的第三者证言,也是诉讼过程中记录在案的重要证据。《封诊式·穴盗》案例,便是司法官吏向被害人邻居调查以取得证言的记录。

第三者的告发

第三者的告发同第三者的证言,在证据上具有相似的性质和作用。由于秦律实行赏告奸和连坐法,为防止第三者告发的不实,以保证第三者告发的证据价值，秦律还规定了"告不审""告盗加赃""诬告"等罪名，违者要追究刑事责任。

物证

物证作为诉讼过程中的重要证据，在秦国的刑事诉讼过程中有广泛的使用。在云梦秦律中，盗案要见赃物，杀伤人要见凶器，杀死人要验尸，伤人要验伤以及现场勘验等，充分说明对物证的重视。

证实和鉴定结论

证实和鉴定结论作为重要证据之一，其内容包括"定名事里"（即身份、籍贯、犯罪历史的证明文件）和对现场、受害者身体或尸体等所做出的技术鉴定。

秦法在诉讼过程中广泛搜集证据的事实表明，被害人的控告和被告人的供认，虽被视为基本证据，但并不只依靠这些来定案判罪，而是还要求有其他方面的重要证据，从多方面查证核实，才做出判决。可见，证据在秦国的刑事诉讼过程中，对定罪科刑具有决定性的作用。证据既是逮捕被告人的基本依据，也是侦查审判过程中对被告人的有罪与无罪、罪轻与罪重做出判决的主要依据。对已经发生法律效力的判决进行复审时，证据仍然是维持原判或改判的基本依据之一。《法律答问》有两个案例，均为对盗窃犯的赃值估价不准，一是把应判为"黥为城旦"的错判为"耐为隶臣"（简·165），另一是把应判为"耐为隶臣"的错判为"黥为城旦"（简·166）。是依靠证据（赃值的查证核实），两件错案才得以纠正。

刑事案件的起诉

秦律中虽没有"起诉""诉讼"等法律用语,但有接近于"起诉"概念的"告""辞"。秦律中"告""辞",可以归纳为以下四类:

"赏告"

赏告属第三者的告发。秦自商鞅起实行"其告奸者,与斩敌首同赏"及"什伍连坐",因此,某人犯法,凡与该犯法人同机关、同伍或同室的人向官府告发其罪行,事实上成了自己不得不履行的义务,否则便要受到连带的刑事责任,这就不能不导致起诉中第三者对与自己有连带关系的犯罪告发的增加。

导致起诉中第三者告发增加的,还有秦律中的赏告奸原则。为获得高额奖金,此类告发在云梦秦律中亦有所见:《法律答问》的"夫、妻、子十人共盗,当刑城旦,亡,今甲捕得其八人,问甲当购几何?当购人二两"(简·290)。即是说:夫、妻、子十人共同行盗,应判为城旦,已逃亡,现甲捕获其中八人,问甲应奖赏多少?每捕获一人应奖赏黄金二两。

"自告"与"自出"

自告与自出是指罪犯向司法机关投案自首。由于秦律实行自首从轻或免罪,并鼓励同案犯自首并揭发其他犯罪,因此在云梦秦律中不乏自首或自首并揭发他人犯罪的案例。《法律答问》有"司寇盗百一十钱,先自告,何论,当耐为隶臣,或曰赀二甲"(简·154),司寇盗窃,属于累犯,本应从重处罚。如不是"先自告",判刑要比"耐为隶臣"重得多。在云梦秦律中,属于"自告"的有三例;属于"自出"的有四例。

"告"与"辞"

告与辞是指受害人向官府的控告,即所谓"自诉"。云梦秦律中的某告某,都是属于"告"的例证。"辞"即《法律答问》中"辞者辞廷"的"辞",意即诉讼者向法庭诉讼。因此,"告"与"辞"指的就是被害者向司法机关的起诉。秦律规定,受害人向司法机关起诉,司法机关应依法受理。《封诊式·穴盗》是一个挖洞盗走衣物的案例,《封诊式·出子》是一个孕妇被殴打而流产的案例。据这两个案例所载,两个案件的受害人一经向司法机关起诉,便被立案受理。

"缚诣告"

"缚诣告"屡见于《封诊式》,多数是指基层政权中负责治安的官吏即"里典""求盗""亭校长""家吏"和朝廷、郡、县以上机关负责监察和专门追捕盗贼的官吏,由他们出面将犯人押送到官府并告发其罪行,即由他们代表国家或政府充任公诉人,对罪犯进行起诉。这种起诉,类似后来的"公诉"。在云梦秦律中,"缚诣告"即公诉占有较大的比重。此外,云梦秦律中,也不乏百姓将罪犯连同罪证一起"缚诣"官府的案例。

"公室告"与"非公室告"

秦律根据原告的身份和所告犯罪的性质的不同,把起诉分为"公室告"和"非公室告"两大类。《法律答问》曾解释说:"公室告何也?非公室告何也?贼杀伤、盗它人为'公室告';子盗父母、父母擅杀、刑、髡子及奴妾,不为'公室告'"(简·195)。可见,凡属侵犯他人财产、危害他人人身安全的盗、贼行为,即危害社会公共利益和公共秩序的行为,被称为"公室告"即公室犯罪,或称"公罪"。国家或个人对"公罪"的起诉（揭发与控告），都属于"公室告"。和"公罪""公室告"相对应的是，凡属具有血统关系的父母与子女之间、主人与奴婢之间在财产上的互相侵犯和父母、主人对其亲生子女、奴婢人身的侵犯，被称为"非公室告"即"家罪"。对"家罪"的起诉（国家从不对家罪提起公诉），属于"非公室告"。

秦律区分"公室告"与"非公室告"，目的在于以此来区分是否接受原告的起诉：凡属"公室告"，一经起诉，官府就要立即受理立案，起诉成立；如属于"非公室告"，官府则"勿听""勿治"，即不予受理，如坚持起诉反而有罪，如《法律答问》的"主擅杀、刑、髡其子、臣妾，是谓非公室告，勿听。而行告，告者罪"（简·196），"何谓家罪？家罪者，父杀伤人及奴妾，父死而告之，勿治"（简·197）、"何谓家罪？父子同居，杀伤父臣妾、畜产及盗之，父已死，或告，勿听，是谓家罪"（简·197—198）。可见，秦律通过区分"公室告"与"非公室告"来决定受理起诉与不受理起诉，以达到维护社会秩序，保证家长、主人对子女、奴隶的统治与奴役。因为父母或主人侵犯亲生子女或奴婢的人身或财产，无条件地构成"家罪"，官府不受理此类起诉，不被追究刑事责任；而"人奴擅杀子""人奴笞妾子""臣强与主奸""臣妾殴主""臣妾谋杀主""夫殴笞妻""孙殴大父母""曾孙殴高大父母""父擅杀嗣子""假父盗假子"，等等，都不属于"家罪"，而是属于"公室告"，官府受理此类起诉，是要追究刑事责任的。子女盗、杀父之臣妾或财产，只有在"父子同居……父已死"的条件下，才构成家罪，不被追究刑事责任。

对罪犯的追捕和拘留

"捕亡"

追捕罪犯,主要由专职司法官吏执行,同时国家还奖励百姓侦缉和追缉逃犯。

拘捕罪犯,对于各级行政官吏和有关专职人员如"令史""亭长""亭校长""求盗""宪盗""害盗"等人来说,是他们的职责。上述人员奉职追捕逃犯,在云梦秦律中多有所记,不再枚举。

秦律在鼓励百姓揭发犯罪的同时,还出高额奖金奖励百姓侦缉和追捕逃犯。《法律答问》的"捕亡完城旦"以及"五人共盗""十人共盗",每"捕得"一人,官府奖赏二两黄金(简·209),或是"捕告人奴妾"盗钱,也是由官府而不是由奴妾的主人给予捕告者奖赏(简·211)。云梦秦律所载百姓捕获和扭送罪犯交官府的事例颇多,被捕获和扭送的罪犯,包括现行犯、隐匿犯、潜逃犯、越狱犯等。

系狱和"系作"

系狱即逮捕和监禁。在诉讼过程中,有证据证明被告人有罪,即可逮捕系狱。被告人一经被逮捕系狱,便失去人身上的自由。

"系作"是指对罪犯逮捕后到判决前的强制劳动。《法律答问》记载一名盗牛犯,作案时身高六尺(按法律规定不足判刑年龄),因禁(即"系作")一年后,身高六尺七寸,被判为"完城旦"的刑罚(简·153),实际上属于"久系不决"。为此,《司空律》规定:"所弗问而久系之,大啬夫、丞及官啬夫有罪"(简·84),制止执法官吏对罪犯不予讯问而长期加以拘禁的违法行为。

侦查过程中的调查和核实

听取诉讼

听取诉讼,是指官府在听取控告人的控告、被告人的陈诉和证人的证词时,必须首先询问控告人、被告人、证人的姓名、身份、籍贯、住所和是否有过犯罪或受过赦免,即询问"定名事里,所作论云何,何罪赦"(《封诊式·有鞫》),按照"能以书从迹其言"的原则(《封诊式·治狱》),"必先尽听其言而书之,各展其辞,虽智其诡许,勿庸辄诘"(《封诊式·讯狱》)。即是说:听取控告时,除讯问控告人、被告人、证人的姓名、身份、籍贯、住所和有无前科并记录在案外,还要按照能根据记录来进行追查的原则,先听完口供并加以记录,使受讯者各自陈诉,虽然明知是欺骗,也不要马上诘问。总之,秦律对听取控告时的要求是,询问"定名事里",听取控告和陈述并做出详细的记录,为审讯做好准备。

审讯被告

关于审讯被告《封诊式·讯狱》做出如下规定:

> 凡讯狱,必先尽听其言而书之,各展其辞,虽知其诡,勿庸辄诘。其辞已尽书而无解,乃以诘者诘之。诘之又尽听书其解辞,又视其他无解者以复诘之。诘之极而数诡,更言不服,其律当笞掠者,乃笞掠。笞掠之必书曰:爰书:以某数更言,无解辞,笞讯某。

即是说:凡审讯案件,必须先听完口供并加以记录,使受讯者各自陈诉,虽然明知是欺骗,也不要马上诘问。供词已记录完毕而问题没有交代清楚，于是对应加诘问的问题进行诘问。诘问的时候，又把其辩解的话记录下来，再看看还有没有其他没有清楚的问题，继续进行诘问。诘问到犯人词穷，多次欺骗，还改变口供，拒不服罪，依法应当拷打的，就施行拷打。拷打犯人必须记下：

爰书：因某多次改变口供，无从辩解，对某拷打讯问。

秦律关于讯狱即审讯的有关规定，符合审讯过程中的由浅入深、促使被告把问题交代清楚的原则。审讯中刑讯的使用，虽然在事实上往往酿成刑讯逼供、屈打成招（如赵高用刑讯所制造的李斯"谋反"冤案），但秦律对刑讯所持的态度即《封诊式·治狱》的"毋笞掠而得人情为上；笞掠为下；有恐为败"，还有秦律对使用刑讯时所做出的规定，即犯人在多次改变口供、拒不服罪时才可以使用刑讯，但对刑讯所得来的口供持慎重态度：不仅要在"爰书"上注明刑讯的理由和口供系刑讯所得，而且罪犯对刑讯下的口供进行翻供，则刑讯下的口供便失去法律上作为证据的效力，不得依此做出判决。总的说来，秦律关于审讯的法律规定，更多的还是体现着"无罪推定"的原则。

讯问证人

从云梦秦律看，讯问证人是秦国司法官吏为弄清案情必须向被害人和罪犯之外的第三者主动进行的侦查活动。所谓"主动进行"是说究竟向哪些第三者，向多少第三者进行调查，秦律并没有也不可能有明文规定，而是由司法官吏视其需要和可能而定；所谓"必须"，是指在侦察过程中，除极为特殊的情况下，讯问证人是一项不可缺少的内容，是司法官吏在侦查过程中应尽的职责。《封诊式》中的《封守》《经死》《穴盗》等案例中，均记载了司法官吏向各类有关人员询问、查证等有关情况，而与案情有关的第三者依法有义务如实作证，不得拒绝。如果第三者有意作伪证或隐匿罪证，要受到刑事惩罚。《封诊式·封守》中的"甲倘有它当封守而某等脱弗占书，且有罪"，即负责查封的人员向被查封人甲的里典、四邻说："甲是否还有其他应加查封而你们脱漏未加登记，如果有，将是有罪的。"

函调查证

秦律在侦察过程中，除由司法人员向受害人、罪犯和有关的第三者直接进行调查取证外，对原籍在外地的罪犯，还广泛地使用函调的形式，由审讯罪犯的县级政府，向罪犯原籍所在县、乡发公函调查罪犯的姓名、身份、籍贯、住所、过去有无犯罪或是否有过赦免等。《封诊式·有鞫》，即一份写函调文书所应遵循的程式：

> 敢告某县主：
> 男子某有鞫，辞曰："士伍居某里"。可定名事里，所坐论云何，何罪赦，或覆问无有，遣识者以律封守，当腾，腾皆为报，敢告主。

即是说：谨告某县负责人，男子某被审讯，供称："是士伍，住在某里。"请确定其姓名、身份、籍贯、曾犯有何罪，判过什么刑罚或经赦免，再查问还有什么别的问题，要派了解情况的人依法查封看守，确实写录，将所录全部回报，谨告负责人。

此外，《封诊式·覆》是同《有鞫》相似的一份函调公文的程式，而《封诊式·黥妾》的后半部分则是某县丞发给某乡政府的一份函调公文的程式：

丞某告某乡主：

某里五大夫乙家吏甲诣乙妾丙，曰："乙令甲谒黥劓丙。"其问如言不然？定名事里，所坐论云何，或覆问无有，以书言。

即是说：县丞某告某乡负责人，某里五大夫乙的家吏甲送来乙的婢女丙，说："乙命甲请求对丙施加黥劓。"请询问是否和所说的一样？确定其姓名、身份、籍贯、曾犯有何罪，再查问还有什么问题，用书面回报。

可见，公函调查的目的，主要是请罪犯原籍政府查清罪犯的身份、有无前科等其他问题，以验证其口供是否真实并同时了解罪犯的其他问题，也有的在函调公文中请求罪犯原籍政府代为查封罪犯的财产。在同级政府的函调公文中，首尾用"敢告某县主""敢告主"一类尊敬对方的客气用语，而在上级政府（县）发给下级政府（乡）的函调公文中，则免去这种客气用语，首尾用"丞某告某乡主""书言"的程式。

不言而喻，之所以在审讯中采用函调查证的方式，这是审讯机关受人力和地域等客观条件的限制，不可能直接派官吏调查核实，因而对原籍在外地的罪犯普遍地采用公文函调的方式以查证某些情况。

勘察检验

侦查过程中的勘察和检验，包括对现场的勘察以及对人身和尸体的检验，并做出详细的记录。《封诊式》中的《贼死》《经死》《穴盗》《出子》，便是对凶杀、自缢、挖洞盗窃、流产等四类案件所进行的勘察检验的记录。这些记录写得具体、详细而完整，有的还在记录的尾部写明了辨别的技术标准（如《经死》）。这一切表明，秦律非常重视勘察检验，深知这一活动的意义和任务，在于发现和搜集犯罪的痕迹、物证，为正确分析案情、判断案件性质、确定侦察方向和最后的刑决提供线索和根据。现将《封诊式·穴盗》的译文摘录如下，以见一斑。

爰书：某里士伍乙报告说："昨晚乙将本人绵裙衣一件收在自己的居室侧房中，关好门，乙自己和妻丙夜间睡在正房。今早起来开门取衣，有人已在侧房挖洞，直通房中，裙衣失去，不知挖洞盗窃的是谁，有几个人，没有丢失其他东西，前来报告。"当即命令史某前往查看，搜捕窃犯。令史某爰书：本人和乡某、牢隶臣某随乙及里典丁查看乙的侧房。侧房在其正房东面，与正房相连，朝南有门。房后有小堂，墙的中央有新挖的洞，洞通房中，洞下面与小堂地面齐，上高二尺三寸，下宽二尺五寸，上面像猪洞的形状。用来挖洞的工具像是宽刃的凿，凿的痕迹宽二（？）又三分之二寸。挖下的土在小堂上，散布的土都对着洞，是由这里钻进房中的。房中和洞里外土上有膝部和手的印痕，膝、手的痕迹各六处。外面土上有秦綦履的印痕四处，长一尺二寸。履印前部花纹密，长四寸；中部花纹稀，长五寸；跟部花纹密，长三寸。履印像是旧履。房的北面有墙，墙高七尺，墙的北面就是街巷。北墙距小堂的北部边缘一丈，东墙距房五步的地方，墙上有不大的新缺口，缺口顺着内外的方向，好像人脚越墙的痕迹，都不能量定长宽。小堂下和墙外的地面坚硬，不能查知人的遗迹。不知道窃犯人数和到什么地方去了。房中有竹床，床在房的东北部，床东面、北面各距墙四尺，床高一尺。乙说："把裙衣放在床中心了。"讯问乙、丙，都声称："乙在本年二月做的这件衣服，用

147

料五十尺，用帛做里，装了棉絮五斤，用缪缯五尺做镶边。不知道盗窃犯是谁和盗窃的时间，没有怀疑的对象。"讯问丁和乙的邻居士伍某说："曾见过乙有一件绵褡衣，用缪缯镶边，是新的。不知道衣里是什么做的，也不知道丢失的情形。"据此估计衣服的价值。

搜索查封

搜索和查封即"索室"和"封守"，指的是搜索家室和查封财产，是司法官吏为搜索证据和控制罪犯财产而采取的两项强制措施。《封诊式·□□》爰书曾记载，士伍甲、乙对私铸新钱罪犯的家室进行搜索，将人犯及所搜索到的钱和钱范一并交送官府。以百姓可以私自搜索罪犯的家室一事推断，司法官吏更当有权进行这种搜索。但是，查封罪犯的财产即"封守"，则是由司法官吏发布决定、由基层政权（乡）的负责人亲自执行，不容百姓和官吏任意进行。《封诊式·封守》，即查封某士伍财物的一份案例，现将其译文摘录如下：

乡某爰书：根据某县县丞某的文书，查封被审讯人某里士伍甲的房屋、妻、子、奴婢、衣物、牲畜。甲的房屋、家人计有：堂屋一间、卧室二间，都有门，房屋都用瓦盖，木构齐备，门前有桑树十株。妻名某，已逃亡，查封时不在场。女儿大女子某，没有丈夫。儿子小男子某，身高六尺五寸。奴某，婢小女子某。公狗一只。查问里典某某，甲的四邻公士某某："甲是否还有其他应加查封而某等脱漏未加登记，如果有，将是有罪的。"某等都说："甲应查封的都在这里，没有其他应封的了。"当即将所封交付某等，要他们和同里的人轮流看守，等候命令。

鉴定证实

鉴定是指对侦察过程中对用勘察检验等手段所得来的证据,由司法官吏请具有专门知识的人进行技术上的鉴定,以做出合乎事实的结论。《封诊式·出子》是一件因殴斗而流产的案例。在爰书中,为确认流产的是否为六个月的婴儿,县丞当即命令"令史"和具有专门知识的人,从医学技术的角度上做出鉴定,现将爰书中有关部分的译文,摘录如下:

> 丞乙爰书:命令史某、隶臣某检验甲送来的胎儿,已先用布包裹,形如凝血,有从指到肘节长短,不能辨出是胎儿。头当即放在一盆水里摇荡,凝血确系胎儿。胎儿的头、身、臂、手指、大腿以下到脚、脚趾都已像人,但看不清眼睛、耳朵、鼻子和性别。从水中取出,又成为凝血的形状。另一程式是:命曾多次生育的隶妾某某检验甲,都说甲阴部旁边有干血,现仍少量出血,并非月经。某人曾怀孕流产,其阴部及出血情况与甲相同。

侦查过程中在听取控告、审讯被告、询问证人、函调查证、勘察检验、搜索查封、鉴定证实之后,便可以结束侦查过程,进入审判定刑阶段。

审判与判决

法庭设置和审判管辖

从现有文献记载看,秦国没有设立系统而完整的独立审判机关,朝廷、郡、县三级行政机关本身便是三级法院,国君、郡守、县令便是三级政权中的首席审判官。

秦统一六国后,在秦王朝的中央政府中,设有位列"九卿"的"廷尉"一职。廷尉除审理皇帝交办的重大案件外,还负责对郡、县审理的疑难案件进行审核平决,廷尉官府实际上是国家最高的专门审判机关。

《封诊式》中的大部分案例表明,几乎所有的案件都由县丞承办,很像是专职的司法官吏。一县之中,除重要刑事案件要由县令做出判决外,一般案件由县丞便可以做出判决。

在云梦秦律中,不见有审判级别管辖的资料,只是从《史记》等文献记载中可知,危及君主的重大政治案件,属于朝廷审判的管辖范围,由皇帝、丞相、廷尉负责审判。

在审判的地区管辖上,秦律实行以犯罪地为划分地区管辖的基本原则。《封诊式·有鞫》便是罪犯作案所在地区的县丞向人犯原籍"县主"发出的一封公函,请求县主将所询问的材料写录回报。

审判与判决

审判与判决即秦律所说的"断狱"。秦律在侦查过程中所规定的听取控告、审讯被告、询问证人、函调查证、勘察检验、搜索查封、鉴定证实,其目的在于从多方面查证核实,弄清案件的事实真相。如果说《封诊式》的大部分内容,是记载侦查过程中对案件所进行的查证核实,那么,《法律答问》中的大部分内容,便是在审判过程中如何根据事实来适用法律,依法做出无罪或有罪以及判处何种刑罚的判决。秦律中司法官吏所犯的失刑罪、不直罪和纵囚罪,或者因为事实不清有误(如对盗窃犯罪的赃值估价有误),或者因适用法律不当,背离了根据事实适用法律的原则,无意或故意地无罪判刑、轻罪重判、重罪轻判或有罪不判。秦律对司法官员犯有失刑罪、不直罪、纵囚罪的惩处，便是贯彻以事实根据为适用法律原则的措施之一。

申诉与复审

按秦律规定，当事人对判决不服，有权进行申诉，要求重加审判，即律中所说的"乞鞫"。《法律答问》的"以乞鞫及为人乞鞫者，狱已断乃听，且未断犹听也？狱断乃听之"（简·200）。即是说：已要求重审及代为他人要求重审的，是在案件判决以后受理，还是在判决以前就受理？答曰：在案件判决以后再受理。可见，当事人对判决不服，有权提出重新审判的要求。这种要求，既可由当事人提出，也可由他人代为提出，但只有在判决之后提出才予以受理。

再审与重判

要求重审是向原审判机关提出，还是向上一级审判机关提出？已受理的重审案件，是由原审判机关审理，还是交上一级审判机关审理？这在云梦秦律中找不到直接的说明。在《法律答问》中，有两个错案重判的案例，一例是"士伍甲盗，以得时值赃，赃值过六百六十，吏弗值，其狱鞫乃值赃，赃值百一十，以论耐，问甲及吏何论？甲当黥为城旦；吏为失刑罪，或端为，为不直"（简·165）。这是把赃值估少了，属于重罪轻判；另一例则相反，把赃值估多了（应为百一十而按六百六十论罪），属于轻罪重判（见简·166）。这两个错案都经重审而改判了，执法官吏也被论罪。至于由当事人要求重新审判并在重判中维持原判或改变原判的案例，在云梦秦律中则找不到直接的说明。

第六章　秦国行政立法与政务部门行政管理法规

秦国没有成文的行政法典。但是，秦国在整饬吏治、以法治国的过程中，相应地陆续制定并颁发了一系列的单行的行政管理法规。这些法规，从一个侧面说明秦国全面地实现了以法治国，秦国的行政管理法规的建设在当时已达到很高的先进水平。

行政机构的组织法规

三级政权及其隶属关系

商鞅的第二次变法，其中所颁布的一条重要法令，便是"集小都县邑聚为县，置令，丞"。按照这条法令，从商鞅变法到秦统一六国，在秦国国内逐渐地建立了朝廷、郡、县三级行政机关。秦始皇统一六国后，"分天下以为三十六郡"法令的颁布，迅速地在全国范围内建立起从朝廷到郡、县的三级政权组织。事实表明，秦王朝是依法在全中国建立了新型的中央集权的国家政权机关。

国家的最高政权机关是朝廷，朝廷的首脑是皇帝，他凌驾于法律之上，拥有至高无上的权力。

秦统一六国后，分天下以为三十六郡，郡是秦王朝在地方上的行政机关，其行政长官是郡守，郡守代表国家在一郡之内从政治、经济、军事、思想文化上对臣民实现有效的统治，行使国家机关的权力。郡和郡守直接隶属于朝廷并听命于皇帝，由皇帝直接任免。

秦王朝在郡下设县，县的行政长官是县令。县和县令隶属郡和郡守，代表国家在一县之内从政治、经济、军事、思想文化上对臣民实现有效的统治，行使国家机关的权力。县令受郡守直接领导并听命于朝廷和皇帝，由皇帝直接任免。

秦在县下设乡，乡是秦国在地方上的基层政权单位。乡在县的管辖下，在一乡之内行使国家机关所赋予的一切行政上的权力。

秦王朝的三级政权机关，县隶属郡，郡隶属于朝廷，朝廷听命于皇帝，这就是秦王朝中央集权制国家行政机构的垂直隶属关系。国家的最高权力，集中于皇帝一人之手。

各级行政机关的职能分工

中央政府

秦王朝的中央政府是朝廷。朝廷之上的皇帝，对国家的一切事务拥有最后决定权，享有至高无上的权力。皇帝之下，设有：

丞相：秦设左右二丞相，"掌丞天子，助理万机"，为文官之长，是中央政府中的最高行政长官，在皇帝的直接领导下，负责处理国家日常的一切行政事务。

太尉："掌武事""主五兵"，为武官之长，是中央政府中的最高军事长官，在皇帝的直接领导下，负责处理国家日常的一切军事事务，战时拥有领兵的权力，但无调兵权，军队的调动权由皇帝拥有。

御史大夫："掌副丞相"及"图书秘书"，相当于秘书长的职务，同时负责监察百官，因此往往比丞相、太尉拥有更大的实权。

丞相、太尉、御史大夫作为皇帝在行政、军事、监察及文秘三个方面的助手，直接对皇帝负责，位在一人之下，百官之上，合称"三公"。

"三公"之下设有"九卿"（其数目不止于九），掌管国家政权的若干职能部门，分管全国的行政事务，分别受丞相、太尉、御史大夫的领导，并直接听命于皇帝。中央政府的职能部门有：

奉常："掌宗庙礼仪"，主管宗庙、陵墓以及思想、文化方面的事务和活动。

郎中令："掌宫殿掖门户"，负责保卫皇帝和上传下达，"主郎内诸官"，属官有大夫（"大夫掌论议"）、郎（"郎掌门户，出充车骑"）、谒者（"掌宾赞受事"），郎中令以皇帝警卫和机要秘书的身份，与皇帝关系亲近，在九卿之中，郎中令拥有较大的实权。

卫尉："掌宫门卫屯兵"，统领皇宫的警卫部队。

太仆：掌管皇室及诸侯国车马。

廷尉："掌刑辟"，中央政府司法机关的长官。

典客："掌诸义蛮夷"，主管秦王朝管辖下的少数民族事务。

宗正："掌亲属"，主管宗室亲属事务。

治粟内史："掌谷货"，主管全国的经济和财政收入。

少府："掌山海池泽之税"，以供皇室之用。

中尉："掌徼循京师"，负责保卫国都。

主爵中尉："掌列侯"，掌管授予爵位事宜。

将作少府："掌治宫室"，主管国家宫室等大型土木工程建筑。

典属国（邦）："掌蛮夷降者"，主管服属于秦王朝的少数民族政权。

地方政权

郡：郡设有郡守、郡尉、监御史，分管一郡的政务、军事、监察。郡守之下设有郡丞，协助郡守治理全郡，并处理郡内的司法事宜，包括审判重大案件。

县：县设有县令、县丞、县尉。县令负责治理全县；县丞协助县令工作并负责全县的司法事务，对县内一般性案件做出判决；县尉负责全县的军事。县令、县丞、县尉之下均设有属官"史"，分别称作"令史""丞史""尉史"，是令、丞、尉属下的办事官员。

乡：县下设乡。乡三老："掌教化"；啬夫："职听讼，收赋税"；游徼："徼循、禁盗贼"。

亭：乡下设亭，亭有亭长一人，职责是平时负责练兵，接待来往官吏，为政府输送财物、传递文书等。亭长之下设"亭父"（掌开闭扫除）和"求盗"（掌追捕盗贼）各一人。

对行政官员的管理法规

关于各级行政官员的管理法规，包括选官标准和途径、任官程序和免官补缺、官吏的职责和义务、官吏的品级和待遇、官吏的奖励和惩处。

选官的标准和途径

"因能而授官"作为战国变法的一项基本原则，在秦国被有效地付诸实施。《除吏律》的"除士吏、发弩啬夫不如律，及发弩射不中，尉赀二甲。发弩啬夫射不中，赀二甲，免，啬夫任之"（简·128），是说任用不称职的人担任官吏，任用的人和不称职者都要受到惩罚。

"因能而授官"的"能",是指有能力忠实地执行法律。为此,官吏必须通晓律,如果"敢忘行主法令之所谓之名,各以其所忘之法令名罪之。"(《商君书·定分》)

选用官吏的政治思想条件,是对君主的忠诚。甚至选用一个传递公文的人,也要符合这一条件。《行书》律的"隶臣妾老弱及不可诚仁者勿令"(简·104),即,隶臣妾年老体弱及不足信赖的人,不要派去送递文书。

出任官吏,都必须具备一定的年龄条件。在一般情况下,只有到了壮年才有资格当官。《史记·高祖本纪》的"高祖及壮,试为吏",还有《内史杂》的规定:"除佐必当壮以上,毋除士伍新傅",即是说,任命佐必须用壮年以上的人,不要任用刚傅籍的没有爵位的人。佐是官府中的办事人员,尚且须由成年人担任,更不必说各级行政官员了。

凡是被撤职永不叙用的官员和受过其他刑事处罚的人,不得被任命为官吏。《除吏律》的"任废官者为吏,赀二甲"(简·127),是说保举曾被撤职永不叙用的人为吏,罚二甲。《内史杂》规定:"候、司寇及群下吏毋敢为官府佐、史及禁苑宪盗"(简·107)、"令赦史毋从事官府"(简·106)。

秦国选任官吏的途径有:

具有高级官爵(新贵族)的后代,具备上述选官条件的,可以优先被推荐为"葆子",到官府中任职,并且从较高的官阶起任,晋升较快。

现任官吏的保举,如《史记》所记载的"吕不韦任李斯为郎","范雎任郑安平,使将击赵"等。在云梦秦律中,县令、县丞、县尉保举和任用下级属吏的事例,更是屡见不鲜。但秦律规定:如果

被保举的官员犯罪,保举者要按连坐法受到刑事惩罚。即"秦之法,任人而所任不善者,各以其罪罪之。"(《史记·范雎列传》)

因耕战有功而获得爵位的人,可以按爵位获得相应的官职。据《韩非子·定法》,"商君之法曰:斩一首者爵一级,欲为官者为五十石之官。斩二首者爵二级,欲为官者为百石之官。"

来自六国的"游说"之士,一经被国君赏识,便可以担任"客卿",乃至于由客卿而晋升为卿相,担任国家的高级官职。

任官程序和免官补缺

云梦秦律中的《置吏律》和《除吏律》是专门关于任免官吏的法规(出土竹简并不是法规的全文),前者多是任免行政、财务部门官吏的法规,后者多是任免军事官吏的法规。从上述法规来看,现任官吏保举的官员,必须经过正式委任,才可以到职视事,行使职权。《置吏律》的"除吏、尉,已除之,乃令视事及遣之;所不当除而敢先见事,及相听以遣之,以律论之"(简·94—95),即是说:任用吏或尉,在已正式任命以后,才能令他行使职权和派往就任;如有不应任用而敢先行使职权,以及私相谋划而派往就任的,依法论处。

秦律规定,官吏一经正式任命,就得听从派遣,不得拒不服从。《法律答问》的"郡县除佐,事它郡县而不视其事者,何论?以小犯令论"(简·212),是说:郡县所任用的佐,在其他郡县做事而不到任管理职务的,按轻微的犯令论处。但在战争期间,官吏不听从派遣,要受到较重的惩罚。《除吏律》规定:"有兴,除守啬夫、假佐居守者,上造以上不从令,赀二甲"(简·127—128)。是说:战争时征发军队,任命留守的代理啬夫和佐,爵在上造以上的人不服从命令,罚二甲。

秦郡、县和都官一级的行政长官，均由皇帝亲自任命，而郡、县和都官的下属官吏，则由郡、县、都官的行政长官自行任命。《置吏律》的"县、都官、十二郡免除吏及佐、群官属，以十二月朔日免除，尽三月而止之。其有死亡及故有缺者，为补之，毋须时"（简·94）。是说：县、都官和十二个郡，任免吏、佐和各官府属员，都从十二月初一起任免，到三月底截止。如有死亡或因故出缺的，则可补充，不必等到上述规定时间。

玺、印作为官吏或官府的印鉴，均见云梦秦律，是官吏任职的凭证。授官时授印，免官时缴还，因此官吏必须保管好自己的印章，丢失者有罪。《法律答问》的"亡久书、符券、公玺、衡累，已坐以论"（简·213），表明，丢失"公玺"（即官印），是要论罪的。

玺印又是官吏拥有权力的象征，国王有御玺，一切法令诏命皆以玺书为凭。官吏由国王发给印玺，代表着国家的权力。《法律答问》中的"矫令丞""盗封啬夫"的罪名，指的就是伪造县丞和盗用县内官啬夫的官印。

官吏的免职，在秦律中是同不胜任职务和过失联系在一起的。如《除吏律》的"发弩啬夫射不中，赀二甲，免""驾驺除四岁，不能驾御，赀教者一盾；免，偿四岁徭役"（简·128）、"县毋敢包卒为弟子，尉赀二甲，免"（简·131）。这三条律文，前两条是因不胜任官职，后一条是因为过失而被免职的。在秦律中，"免"与"废"不同，废是革职永不叙用，如有任用者，要追究刑事责任；而免则不然，被免除的官吏，还可再度出任官吏。《金布律》的"官啬夫免，复为啬夫"，就是说被免职的官啬夫，还可以出任啬夫。

官吏的补缺，《置吏律》规定：除了在每年十二月初一到三月底进行外，如有死亡或因故出缺的，应当随时补充。《内史杂》的"官啬夫免……其官亟置啬夫。过二月弗置啬夫，令、丞为不从令。"是说：官府的啬夫免职……该官府赶快任命啬夫。如果超过两个月仍未任命啬夫，令、丞就是违反法令。可见，官职有缺，如不及时补官，负责的官吏就被视为违反法令。

官吏的品级和待遇

秦国官吏的品级高低和俸禄多少是一致的，俸禄一律以"粟"的石数为标准，按月发给。《商君书·境内》篇有"千石之令""八百（石）之令""七百（石）之令""六百（石）之令"等官秩，《韩非子·定法》有"五十石之官""百石之官"。

据《汉书·百官公卿表》颜师古注的记载，继承秦代官制的汉代各级官吏的俸禄是：

丞相、太尉、御史大夫等三公之职，号称万石（月俸三百五十斛谷）[①]；

太常至中尉，秩皆中二千石（月俸百八十斛）；

郡守，秩皆二千石（月俸百二十斛）；

郡尉，秩皆比二千石（月俸百斛）；

县令（万户以上），秩六百石（月俸七十斛）至千石（月俸九十斛）；

郡监御史，秩六百石；

县长（万户以下），秩三百石至五百石（月俸四十斛）；

县丞、县尉，秩二百石（月俸三十斛）至四百石（月俸五十斛）；

[①] 秦及西汉初年，"御史大夫秩中二千石"，汉成帝时"禄比丞相"，秩万石。

百石之吏，月俸十六斛。

在《汉书》百官表中，官员的品级和俸禄有万石、中二千石、二千石、比二千石、千石、六百石、五百石、四百石、三百石、二百石、百石等十一个等级，这十一个等级是否完全是秦国的官制，还有待进一步的考证。

从云梦秦律看，秦国官吏的品级和待遇有两个大的区分，即"显大夫"和"有秩吏"。《法律答问》有"何谓宦者显大夫，宦及知于王及六百石以上，皆为显大夫"（简·233）。即是说：什么叫宦者显大夫？做官达到为王所知，及俸禄六百石以上的，都是显大夫。这里，"宦及知于王"即所谓做官达到为国君所知道，实际上指的是由国君所直接任命的官员。因为由国君任命，当然为国君所知。据《汉书》百官表；县令的俸禄是六百石至千石不等，最低为六百石；而国君直接任命的官吏，亦到县令为止。可见，凡由国君直接任命的官吏，即俸禄在六百石以上者，都是"显大夫"，显大夫以上即"高级官吏"。正因为六百石是区分高级官吏与"中级官吏"的界线，所以秦律在奖惩官吏时也很注意以这条界线进行区分。秦王政惩罚私下参加吕不韦葬礼的人，凡属三晋之人则驱逐出境；"秦人六百石以上，夺爵，迁；五百石以下不临，迁，勿夺爵"（《史记·秦始皇本纪》），对六百石以上（含六百石）的高级官吏，从重处罚。

"有秩吏"亦常见于云梦秦律，《史记·六国年表》有秦孝公十三年，"初为县有秩吏"。这里，"吏"即指县府的属官"令史"。《汉书·百官公卿表》有："百石以下，有斗食、佐史之秩，是为少吏。"可见，有秩吏是指百石以上的官吏。《置吏律》的"官啬夫即不存，令君子无害者若令史守官，毋令官佐、史守"（简·95）。是说：官府的啬夫如果不在，叫办事不出差错的有爵的人或令史代理，不要叫官府的佐、史代理。可见，令史作为可以担负一定职责主持一定工作的官吏，能够代理官啬夫的职务，其地位高于佐、史；佐史是百石之下的"低级官吏"。而一百石至六百石的官吏则为"中级官吏"。例如，《仓律》规定，检验仓库时如果原主管官吏不在，必须"令有秩之吏、令史"负责主持工作。

有秩吏所享受的特权，比佐、史一类的"斗食之吏"要多。例如，《金布律》规定："都官有秩吏及离官啬夫，养各一人，其佐、史与共养"（简·58），是说：都官的有秩吏及其分支机构的啬夫，每人分配做饭的人，他们的佐、史和他们在一起使用。《仓律》还规定，有秩吏因公出差"食传食"及告假回家，均不停止其"稟食"，但在上述情况下，却要停发"斗食、佐、史之秩"的口粮。

官吏的职责和义务

秦国各级官吏的职责，因其担任的不同官职而有所不同。秦国所颁发的诸多单行行政法规，便是对不同官员的不同职责的具体规定。法规要求官员尽职尽责，如不能尽职尽责，便要受到惩处，如《除吏律》的"发弩啬夫射不中，赀二甲""驾驺除四岁，不能驾御，赀教者一盾"，便是其中的两例。官吏不履行自己的职责，即《法律答问》所说的"不以官为事"。不以官为事往往又同"以奸为事"联系在一起，对此要处以流放的刑罚（见简·177）。

秦律所要求的尽职尽责，包括不允许超越自己的职责范围做事乃至于立功。《商君书·境内》的"其战，百将、屯长不得斩首"。《秦律杂抄》的"故大夫斩首者，迁"，都是说屯长、百将、大夫在作战时的职责是指挥。放弃指挥职责而如同士兵那样去斩敌首级，要受到流放的惩罚，这就是所谓官吏不得"越官而有功"的法规。

有关官吏的行政职责，本书下文在有关行政管理法规部分，将分别论述。这里,从总的方面谈一下官吏所应履行的义务。

秦律规定,官吏除有履行职责即执行自己所承担的行政职责的义务外,还有执行法律的义务。由于各级官吏的行政职责在各项有关的行政管理法律中均有明文规定,所以,官吏执行法律和履行其行政职责往往是一回事,即依照法律规定履行其行政职责,不允许"废令"(不执行法律)和"犯令"(违犯法令)。否则,要追究刑事责任。因此,通晓法律便成了官吏的义务。《内史杂》律的"县各告都官在其县者,写其官之用律",是说各县应分别通知设在该县的都官,抄写该官府所应遵用的法律,目的即在于使官吏通晓法律,依法办事。此外,服从上级政府的行政命令。忠于国家和皇帝,亦是官吏所必须履行的义务。

官吏的考核和奖惩

官吏的考核和奖惩,在秦律关于各级官吏的管理法规中,占有极为重要的地位。

秦国对官吏的考核,同当时其他国家一样,实行的是岁终"上计"的制度。即所谓"岁终奉其成功,以效于君。当则可,不当则废"(《荀子·王霸》)。当时各国所实行的岁终"上计",主要是以官吏完成税收的情况来确定政绩的好坏。在秦国,据《商君书·禁使》所记载的"十二月而计书以定,事以一岁别计,而主以一听",是说到年终把报告写出来,地方上的事每年分别上报,国君这时才能处理裁决一次,讲的是秦国岁终上计制度。《商君书·去强》的"强国知十三数:竟(境)内仓口(之数),壮男壮女之数,老弱之数,官士之数,以言说取食者之数,利民之数,马、牛、刍藁之数",讲的就是年终上计时需要统计上来的十三个方面的数字,用这些数字,来考核官吏政绩的优劣。《史记·范雎列传》曾记载,范雎所推荐的王稽，被"拜为河东守，三岁不上计"，后来又因"与诸侯通，坐法诛"。

在云梦秦律中，谈到官吏考核制度的主要见于《效》和《效律》。《效律》中的"为都官及县效律"表明：都官及县级官吏如县令、县丞、县尉、县司马等都在考核之列。特别各级主管经济部门的官吏如县啬夫、仓啬夫、库啬夫、厩啬夫、苑啬夫、发弩夫、乡啬夫、田啬夫、亭啬夫等，是考核的重点。

考核的内容、从云梦秦律看，包括粮食、木材、皮革、公器等财物的"赢"（余）和"不备"（短少）、有无损坏和丢失以及不合规格等，还要考核物资与簿籍（账目）是否相符，有无贪污、盗窃、受贿、徇私等现象。参照文献记载，上计的内容主要是钱粮收入和钱粮支出，同时也包括地方上的治狱情况等。

考核有"小课"与"大课"之别。小课似乎是每季度进行一次。《厩苑律》的"以四月、七月、十月、正月肤田牛。卒岁，以正月大课之"，讲的就是每季度进行一次小的考核，年终进行一次大的考核，并在考核中分出优等（"最"）和下等（"殿"），进行奖惩。

考核主持者有两大系统：都官（国家设在各地的、主管某一经济部门的官府，与县政权是平级单位，直接隶属于朝廷）所主管的各个部门，包括都官本人及其所主管财务，由中央的"太仓"系统来进行考核。县级官吏及县主管的各个部门与财物，由中央的"内史"来进行考核，这就是《厩苑律》所说的"内史课县，（太）仓课都官及受服者"。

同考核相联系的，是对官吏的奖惩。《厩苑律》规定：在正月所举行的一年一度的耕牛评比大考核中，成绩优秀的，赏赐田啬夫酒一壶、干肉十条，免除饲牛者一次更役。从文献记载看，官吏在任职期间成绩卓著，为国家立有大功的人，可以很快地晋升高级官爵。据《史记》记载，商鞅因在秦国主持变法有功，并在同魏国的作战中大破魏军，迫使魏国"割河西之地献于秦"，由左庶长升为大良造，后又被"封之于、商十五邑，号为商君，相秦十年"（《商君列传》）。秦将白起，由于在对外战争中屡立战功，功勋卓著，由左庶长接连晋升为左更、国尉武安君、上将军（《白起列传》）。李斯在秦国，在吕不韦门下由舍人晋升为郎，后因辅佐秦王有功，秦王"拜斯为客卿""官至廷尉"，秦帝国建立后，"以斯为丞相"（《李斯列传》）。

秦国对官吏的奖惩，见于云梦秦律的，更多的是对官吏的惩罚，事实上是实践了商鞅学派所提出的"王者刑九赏一"的理论。官吏在任职期间如不依法尽职尽责即不执行法律或违反法律，便是"废令"和"犯令"，将依法受到惩处，这种惩处包括追究行政责任、民事责任和刑事责任。

官吏犯有轻微的过失，要受到行政处分。行政处分的种类有：

"谇"：即斥责、训斥，是行政处分中最轻的一种。

"赀"：即罚以财物，有"赀一盾""赀二盾""赀一甲""赀二甲"四个等级。一般说来，责任越重、越直接，赀数就越多。

"免"：即免除官职，这种处罚往往同"赀二甲"并科使用。被免职的官吏，还可以再度出任官职。

"废"：即撤职永不叙用，这种处分也往往同"赀二甲"并科使用。如有人任用受过"废"的处罚的人担任官职，任用者将受到"赀二甲"的惩罚，因而是行政处分中最重的一种。

官吏受上述四种行政处分，在云梦秦律中多有所记，本书在上文和下文中还将征引，这里不再举例说明。

官吏被追究民事责任，这里指官吏在执行职务时由于自身的过失而使国家财产蒙受重大损失，除追究行政责任外，还负有赔偿的责任。如《效律》规定，因粮仓漏而粮食腐败，"其不可食者""过千石以上，赀官啬夫二甲，令官啬夫、冗吏共偿败禾粟。"如果国家财物受损失，但不是因官吏自身的行为所造成的后果，则不追究有关官吏的行政责任，只是令其赔偿。《工律》中的"假器者，其事已及免，官辄收其假，弗亟收者有罪。其假者死亡，有罪无责也，吏代偿"，即是说：借用器物的，其事务已完和免除时，官府应即收回所借器物，不及时收回的有罪。如借用者死去或犯罪而未将物追还，由吏代为赔偿。

官吏被追究刑事责任，这里是指官吏在执行职务上犯罪而被追究刑事责任。至于官吏以个人身份犯罪，按秦律"刑无等级"的原则而被追究刑事责任，则属于另一问题。官吏执行职务犯罪而被追究刑事责任，有如下五种情况：

玩忽职守：《秦律杂抄》的"故大夫斩首者，迁"，即指大夫在作战时放弃指挥的职责，谋求个人斩首受爵的私利，结果被判处流放的刑爵。《法律答问》的"啬夫不以官为事，以奸为事，论何也？当迁"，亦是说啬夫不以官职为事，而专干坏事，应处以流放的刑罚。

侵占公款：《法律答问》的"府中公钱私贷用之，与盗同法"（简·165）。即指利用职权，占用公款，私自放债而从中牟利者，将按盗窃犯论罪。

内外勾结以骗取国家的爵位。《捕盗律》的"捕人相移以受爵者，耐"，是说：把所捕的人转交他人，借以骗取爵位的，应处以耐刑。

因被保举的官员犯罪而连坐。秦律规定现职官吏有权保举他人为官，但被保举人犯罪，保举人要负连坐的责任。例如，秦相范睢（又名张禄）曾保举王稽为郡守、郑安平为将。后来，郑安平率兵降赵、王稽因勾结诸侯而"坐法诛"，范睢因此被追究刑事责任。（据云梦秦简《编年纪》："五十二年，王稽、张禄死。"）

司法官吏因犯"不直罪"与"纵囚罪"而错断案件。《史记·秦始皇本纪》："三十四年适（谪）治狱吏不直者，筑长城及南越地"，对犯有不直罪的司法官吏处以相当于流放的刑罚。

政务部门行政管理法规

秦国的行政管理法规，可分为政务部门行政管理法规和经济部门行政管理法规两大部分。云梦秦律中属于政务部门的单行管理法规有《置吏律》《除吏律》《除弟子律》《尉杂》《内史杂》《傅律》《徭律》《司空》《公车司马猎律》《中劳律》《屯表律》《戍律》《行书》《传食律》《游士律》《属邦》十六种，从一个侧面反映了秦国政务部门行政管理法规的建设及其实施情况。

治安部门

秦国的治安部门有负责皇室、京都警卫、治安和负责地方上治安的两大系统。在中央政府的"九卿"之中，负责皇帝、宫廷和京都地区警卫和治安的，就有郎中令、卫尉、中尉这三个部门和他们所统帅的庞大精锐部队。有关这三个部门的治安管理法规，至今尚未发现。但是，从云梦秦律中的《公车司马猎律》可以推知，郎中令、卫尉、中尉及其隶属机构的职务活动，都会有具体的法律规定。

社会治安管理作为秦国基层政权的两大职能（另一项职能为征

收赋税、兵役和徭役）之一，是地方官员的重要职责。为加强社会治安的管理，秦国设有亭啬夫、亭长、亭校长、求盗、害盗、游徼等类似治安警察性质的专职人员，负责捕拿盗贼、维护社会治安。商鞅所制定的《捕律》和云梦出土的《捕盗律》，便是这些治安机构及其专职人员进行职务活动的法律规定。

秦律规定，治安人员只允许从事与治安有关的专职活动，如果上级机关委派治安人员承担治安之外的其他非职务性活动，要受到惩罚，这就是《捕盗律》所规定的"求盗勿令送逆为它，令送逆为它事者，赀二甲。"这项规定，不仅是保证治安人员从事本职工作，同时也是为了杜绝治安人员与其他官员勾结，从事有害于治安管理的活动。如果治安人员利用职权从事违法活动，将被追究刑事责任。《捕盗律》规定："捕人相移以受爵者，耐"，是说把所捕的人转交他人，借以骗取爵位的，应处以耐刑。这因为：捕捉罪犯是治安人员的职责，并不给予奖赏；而百姓捉到罪犯交官，则可以得到奖赏。如果治安人员把捕捉的罪犯交给其他人，由他人从国家领赏，而自己也从中得到好处，将受到刑法的惩罚。

秦法鼓励百姓参加维护社会治安的活动，如商鞅的"告奸者与斩敌首同赏"的赏告奸的法令，《法律答问》的"捕亡完城旦"以及"夫、妻、子五人共盗""夫、妻、子十人共盗"，有能捕捉者，每捕得一名罪犯，可以得到二两黄金的奖赏。反之，百姓如不积极参加告发和捕捉罪犯的活动，将受到刑事惩罚，如商鞅所颁布的什伍连坐法令。云梦秦律还规定，犯罪分子在作案时，在场者和邻近居民不参与救援和捉拿罪犯，要受到行政处分直至加以刑罚。《法律答问》有如下两条简文：一条是有人在大道上杀伤人，在旁边的人不加援救，其距离在百步以内，应与在郊外同样论处，应罚二甲（简·194）。另一条则是：有贼进入甲家，将甲杀伤，甲呼喊有贼，其四邻、里典、伍老都外出不在家，没有听到甲呼喊有贼，问应论处否？答曰：四邻确不在家，不应论处；里典、伍老虽不在家，仍应论罪。（简·193）

为维护社会治安，秦律还规定：旅店主人留宿没有通行证的旅客，要处到法律制裁。

为加强治安管理，秦律对防火也有一系列法律规定。特别是粮仓、物资仓库（即"藏府"）、文书档案库（即"书府"）等要害部门，要加强警戒、巡察，消除发生火灾的隐患。《内史杂》的"毋敢以火入藏府、书府中"，是说不准把火带进收藏器物或文书的府库；"毋火，乃闭门户"，是说经检查没有火，才可关闭门户；"失火，官吏有重罪，大啬夫、丞任之"，是说仓库失火，其官吏有重罪，大啬夫、丞也须承担罪责。至于一般百姓失火而烧至公共设施，也要依法处罚。《法律答问》规定："旞火延燔里门，当赀一盾；其邑邦门，赀一甲。"（简·219）

司法部门

司法官吏如县丞、令史、狱掾应如何依法进行侦察、审判工作，弄清事实，正确应用法律，以免出现冤、假、错案，犯"失刑""不直""纵囚"之罪，本书前文已有论述。法官应如何按照法律规定学习法律，向人民宣传法律，进行普法教育，本书前文已有说明。这里，谈一下行政对审判的监督和检查。在地方上，秦国虽无独立的司法机关，但司法调查和审判工作却是由专职或兼职的司法官吏如县丞、令史、狱掾等人进行的，然后由各级行政长官审查批准。皇帝和各级行政长官有对审判的最后决定权和监督权，可以发现司法官吏所犯的"失刑""不直""纵囚"之罪，纠正一些冤、假、错案。《法律答问》的"辞者不先辞官长、啬夫"（简·192），即，诉讼者不应先向都官或县的主管官员起诉，而应向专职或兼职司法官员起诉，由他们审理、判决。

在刑徒的管理方面，根据刑徒的不同身份和犯罪性质，在执行刑罚上法律有不同的规定：如有爵位的人可以以爵赎罪，服刑时可以不穿囚衣、不戴刑具；无爵位的百姓即或因轻罪服刑，也必须穿囚衣、戴刑具。

刑徒的生活待遇，在口粮标准上，根据所以从事的劳动强弱不同以及刑徒在性别、年龄（成年与未成年）上的区别，《仓律》对口粮的标准作了严格的规定如每月二又四石、二石、一石半、一石等不同的等级。刑徒的衣服，按《金布律》规定，原则上由个人负担，如领了官府的衣服，要按规定交纳衣价。囚衣所用的衣料，《金布律》规定，只能用粗麻布来制作"褐衣"。

秦律还规定利用刑徒来监领刑徒的管理办法，监督刑徒的服役劳动。如"城旦司寇"一个可以监领二十名其他服刑的罪犯。

刑徒在服刑期间如违犯法律，如损坏工具，将受到笞刑的惩罚。《司空律》规定："城旦舂毁折瓦器、铁器、木器，为大车折鞣，辄笞之。值一钱，笞十；值廿钱以上，熟笞之，出其器。吏主者负其半"（简·90）。即是说：城旦舂毁坏了陶器、铁器、木器，制造大车时折断了轮圈，应立即笞打。所毁损器物每值一钱，笞打十下；值二十钱以上，加以重打，注销其所毁器物。如不立即笞打，主管的吏应赔偿其价值的一半。

徭役管理部门

徭役管理方面的法律，见于《徭律》《傅律》等有关记载。

男子始服徭役的时间，是以身高六尺五寸为准（秦国自公元前231年始，才颁布男子向政府申报年龄的法规），《仓律》中的隶臣、城旦高不盈六尺五寸,隶妾、舂不盈六尺二寸,皆为小,可以证明这一点。关于免服徭役的时间,《法律答问》有"罢癃守官府"的说法,《傅律》还规定:"百姓不当老,至老时不用请,敢为诈伪者,赀二甲;典老弗告,赀各一甲",即是说:百姓不应免老,或已应免老不加申报、敢弄虚作假的,里典、伍老不加告发,各罚一甲。免老,即年老免服徭役。至于免老是以年龄大小,还是按有无服役能力作为标准,并不见明文记载。但是《傅律》规定,凡是不应免老而免老或应免老而不予申报免老,有关主管官员,包括里典、伍老在内,都要受到处分,目的在于防止弄虚作假,严禁逃避徭役。

徭役由朝廷统一征调,由乡政府通过里典通知本人。《徭律》规定,朝廷征发徭役,主管人员必须带领服役人按期报到,如果"失期三日到五日,谇;六日到旬,赀一盾;过旬,赀一甲"(简·76)。但是,如果因雨而不能施工,则免除这次征调的徭役,即所谓"水雨,除兴"(同上)。服徭役的人如不报到而逃亡或已报到而逃亡(即"乏徭"),都要受到惩罚。《法律答问》的"今士伍甲不会,笞五十;未卒岁而得,笞当加不当?当"(简·221),是说:士伍甲不报到,应笞打五十;未满一年被捕获,应否加打?答曰:应当。

秦国当时的徭役,主要用于修筑国家的大型土木工程,如宫殿、陵墓、长城、驰道等。《徭律》严禁动用徭役修建农田防护措施。《效律》还规定:朝廷如征发运输的劳役,百姓有到县里雇车或转交给别人运送的,应依法论处。

《徭律》规定:用徭役所兴建的工程,必须按要求施工并保证工程质量。如果所筑城墙不满一年而倒坏,主持工程的"司空"和负责修筑这一段城墙的"君子"则"有罪",并且要"令其徒复垣之，勿计为徭"，即责令原来修筑这段城墙的徒役重新修筑，不计入服徭役的时间。如果超过一年而墙面有所缺毁，则由维修的县负责补修。

徭役所兴建的工程，事先要由司空和工匠一起做出施工计划，估计好用工量和完工日期。如估计不准，司空和工匠要依法论处。这就是《徭律》中所规定的"度功必令司空与匠度之，毋独令匠。其不审，以律论度者，而以其实为徭徒计"（简·77）。

文教卫生部门

商鞅在秦国变法，"燔诗书而明法令"，把儒家学说和他们的著作列为"六虱"之列，主张扫荡。后来，商鞅学派和韩非等人又提出了"以法为教""以吏为师"的主张。但是，吕不韦在秦国执政期间，召集各个学派（其中儒家学派占有较多的数量）的学者，到咸阳著书立说，写成《吕氏春秋》。秦王朝建立后，儒家学派在咸阳城和朝廷内，都有一定的势力。他们攻击法学家派和秦王朝所建立的新的制度。于是，李斯起草了焚书令，由秦始皇批准，公布实行。除秦国史记和医药、卜筮、种树之书外，诗书、诸子百家的著作，一律烧毁，规定"偶语诗书者，弃市；以古非今者，族。"取缔私学，实行"以法为教"和"以吏为师"。

此外，在宗教祀祭的管理上，秦律对祭神有严格的等级管理规定，不许百姓擅自设立神位，进行祭祀。《韩非子·外储说右下》记载："秦昭王有病，百姓里买牛而家为王祷"，秦昭王感激百姓们的"爱寡人"之心，但不愿因此而改变不许百姓擅自祈祷的法令，结果还是给予每人赀二甲的处罚。《法律答问》在解释"擅兴奇祠，赀二甲"这条律文时说：王室规定应加祭祀的已经有了，此外擅自设立神位，就是"奇祠"。因此，要予以罚二甲的处罚。

在卫生管理方面，秦律规定对患有麻风病的犯人采取"定杀"和"生埋"的残忍政策，用消灭病人肉体的办法，以防止这种恶性传染疾病的传染。后来，又对患有麻风病的刑徒采取隔离的措施。《法律答问》的"城旦、鬼薪疠，何论？当迁疠所"（简·204）。即是说：城旦、鬼薪患麻风病，如何论处？答曰：应迁往麻风病隔离区。

另外，秦国对来自各诸侯国的外交使团实行检疫的制度。《法律答问》的"诸侯客来者，以火炎其衡轭"（简·227），即为了防止"骚马虫"的传入。

外事部门

鉴于外事部门业务活动的特点，秦律规定：在出国外交使团内部，不适用连坐法，即《法律答问》的"使诸侯、外臣邦，其邦徒及伪使不来，弗坐"（简·229）。秦律之所以在外交使团中实行如有一人叛逃不归，而其他人员不适用连坐法的规定，就是因为如果适用连坐法，将导致其他不曾叛逃的人员不敢回国，于外交斗争不利。

为支持外交使团的活动，秦律允许收买和利用其他诸侯国的官员为秦国服务。秦始皇本人就曾接受尉缭的建议，用重金收买六国的权臣，为配合秦统一六国的军事行动，取得了明显的成效。

秦国对于自愿归顺和用武力征服的少数民族政权，设有典客、典属邦两个机构进行管理，并颁发了《属邦》律。

对于被征服的少数民族政权（如巴蜀）名义上仍由少数民族上层人物担任"侯"或"君长"进行统治。同时，又在上述地区设置秦官，对少数民族政权进行监督，并采取通婚等手段进行笼络。

少数民族政权的"君长"犯罪，享有赎罪的特权。《法律答问》:"臣邦真戎君长,爵当上造以上,有罪当赎者,其为群盗,令赎鬼薪鋈足;其有腐罪,赎宫。其他罪比群盗者亦如此"(简·200)。即是说:臣邦真戎君长,相当于上造以上的爵位,有罪应当赎免,如为群盗,判为赎鬼薪鋈足;如有应处宫刑的,判为赎宫。其他与群盗同样的罪也照此处理。

第七章　秦国经济立法与经济部门行政管理法规

在秦国法制建设中，属于经济方面的立法颇多。从秦献公改革的"初行为市"到商鞅变法中的《垦草令》，"初为赋""为田开阡陌封疆""平权衡、正度量、调轻重"以及秦帝国建立后的"令黔首自实田"等，都属于经济方面立法的法令。此外，在秦国颁布的各项行政管理法规中，亦含有很多经济方面立法的内容。而在云梦秦律中属于经济部门的行政管理法规则有《田律》《厩苑律》《仓律》《金布律》《关市》《工律》《工人程》《均工》《效》《效律》《藏律》《牛羊课》十二种，从一个侧面反映了秦国经济部门行政管理法规的建设及其实施的情况。

秦国经济部门的管理机构及其官员

中央政府中的经济管理部门及其官员

内史：内史一职，见于云梦秦律的《厩苑律》《仓律》《金布律》《均工》《效律》《内史杂》《法律答问》，实际上是指《汉书·百官公卿表》所说的"治粟内史""掌谷货"。《仓律》的"入禾稼、刍稿、辄为廥籍，上内史"，《效律》的"至计而上廥籍内史"表明，内史掌管全国的谷物征收工作。《金布律》的"粪其有物不可以须时，求先卖，以书时谒其状内史"、《内史杂》的"都官岁上出器求补者，上会九月内史"、《法律答问》的"盗出珠玉邦关及卖于客者，上珠玉内史，内史材予购"等有关简文表明，内史还掌全国的财务收支工作。

少府："掌山海池泽之税"，以其收入供养皇帝家族的费用。

太仓：《厩苑律》中关于公家用牛的考核，谈到"内史课县，太仓课都官及受服者"，《仓律》还规定："县上食者籍及它费太仓，与计偕。"这两条规定表明，太仓是内史内部的一个业务机构。

大内：国家管理物资的机构。《金布律》规定，上缴国库的金属物件，"都官远大内者输县，县受卖之。"同时，又谈到"有余褐十以上，输大内，与计偕。"可见，大内是国家物资管理的行政机构。

大田：《田律》有"禀大田而毋恒籍者，以其致到日禀之，勿深致"，是说驾车牛马的饲料，向大田领取而未设固定账目，按照其领取凭证所到日期发给，不得超过凭证的规定。可见，大田很可能是内史属下主管农事的官吏。

地方政府中的经济管理部门及其官员

都官：都官见于云梦秦律的《厩苑律》《仓律》《金布律》《司空》《置吏律》《内史杂》《效律》，是朝廷在地方上的派出机构，驻在县，故云梦秦律中常是县与都官并提。《内史杂》的"县各告都官在其县，写其官之用律"，是说各县应分别通知设在该县的都官，抄写该官府所遵用的法律。《汉书·宣帝纪》记载："丞相以下至都官，令丞，上书入谷，输兴安仓，助贷贫民。"据汉承秦制原则，可以证明都官是朝廷派驻在县管理经济事宜的机构。

县少内啬夫：管理全县财政的机构。《法律答问》的"府中公钱私贷之，与盗同法。何谓'府中'？唯县少内为'府中'，其他不为"（简·165）。可知，县少内是集中收储全县财物的机构。

田（官）啬夫：管理全县授田和农业生产机构的行政长官。《田律》规定："百姓居田舍毋敢酤酒，田啬夫、部佐谨禁御之。"可知，田啬夫有在农村禁酒的职责，部佐应是田啬夫派驻在乡的佐吏。《法律答问》在解释"部佐匿诸民田"时说："已租诸民，弗言，为匿田"（简·218）。可见，部佐同田啬夫一样，既有办理授田的职责，还有收租的职责。从《厩苑律》和《牛羊课》的有关记载看，田啬夫和部佐还有管理耕牛和羊的职责。

厩苑（官）啬夫和皂啬夫：厩啬夫是主管全县畜牧生产机构的负责人，皂啬夫是厩中饲养人员的负责人。《秦律杂抄》的"马劳课殿，赀厩啬夫一甲，令、丞、佐、史各一盾。马劳课殿，赀皂啬夫一盾"（简·142）。即是说：马服役的劳绩被评为下等，罚厩啬夫一甲，令、丞、佐、史各一盾。马服役的劳绩被评为下等，罚皂啬夫一盾。

漆园啬夫：负责管理漆园生产的官吏，隶属于县令、县丞。《秦律杂抄》的"漆园殿，赀啬夫一甲，令、丞及佐各一盾"（简·138）。是说：漆园被评为下等，罚漆园的啬夫一甲，县令、县丞及佐各一盾。

禁苑啬夫：负责管理君主苑囿机构的官吏，据《内史杂》规定，禁苑啬夫和宪盗均由内史任命，直属朝廷，具有都官的性质，是相当于县一级的管理机构。

仓啬夫：负责征收、保管和分配全县粮食、饲料和种子的机构的官员。《仓律》规定，仓啬夫要随时向内史报告工作，年终上报全部存粮账目。仓啬夫之下有属官佐、史、稟人等。《仓律》规定，封存粮食时，除登记"仓啬夫某、佐某、史某、稟人某"的名字外，还要会同县啬夫或县丞和有关人员一同封存。

藏啬夫：收藏和保管全县物资的部门的官员。《藏律》规定："藏皮革蠹突，赀啬夫一甲，令、丞一盾。"

库（官）啬夫：管理全县武器生产和储存机构的官员，隶属于县丞。《秦律杂抄》的"稟卒兵，不完缮，丞、库啬夫、吏赀二甲，废"（简·134）。是说：发给军卒兵器，质量不好，县丞和库啬夫及吏均罚二甲，撤职永不叙用。

采山啬夫：管理铁矿生产机构的官员。铁矿并非遍布各县，采山啬夫可能直接隶属于朝廷的某一部门。《秦律杂抄》的"采山重殿，赀啬夫一甲，佐一盾"（简·138），是说：采矿两次评为下等，罚其啬夫一甲，佐一盾。可见，采山啬夫之下，还设有"佐"一类的属吏。

经济部门行政管理法规

农林渔牧部门

秦自商鞅变法以来，以"农战"为基本国策，对发展农业生产采取一系列的鼓励政策，如推行"尽地力之教"、修建大型农田水利工程都江堰和郑国渠、以优惠条件招徕三晋之民到秦国垦荒、实行"耕织致粟帛多者复其身"、输粟可以获得爵位以及用惩罚的手段强制商贾和游民归于农耕等。与上述政策相适应的，是秦国政府制定了一系列的农业行政管理法规，以保证农业生产的发展。这种情形，可以从云梦秦律的《田律》《厩苑律》《仓律》中窥见一斑。

在土地制度上，秦国实行向农民"授田"的制度。秦律为维护这一制度，农民所取得的"份地"的地界（即所谓"封"）不容他人侵犯；如有侵犯，则处以刑罚。《法律答问》的"'盗徙封，赎耐。'何如为'封'？'封'即田千陌。顷畔'封'也，且非是？而盗徙之，赎耐，何重也？是，不重"（简·178）。即是说："私自移封，应赎耐。"什么叫"封"？"封"就是田地的阡陌。百亩的田界是算作"封"，还是不算作"封"？如私加移动，便判处赎耐，是否太重？算作"封"，判处并不算重。

为发展耕牛和提供优惠的铁制农具，《厩苑律》曾做出许多规定。在发展耕牛上，每年"以四月、七月、十月、正月肤田牛。卒岁，以正月大课之。最，赐田啬夫壶酒、束脯，为皂者除一更，赐牛长日三旬；殿者，谇田啬夫，罚冗皂者二月。其以牛田，牛减絜，笞主者寸十。又里课之，最者，赐田典日旬；殿，笞卅"（简·30—31）。即是说：在四月、七月、十月和正月评比耕牛。满一年，在正月举行大考核，成绩优秀的赏赐田啬夫酒一壶，干肉十条，免除饲牛者一次更役，赏赐牛长资劳三十天；成绩低劣的，申斥田啬夫，罚饲牛者们资劳两个月。如果用牛耕田，牛的腰围减瘦了，每减瘦一寸要笞打主事者十下。又在乡里中举行考核，成绩优秀的，赏赐里典资劳十天；成绩低劣的，笞打三十下。

为推广铁制农具，《厩苑律》规定："假铁器，销敝不胜而毁者，为用书，受勿责。"（简·32）即是说：借用官府的铁制农具，因破旧不堪使用而损坏的，以文书上报损耗，收下原物而不令赔偿。秦律规定，损坏借用的公物，不论出于什么原因，一律应予赔偿；唯独铁制农具，因破旧而不堪使用，只要写出书面报告，便可核销。这一特殊规定表明，秦国用法律上的保证，以优惠的条件向农民提供铁农具，以促进农业生产的飞跃发展。

为保证农民的田间劳作时间，儒家学派所一再宣扬的"不违农时"，在秦国获得真正的落实，取得了法律规定上的保证。《司空律》规定："一室二人以上居赀赎债而莫见其室者，出一人，令相为兼居之。"即是说：一家有两人以上以劳役抵偿赀赎债务而无人照看家室的，可以放出一人，叫他们轮流服役。而《司空律》的另一条规定，则允许以劳役抵债赀赎债务的人，在农忙时节回家务农，于播种和管理禾苗的季节各放假二十天，即所谓"居赀赎债者归田农，种时、治苗时各二旬"（简·88）。对待"居赀赎债者"尚且如此，就不必说对一般平民百姓们的"农时"，该是如何对待的了。在服役戍边问题上，《戍律》所规定的"同居毋并行，县啬夫、尉及士吏行戍不以律，赀二甲"（简·147）。是说：同居者不要同时征服边戍，县啬夫（县令）、县尉和士吏如不依法征发边戍，罚二甲。这项规定的目的，即在保证每个家室如有二男应服边戍，要依法留下一人在家从事农业劳动，以免耽误农时。

规定播种所用种子数量和及时向国家汇报农情，亦见于《秦律》的记载。《仓律》规定："种：稻、麻亩用二斗大半斗，禾麦一斗，黍、荅亩大半斗。菽亩半斗。利田畴，其有不尽此数者，可也。其有本者，称议种之。"即是说：种子：稻、麻每亩用二又三分之二斗，谷子、麦子每亩一斗，黍子、小豆每亩三分之二斗，大豆每亩半斗。如是良田，用不到这样数量，也是可以的。如田中已有作物，可酌情播种。《仓律》的"县遗麦以为种用者，殽禾以藏之"（简·44）。是说各县所留作为种子的麦子，应和谷子一样收藏。

关于及时向国家汇报农情，《田律》中有如下的规定："雨为澍，及秀粟，辄以书言澍稼、秀粟及垦田畼毋稼者顷数。稼已生后而雨，亦辄言雨少多，所利顷数。旱及暴风雨、水潦、螽蚰、群它物伤稼者，亦辄言其顷数。近县令轻足行其书，远县令邮行之，尽八月□□之。"即是说：下了及时的雨和谷物抽穗，应即服面报告受雨、抽穗的顷数和已开垦而没有耕种的田地的顷数。禾稼生长后下了雨，也要立即报告雨量多少和受益田地的顷数。如有旱灾、暴风雨、涝灾、蝗虫、其他害虫等灾害损伤了禾稼，也要报告受灾顷数。距离近的县，文书由走得快的人专程传送；距离远的县由驿站传送，在八月底以前送达。

对林业和渔业的行政管理、《田律》规定："春二月、毋敢伐材木山林及雍堤水。不夏月、毋敢夜草为灰、取生荔、麛卵鷇、母□□□□□□毒鱼鳖、置穽网、到七月而纵之。唯不幸死而伐棺椁者，是不用时。"即是说：春天二月，不准到山林中砍伐木材，不准堵塞水道。不到夏季，不准烧草作为肥料，不准采取刚发芽的植物，或捉取幼兽、鸟卵，不准……毒杀鱼鳖，不准设置捕捉鸟兽的陷阱和网罟，到七月解除禁令。只有因死亡而需要伐木制作棺椁的，不受季节限制。

在畜牧业的行政管理方面，国家关于发展耕牛的法规，本节前文已有所述。关于牛马繁殖时期的保护规定，如《田律》的"邑之近皁及它禁苑者，麛时毋敢将犬以之田"，是说居邑靠近牛马的皁和其他禁苑的，幼兽繁殖时不准带着狗去狩猎。为提高牲畜的生殖率，《牛羊课》规定："牛大牝十，其六无子，赀啬夫、佐各一盾。羊牝十，其四无子，赀啬夫、佐各一盾。"即是说：十头母牛中有六头不生小牛，十头母羊中有四头不生小羊，都是罚啬夫佐各一盾。如牛的死亡率超过三分之一，即《厩苑律》所规定的："十牛以上而三分一死"，则"吏主者，徒食牛者及令、丞皆有罪。"对于国营畜牧场，《厩苑律》规定允许越县放牧，但要接受所到县的监督和管理。如遇牲畜死亡，应按法律规定向所在县报告，并请求派人检验处理，即"将牧公马牛，马牛死者，亟谒死所，县亟诊而入之"。（简·33）

官营手工业部门

秦国实行重农抑商政策，对私营商业和手工业采取种种限制和打击的措施，因而官营手工业在秦国的手工业生产中占有重要的地位。秦国官营手工业的发展，是为了满足发展农业生产（如制造铁农具）、进行兼并战争（如制造武器）、满足统治阶级的享乐（如生产奢侈品）的需要而发展起来的。云梦秦律中的《工律》《工人程》《均工》和《效律》，便是秦国对官营手工业生产进行管理的行政法规。

秦国官营手工业的主要生产部门有冶铁和铁器制造、冶铜及铜器制造、兵器制造（铁兵器与铜兵器）、车辆制造、土木建筑、铸钱、漆器制造、纺织等。其中，冶铁和铁器制造是一个新兴的手工业部门。

秦国官营手工业的管理机构，作为秦国庞大官僚机构的一个重要组成部分。从中央到郡县，都设置有管理手工业的机构，许多矿山和手工业生产作坊都在这些机构的隶属之下。（参见吴荣曾：《秦的官府手工业》，《云梦秦简研究》，中华书局，1981年，第38—52页）

秦国中央政府中分管官府手工业的机构是"内史"。《均工》律的"新工初工事……工师善教之……能先期成学者谒上，上且有以赏之。盈期不成学者，籍书而上内史"（简·75）。可见，内史是工师的上级主管部门。

工师是秦国设在各地的官营手工业作坊的主管官员。云梦秦律中的"省殿，赀啬工师一甲，丞及曹长一盾""省三岁比殿，赀工师二甲，丞、曹长一甲"以及出土秦国兵器铭文中的"工师"某某、"丞"某某等，说明"工师"的确是各个手工业作坊的主管官员，他的属下官吏有"丞"（即工师的助手）以及"曹长"等。

在官营手工业作坊内从事生产劳动的是"工"，即工匠。工的身份，有的是具有自由身份的匠师，如《效律》中所提到的"工禀漆它县""工择干"以及《法律答问》中的"工盗以出"等，都是指这种具有自由身份的工匠。但是，从云梦秦律和兵器铭文上看，官府手工业中的劳动者，大多数是刑徒，如《高奴权》和《上郡戈》铭文中的"高奴""工鬼薪戡""工隶臣穑""□隶臣庚"以及《秦律杂抄》的"城旦为工殿者，笞人百。大车殿，赀司空啬夫一盾，徒笞五十"（简·137）、《均工》律的"隶臣有巧可以为工者，勿以为人仆养"，都可以说明刑徒在官府手工业的生产者中占有较大的比重。

手工业生产要求工匠具有专门的技艺。为此，秦律对工匠的培养和训练，在法律上有明文规定。《均工》律的"新功初工事，一岁半功，其后岁赋功与故等。工师善教之，故工一岁而成，新工二岁而成。能先期成学者谒上，上且有以赏之。盈期不成学者，籍书而上内史。"是说：新工匠开始工作，第一年要达到规定限额的一半，第二年所收产品数额应与熟练工人相等。工师教导得好，过去做过工的一年可以学成，新工匠两年可以学成。能提前学成的，向上级报告，上级有所奖励。满期仍不能学成的，应记名而上报内史。可见，秦国不是通过专门学校而是用以师带徒的办法，规定新工匠学徒两年，由工师任教，学徒期间要按规定完成生产定额，提前学成的可向上级报告，有奖励；两年仍学不成的，应上报内史备案，至于如何处理，《均工》中没有进一步交代。正因为手工业生产对技艺上有一定的要求，《均工》还规定：隶臣有技艺可作工匠的，不要叫他给人作赶车、烹炊的劳役，即所谓"隶臣有巧可以为工者，勿以为人仆、养。"

工匠劳动日的计算，按不同季节而规定不同。《工人程》的"隶臣、下吏、城旦与工从事者冬作，为矢程，赋之三日而当夏二日"，是说：隶臣、下吏、城旦和工匠在一起生产的，在冬季的劳动时间，得放宽其标准，三天得收取相当夏季两天的产品。这项规定表明，由于白昼在冬夏的长短不同，夏季每日的劳动时间，比冬季要延长一半。即是说：如果冬季每天劳动八小时，夏季要延长到十二小时。

工匠所应完成的生产定额，因性别、年龄的不同而有所差异。《工人程》的"冗隶妾二人当工一人，更隶妾四人当工一人，小隶臣妾可使者五人当工一人"，是说：做杂活的隶妾两人相当工匠一人，更隶妾四人相当工匠一人，可役使的小隶臣妾五人相当工匠一人。这里"小隶臣妾"即未成年的"童工"。可见，官府手工业中是使用童工的。《工人程》的"隶妾及女子用针为缙绣它物，女子一人当男子一人"，是说：隶妾和一般女子用针制作刺绣等产品的，女子一人相当于男子一人计算。

手工业产品的规格，国家亦有规定。《工律》的"为器同物者，其小大、短长、广亦必等"，是说制作同一种器物，其大小、长短和宽度必须相同。《秦律杂抄》的"非岁功及无命书，敢为它器，工师及丞赀各二甲"，是说：不是本年度应生产的产品，又没有朝廷的命书，而擅自敢制作其他器物的，工师和丞各罚二甲。

对于生产所用原料，各行业有不同的规定。《司空》律的"一脂、攻间大车一辆，用胶一两、脂二锤。攻间其扁解，以数分胶以之。为车不之劳，称议脂之"即是说：每加油修缮一辆大车，用胶一两、用脂三分之二两。修理车辆开胶，按开离的多少分胶使用。如车运行不快，可酌量加油。《金布律》的"为橐布一，用枲三斤。为褐以稟衣：大褐一，用枲十八斤，值六十钱；中褐一，用枲十四斤，值卅六钱；小褐衣，用枲十一斤，值卅六钱"，即是说：做毂布一条，用粗麻三斤。做发放用的褐衣：大褐衣一件，用粗麻十八斤，值六十钱；中褐衣一件，用粗麻十四斤，值四十六钱；小褐衣一件，用粗麻十一斤，值三十六钱。

为保证产品质量，对于有些产品（如兵器）实行"久刻"的制度，把直接生产者和各级管理官员的名字刻在器物上，对产品质量负责。例如"高奴权"铭文："三年，漆工熙、丞诎造．工隶臣牟，禾石。高奴。""上郡戈"铭文："廿五年，上郡守庙造，高奴工师竃，丞申，工鬼薪戭。上郡武库。洛都。"

秦国对官府手工业生产的产品数量和质量实行定期考核评比的制度，并且同奖惩联系起来。如在同行业评比中被评为下等，主管人员和直接生产者要受到处罚。连续两年评为下等，处罚加重；连续三年评为下等，主管官员要受到罚二甲、撤职永不叙用的处分。例如：

《秦律杂抄》："省殿，赀工师一甲，丞及曹长一盾，徒络组廿给。"

又："县工新献，殿，赀啬夫一甲，县啬夫、丞、吏、曹长各一盾。"

又："漆园三岁比殿，赀啬夫二甲而废，令、丞各一甲。"

又："采山重殿，赀啬夫一甲，佐一盾；三岁比殿，赀啬夫二甲而废。"

上述奖惩制度，目的即在于调动管理官员、工师和生产者的积极性，以促进生产的发展。

交通运输部门

为传递公文和官员履行公务往来而设置的机构是驿站。驿站的设置和文书的传递,秦律有一系列的法律规定。《田律》中对于农情的上报,规定:"近县令轻足行其书,远县令邮行之"。"轻足"传书是令专人步行传递;"邮行之"是通过驿站由驿马传递。

驿站传递文书,按《行书》律规定:"行命书及书置急者,辄行之;不急者,日毕,勿敢留。留者以律论之。"即是说:传送朝廷命书及标明"急"字的文书,应立即传送;不急的,当天送完,不准搁压。搁压者依法论处。《行书》律还规定:"行传书,受书,必书其起及到日月夙暮,以辄相报也。书有亡者,丞告官。隶臣妾、老弱及不可诚仁者勿令。书廷辟有曰报,宜到不来者,追之。"即是说:传送或收到文书,必须登记发文或收文的月日朝夕,以供及时回复。文书如有遗失,应立即报告官府。隶臣妾、年老体弱及不足信赖的,不要派去送递文书。征召文书上写明须急到的,该人已应来到而没有到达,应加追查。

来往官吏和随从人员在驿站的食宿条件,《传食律》有非常详细的规定,分有不同的等级。"御史卒人使者,食精米半斗,酱四分升一,菜羹,给之韭葱。其有爵者,自官士大夫以上,爵食之。使者之从者,食粝米半斗,仆,少半斗。……"即是说:御史的卒人出差,每餐精米半斗,酱四分之一升,有菜羹,并供给韭葱。如系有爵的人,爵为大夫、官大夫以上的,按其爵级规定供应饭食。出差者的随从,每餐粝米半斗,驾车的仆,粝米三分之一斗。

秦国在各地的交通要道和渡口,设置关卡,以保证合法通行,限制非法交通。百姓通行路过关卡,要交验通行证件,通行证件有"验""传""符"等不同称谓。这些称谓,见于《史记·商君列传》的"舍人无验者,坐之"、《封诊式·迁子》的"传及恒书"、《游士律》的"游士在,亡符"等有关记载。签发并放行持有伪造证件的人,有关人员要被追究行政责任。《法律答问》的"发伪书,弗知,赀二甲。今咸阳发伪传,弗知,即复封传它县,它县亦传其县次,到关而得,今当独咸阳坐以赀,且它县当尽赀?咸阳及它县发弗知者当皆赀。"即是说:拆开伪造的文书,未能察觉,罚二甲。如咸阳开看伪造的通行证,没有察觉,就重加封印传递给其他的县,其他县也传递给其次的县,一直到关口才被拿获,应该是只有咸阳受罚,还是其他县都应受罚?答曰:咸阳和其他开看而未能察觉的县都应受罚。

商业和外贸部门

秦国自商鞅变法以来,实行"重农抑商"政策,对商业活动曾加以种种限制。《田律》中的"百姓居田舍者,毋敢酤酒。"就是规定居住在农村的百姓,不准卖酒。

从云梦秦律看,国家限制官营生产机构和行政机构直接出售产品和其他物资,而是委托商人"为官府市",进行销售。当时的商品交换是在市场中进行的。关于秦国市场的设置情况,据《华阳国志·蜀志》的记载,秦惠王时"张若治成都,营广府舍,置盐铁市官并长丞,修整里阓,市张列肆,与咸阳同制"。当时的市场类别有专门出卖盐铁、牛马、奴婢的市场以及"军市"等。市场设有"市门",市场内采取"列肆"的方式出售商品,"市官""市丞""吏"是市场的管理官员。《商君书·垦令》的"重关市之赋"和《商君书·外内》的"市利之租必重""市利尽归于农"等记载表明,秦国政府对市场上销售商品的商人是加重征收赋税的。

秦律不允许官吏经商。《秦律杂抄》的"吏自佐、史以上负从马、守书私卒,令市取钱焉,皆迁"(简·133),是说自佐、史以上的官吏有驮运行李的马和看守文书的私卒,用以贸易牟利,均加以流放。对于出售官府产品的商业活动,《关市》律规定:"为作务及官府市,受钱必辄入其钱缿中,令市者见其入,不从令者赀一甲。"即是说:从事手工业和为官府出售产品,收钱时必须立即把钱投进缿里,使买者看见投入,违反法令的罚一甲。

市场上出售的商品,必须系上价格标签,以维护法定价格,即《金布律》所规定的"有买及卖也,各婴其价;小物不能各一钱者,勿婴"(简·57)。关于当时一些商品的价格,《司空》律的"公食当赍者,石卅钱"表明,粮食的价格是每石卅钱。

在货币管理上,秦律规定由官府铸钱,严禁民间私铸,私铸者被捕拿后将依法论处。《封诊式》有一则案例,即记载某里士伍甲、乙捕获私铸新钱的男子丙、丁和他们所用的钱范,一并送官的事。

秦国通行的货币是"钱""布"和黄金。货币的规格和比价,《金布律》规定:"布袤八尺,幅广二尺五寸。布恶,其广袤不如式者,不行。"即是说:布长八尺,幅宽二尺五寸。布的质量不好,长宽不合标准的,不得流通。布与钱的比价,《金布律》规定:"钱十一当一布。其出入钱以当金、布,以律。"秦律依据赃值来确定盗窃犯罪量刑等级的一百一十钱、二百二十钱、六百六十钱、一千一百钱、都是十一的倍数,原因就在于钱和布的比价是十一比一。

由于货币是官府制造,因此秦律规定铸钱按质量好坏搭配通行,百姓不得拒绝使用,也不许对钱、布这两种货币有所选择并拒绝使用其中的一种,否则要追究刑事责任。《金布律》所规定的"钱善不善,杂实之""百姓市用钱,美恶杂之,勿敢异""贾市居列者及官府之吏,毋敢择行钱、布;择行钱、布者……皆有罪。"

即是说：钱质好和不好的，应装在一起；百姓在交易时使用钱币，质量好的与坏的一起通用，不准选择；市肆中的商贾和官家府库的吏，都不准对钱和布两种货币有所选择，有选择使用的……都有罪。

秦始皇统一六国后，实行统一货币，颁发了新的货币法令，即："一国之币为三等，黄金以溢名，为上币；铜钱识曰半两，重如其文，为下币；而珠、玉、龟、贝、银、锡之属为器饰宝藏，不为币。"（《史记·平准书》）

在外贸管理上，外国客商到秦国做买卖，必须向官府送交通行凭证，方可进行交易，否则受罚。《法律答问》的"客未布吏而与贾，赀一甲。何谓布吏？诣符传于吏是谓布吏"（简·230—231）。即是说：邦客尚未布吏，就和他交易，罚一甲。什么叫"布吏"？答曰：把通行凭证送交官吏，称为"布吏"。

秦律对于走私活动，予以严厉的打击。《法律答问》的"盗出珠玉邦关及买卖于客者，上珠玉内史，内史材予购。何以购之？其耐罪以上，购如捕它罪人；赀罪，不购"（简·211）。即是说：将珠玉偷运出境以及卖给邦客的，应将珠玉上交内史，内史酌量给予奖赏。应怎样奖赏？答曰：如被捕犯人应处耐罪以上，与捕获其他罪犯同样奖赏；如应处罚款，则不予奖赏。

物资管理部门

在秦国的物资管理中，粮食的收存和保管占有极为重要的地位，实行的是由国家统一管理、地方分工保管的原则。按《仓律》规定，内史掌管全国粮食的收存、保管、分配和使用，而由地方负责就地保存。现将《仓律》的这段规定的译文摘录如下：

谷物入仓，以一万石为一积而隔以荆笆，设置仓门。由县啬夫或丞和仓、乡主管人员共同封缄，而给仓啬夫和乡主管禀给的仓佐各一门，以便发放粮食，由他们独自封印，就可以出仓，到仓中没有剩余时才再给他们开另一仓门。啬夫免职，对仓进行核验的人开仓，验视共同的封缄，可根据题识核验，然后再共同封缄，不必称量，只称量原由仓主管人员独自封印的仓。谷物出仓，如不是原入仓人员来出仓，要令加称量，称量结果与题识符合，即令出仓。此后如有不足数，由出仓者赔偿；如有剩余，则应上缴。共同出仓人员中途不要更换。谷物入仓不满万石而要增积的，由原来入仓的人增积，是可以的；其他人要增积，积者必须先称量原积谷物，与题识符合，然后入仓。此后如有不足数，由后来入仓者单独赔偿；要把入仓增积者的姓名籍贯记在仓的簿籍上。已满万石的积和虽未满万石而正在零散出仓的，不准增积。在栎阳以二万石为一积，在咸阳以十万石为一积，其出仓、入仓和增积的手续均同上述律文规定。长吏共同入仓和开仓，如发现有小虫到了粮堆上，应重加堆积，不要使谷物败坏。

在粮仓的管理上，秦律实行集体负责和个人负责相结合的原则，首先还是强调集体负责。如《效律》规定：粮食入仓后，要登记上"某仓贮有谷物若干石，仓啬夫某、佐某、史某、禀人某"。在该县入仓，由县啬夫或丞和仓、乡主管人员共同封缄。封仓时，给仓啬夫和乡主管禀给的仓佐各一门以便发放粮食。谷物出仓，也要记下出仓人的人名，和入仓时一样。

《效律》还规定：仓啬夫和佐、史，如有免职离任的，新任的仓啬夫，新任管仓的佐、史，必须根据仓的簿籍加以称量，如有问题，应向县啬夫报告，由县啬夫令人重加称量，并参加一起出仓。谷物多过应有数的，应交官，不足数的依法论处。

粮食因保管不善而造成的损失，主管人员要负责赔偿。《效律》规定：因粮仓漏雨而腐败的粮食，每仓如超过千石，县啬夫要受到赀刑中最重的处分即罚二甲，同时还要同其他官员一起赔偿腐败的粮食。

在粮食的储存和出入库中，如有弄虚作假行为，将依法严惩。《效律》规定：谷物、刍稿贮藏在仓里，有超出或不足数的情形而隐藏不报，和种种移多补少，假作注销而用以补垫其他应赔偿的东西，都和盗窃同样论处。大啬夫、丞知情而不加惩处，以与罪犯同等的法律论处，并和管仓者一起赔偿缺数。

秦律关于物资管理的法规，于粮仓的管理法规中可见一斑。

经济部门行政管理的监督与检查

对度量衡器的校验和监督，在秦国被严格地加以执行。现存于上海博物馆的商鞅方升，便是当时的标准器之一。对于度量衡的校验，《工律》规定为每年至少要校验一次，即"毋过岁壹。"《效律》规定：衡石不准确，误差在十六两以上，罚该官府啬夫一甲；不满十六两而在八两以上，罚一盾。桶不准确，误差在二升以上，罚一甲，不满二升而在一升以上，罚一盾。斗不准确，误差在半升以上，罚一甲；不满半斗而在三分之一升以上……称黄金所用天平砝码不准确，误差在半铢以上，均罚一盾。衡器的校验权在于官府，即《工律》的"县及工室听官为正衡石累、斗桶、升"。

储存的物资要定期检验和监督，以加强对物资的管理。按《效律》所规定的程序，首先核验"题识"和"久刻"。粮草仓若是集体封存和题识的，可以不重新过秤称量，只对个人封存的部分重新过秤。其他物资和兵器，要检验每一件器物上的久刻，以查清库中器物与账目上登记的是否一致。《效律》规定：清点物品数目而有超过或不足情形，价值在一百一十钱以上到二百二十钱，斥责该官府的啬夫；超过二百二十钱到一千一百钱，罚啬夫一盾；超过一千一百钱到二千二百钱，罚啬夫一甲；超过二千二百钱以上，罚啬夫二甲。

在管理有关物资的大部分官员更换时，《效律》规定：仓啬夫和佐、史如有免职离任的，新任的仓啬夫，新任管仓的佐、史，必须根据仓的簿籍加以称量，如有问题，应向县啬夫报告，由县啬夫令人重加称量，并参加一起出仓。谷物多过应有数的，应交官，不足数的依法论处。

此外，如管理人员发生玩忽职守或有假作注销等舞弊活动时，则随即派人清查，追究刑事责任和经济责任。

秦律规定，在核验物资的同时，也要检查账目，进行会计检查和监督。会计工作如出现问题，在追究责任时，仅按超出或不足的数量给予罚金，而不强令赔偿，但与其有关的行政官吏却要负连带的行政责任。如果县尉的会计犯了罪，县令和县丞也应担负罪责，即《效律》所规定的"尉计及尉官吏即有劾，其令、丞坐之，如它官然。"（简·124）

在查账中如发现会计在计算上的差错，《效律》规定：会计经过核对发现差误，错算数目在二百二十钱以下，斥责该官府的啬夫；超过二百二十钱到二千二百钱，罚一盾；超过二千二百钱以上，罚一甲。错算人口一户或牛马一头，罚一盾；两户或二头以上，罚一甲。

如果发现会计不足或多过实有数超出了法律规定的限度，和不应销账而销了账，则加重处罚，即《效律》所规定的：估计其价值，不满二十二钱，可免罪；二十二钱到六百六十钱，罚该官府的啬夫一盾；超过六百六十钱以上，罚该官府的啬夫一甲，并仍责令赔偿所销账的东西。错算人口一户或牛马一头以上是大误。如系自行察觉错误，可减罪一等。

第八章　秦国军事法规建设及其实施

秦自商鞅变法以来，以"农战"为基本国策。因此，秦国的军事法规体系完整、内容丰富，应是没有疑问的。然而，军事法规主要适用于军队内部的这一特点，使得秦国的军事法规在云梦秦律中只有少量的记载，而且多与军事行政有关。《商君书》的《境内》《画策》《兵守》《战法》诸篇，其所见的有关内容，亦不过是秦国军事法规的一斑而已。

传世的《尉缭子》一书共二十四篇，前十二篇讲军事理论，后十二篇即：《重刑令》《伍制令》《分塞令》《束伍令》《经卒令》《勒卒令》《将令》《踵命令》《兵教上》《兵教下》《兵令上》《兵令下》。这十二篇（实则是十篇）作为十项单行的军事法规，比较完整地反映了当时军事法规的体系和基本内容。

问题在于：《尉缭子》一书成书于哪一年？作者和书中观点究竟应当归入兵家，还是杂家？历来说法不一。在没有足够的证据之前，尚不可把《尉缭子》书中的十项军事法规同秦国的军事法规等同看待。但是，从《尉缭子》一书的讲"开塞"、谈"农战"、重"刑罚"的特点来看，书中的十项军事法规，很可能在相当大的程度上反映了秦国军事法规的一些基本内容，不失为研究秦国军事法规的宝贵资料。因此,本章拟以云梦秦律和《商君书》等有关记载为主,辅之以《尉缭子》书中的有关记载,对秦国的军事法规做如下的说明。

军队编制与什伍连坐

公元前375年,秦献公实行"为户籍相伍"制度,将全国人口按五家为一伍进行编制。这是为适应普遍征兵制度的需要而建立的一种带有军事性质的组织。因此,秦国军队的编制和这种什伍组织有着密切的关系。《尉缭子·兵教上》谈到当时的军队编制中有伍长、什长、卒长、伯长、兵尉、裨将、大将等七级军官。从《商君书·境内》的记载看,《尉缭子·兵教上》所言与秦国的军队编制是相符合的。《境内》篇说:

> 五人一屯长,百人一将。其战,百将、屯长不得斩首;得三十三首以上,盈论,百将,屯长赐爵一级。五百主,短兵五十人。二五百主,将之主,短兵百。千石之令,短兵百人。八百之令,短兵八十人。七百之令,短兵七十人。六百之令,短兵六十人。国封尉,短兵千人,将,短兵四千人。

可见,《商君书·境内》同《尉缭子·兵教上》所谈到的各级军官相对应的:《境内》篇的"屯长"相当于《兵教上》的"伍长";"百将"相当于"卒长",统率一百人;秦实行什伍制度,在屯长与百将之间,应有"什长"一职;"五百主"相当于"伯长",统率五百人;"二五百主"相当于"兵尉",统率一千人(按短兵百人推算);"国封尉"相当于"裨将",统率一万人(按短兵千人推算);"将"相当于"大将",统率四万人(按短兵四千人推算)。从《尉缭子·束伍令》的"大将军无罪不得诛"的记载看,"将"("大将""大将军")是秦国的最高一级军事编制的统帅,可统领四万士卒,对属下的"裨将"("左右将军")直至士卒有生杀之权,可以代表国家,领兵对外作战。

秦国在军中实行什伍连坐制度,亦见于《商君书·境内》的记载:

> 其战也,五人束簿为伍,一人羽而轻其四人;能人得一首则复。

即是说:作战时,五人登记在一个簿册上,编为一伍,一人逃跑,其他四人受刑;如果四人中有人能斩得敌人一颗首级,就免除他的罪人身份。

《尉缭子·伍制令》说:"军中之制,五人为伍,伍相保也;十人为什,什相保也;……伍有干令犯禁者,揭之免于罪;知而弗揭,全伍有诛。……吏自什长以上,至左、右将,上下皆相保也。"《尉缭子·束伍令》还说:"束伍之令曰:五人为伍,共一符,收于将吏之所。亡伍而得伍者当之,得伍而不亡有赏,亡伍不得伍身死家残。"

《尉缭子》的《伍制令》《束伍令》中关于什伍连坐的法律规定,同《商君书·境内》的什伍连坐法规完全一致,应是秦国的什伍连坐法规。

秦国的军中什伍连坐法规,不仅连及什伍之内,而且还诛及亲属,即所谓"身死家残"。《商君书·画策》说:"行间之治连以五",又说:"强国之民,父遗其子,兄遗其弟,妻遗其夫,皆曰:'不得,无返'。又曰:'失法离令,若死我死。'"这两段话表明,秦国不仅确实在军中实行了"连以五"的什伍连坐制度,而且父、兄、妻在送别开赴战场的子、弟、丈夫时所嘱咐的"不得胜,就不要回来""你在前方若违犯法令,你被处死,我也得被处死"的话表明,秦国军法中的什伍连坐制度确实是诛及战士的亲属。

在守城的情况下,老弱和妇女也要按军事编制组织起来,参加保卫城池,即《商君书·兵守》所说的"三军:壮男为一军,壮女为一军,男女老弱者为一军,此之谓三军也。""三军"的不同职责,《兵守》篇说:"壮男之军,使盛食、厉兵,陈而待敌。壮女之军,使盛食、负垒,陈而待令;客至而作土以为险阻及阱格……老弱之军,使牧牛马羊彘;草木之可食者,收而食之,以获其壮男女之食。"

秦国服兵役的年龄,据云梦秦简《编年纪》的记载,墓主人"喜"生于秦昭王四十五年(前263年),在秦始皇元年(前246年)"喜傅","傅"即法律规定的开始服兵役、徭役的年龄。前246年,喜十七岁(按中国的传统计令法应是十八岁)。可见,至少在秦始皇元年时,秦国实行男子十八岁始服兵役的制度。正因为十八岁是男子服兵役的法定年龄,所以,在公元前260年秦赵长平之战最紧张的时刻,秦昭王亲临前线,"赐民爵各一级,发年十五以上悉诣长平"(《史记·白起列传》)。这里,"发年十五以上"是作为特殊情况下的一种特殊决定而被记入史册的。

至于秦国免服兵役的年龄,先秦文献和云梦秦律并无明确记载。据《汉旧仪》所记:"秦制二十爵,男子赐爵一级以上有罪以减,年五十六免。无爵为士伍,年六十而免老。"可见,秦国免服兵役的年龄,很可能是有爵者年五十六,无爵者年六十免老。

如果军士服役的期限未满而回乡，要被罚作戍边。《屯表律》的"冗幕归，辞曰日已备，致未来，不如辞，赀日四月居边"（简·145）。即是说：应募的军士回乡，声称服役期限已满，但是证明其服役期满的文券未到，这种情况与本人所说不符，罚居边服役四个月。

军事训练

秦国的军队，训练有素，在战国"七雄"中战斗力最强。因此，荀况说："齐之技击，不可以遇魏氏之武卒；魏氏之武卒，不可以遇秦之锐士。"（《荀子·议兵》）

秦国关于军事训练的法规，对官兵要求甚严。见诸《秦律杂抄·除吏律》的，有如下三条；

> 除士吏、发弩啬夫不如律，及发弩射不中，尉赀二甲；
> 发弩啬夫射不中，赀二甲，免，啬夫任之；
> 驾驺除四岁，不能驾御，赀教者一盾；免，偿四岁徭戍。

这三条律文是说：

任用士吏或发弩啬夫不合法律规定，以及发弩射不中目标，县尉应罚二甲；

发弩啬夫射不中目标，应罚二甲，免职，由县啬夫另行保举；

驾驺已任用四年，仍不能驾车，罚负责教练的人一盾；驾驺本人应免职，并补服四年内应服的徭役。

以上三条律文，是秦国地方政权平时训练官兵的军事法规。有关正规部队军中训练的法规，我们只能从《尉缭子》书中了解到一些情况。《尉缭子·兵教上》说：

> 伍长教其四人，以板为鼓，以瓦为金，以竿为旗。击鼓而进，低旗则趋，鸣金则退，麾而左之，麾而右之，金鼓俱击而坐。伍长教成，合之什长；什长教成，合之卒长；卒长教成，合之伯长；伯长教成，合之兵尉；兵尉教成，合之裨将，裨将教成，合之大将。大将教之，陈于中野，置大表三百步而一。既陈，去表百步而决，百步而趋，百步而鹜，习战以成其节。乃为之赏罚。

即是说：

伍长教练伍内四人，用木板代鼓，用瓦器代金，用竹竿代旗。击鼓就前进，把旗放低就快跑，鸣金就后退，指挥向左就向左，指挥向右就向右，金鼓齐鸣就坐下。伍长教练好了，由什长集合教练；什长教练好了，由卒长集合教练；卒长教练好了，由伯长集合教练；伯长教练好了，由兵尉集合教练；兵尉教练好了，由裨将集合教练；裨长教练好了，由大将集合教练。大将教练他们，在野外排成阵势，进行演习。演习时树立三个大标杆，每隔百步树立一个。军队列阵完毕，在距第一个标杆百步时演习决斗，在距第二个标杆百步时演习快步前进，在距第三个标杆百步时演习跑步急进。反复演练使军队完全掌握各种要领，然后根据演练好坏进行赏罚。

《勒卒令》上的"百人而教战，教成合之千人，千人教成合之万人，万人教成会之于三军。三军之众有分有合，为大战之法，教成试之以阅"，同《兵教上》所述可互为补充。

《兵教上》又说："至什以上，至于裨将，有不若法者，则教者如犯法之罪",是说由什长以上直到裨将,有不按教令行动的,则负责教练的各级军官,应和犯法的人同罪。

秦国的军事训练,造就了无敌于六国的秦军。《战国策·韩策一》曾记载当时人的如下一段评论:

> 秦马之良,戎兵之众,探前趹后,蹄间三寻者,不可称数也。山东之卒,被甲蒙胄以会战,秦人捐甲徒裎以趋敌,左挈人头,右挟生虏。夫秦卒之与山东之卒也,犹孟贲之与怯夫也;以重力相压,犹乌获之与婴儿也,夫战孟贲、乌获之士,以攻不服之弱国,无以异于堕千钧之重,集于鸟卵之上,必无幸矣。

军营管理

对军队宿营营区的管理,《商君书·兵守》对守城士兵营区的设置,提出了"慎使三军无相过"的规定,其理由是:"壮男过壮女之军,则男贵女,而奸民有谋,而国亡;喜与,其恐有蚤闻,勇民不战。壮男、壮女过老弱之军,则老使壮悲,弱使强怜。悲怜在心,则使勇民更虑,而怯民不战。故曰:慎使三军无相过,此盛力之道。"

《商君书·画策》的"行间之治连以五,裨之以章,束之以令"表明,徽章作为士兵的重要标记,在军营的管理中是必不可少的。

《尉缭子·分塞令》论述军营营区的划分、警戒、禁令以及营区各级军官权限,其目的在于维持营区秩序和防止奸细潜入,是一部完整的军营管理法规,其具体规定如下:

中军、左、右、前、后军，皆有地分，方之以行垣，而无通其交往。将有分地，帅有分地，伯有分地，皆营其沟域，而明其塞令，使非百人无得通。非其百人而入者，伯诛之；伯不诛，与之同罪。军中纵横之道，百有二十步而立一府柱，量人与地，柱道相望，禁行清道，非将吏之符节，不得通行。采薪之牧者，皆成行伍，不成行伍者，不得通行。吏属无节，士无伍者，横门诛之，踰分干地者诛之。故内无干令犯禁，则外无不获之奸。

这项法规是说：

中军和左、右、前、后各军，都有划分的营区，营区的四周围有矮墙，不能通其往来。将有营区，帅有营区，伯有营区，各营区周围都挖有界沟，并明确颁布营区的禁令，不是同伯的人不得相互通往。不是同伯的人擅自进入营区，伯长要惩罚他们；伯长如不惩罚他们，与擅入营区者同罪。军营中纵横的道路，每一百二十步设一岗，根据人数和地形使岗哨能监视到各条道路，限制非法通行，保障道路通畅。没有将吏的符节，不准通行。打柴和放牧人员要整队行动，不成队伍的不准通行。官吏没有符节，士兵没有整队的，由营门的警卫军官予以惩罚。越出自己营区而进入别人营地的也要予以惩罚。这样，军队内部没有触犯禁令的官兵，外来的奸细也就不难查获了。

上述营区管理法规，虽不能说它就是秦国营区管理法规的原文，但它的制定必然要有依据。秦国在军营的管理上大体执行这样的法规，也是完全可能的。

旗章号令

旗章号令作为管理和指挥军队的手段与工具，在战国时期各国的军队中都已普遍施行。《尉缭子》书中的《经卒令》和《勒卒令》，对旗章号令的使用和目的均有详细的规定，可以用来了解秦国有关旗章号令的法规。《勒卒令》规定：

> 金鼓铃旗四者各有法。鼓之则进，重鼓则击。金之则止，重金则退。铃，传令也。旗麾之左则左，麾之右则右。奇兵则反是。一鼓一击而左，一鼓一击而右。一步一鼓，步鼓也；十步一鼓，趋鼓也；音不绝，骛鼓也；商，将鼓也；角，帅鼓也；小鼓，伯鼓也。三鼓同则将、帅、伯其心一也。奇兵则反是。鼓失次者有诛，喧哗者有诛，不听金鼓铃旗而动者有诛。

这项法规是说：

金、鼓、铃、旗这四种指挥工具有各自的用法：第一通鼓，部队前进；第二通鼓，部队出击。第一次鸣金，部队停止行动，第二次鸣金，部队撤退。军旗指挥部队向左，部队就向左进，指挥向右就向右进。但用"奇兵"出击，指挥讯号则与上述相反。有时一阵鼓声是令部队向左出击的，有时一阵鼓声是令部队向右出击的。走一步击一下鼓，是慢步行进的鼓声；走十步击一下鼓，是快步行进的鼓声；鼓声不断，是跑步行进的鼓声。发出"商"音的，是将使用的鼓；发出"角"音的，是帅使用的鼓；发音细小的，是伯使用的鼓；三种鼓声同时响起，表示将、帅、伯的意图一致。但使用"奇兵"出击，同上述指挥讯号相反。击鼓者，鼓音混乱有罚，士兵大声喧哗者有罚，不听金、鼓、铃、旗指挥而擅自行动者有罚。

关于军中旗章的使用，《经卒令》规定：

经卒者，以经令分之为三分焉。左军苍旗，卒戴苍羽；右军白旗，卒戴白羽；中军黄旗，卒戴黄羽。卒有五章：前一行苍章，次二行赤章，次三行黄章，次四行白章，次五行黑章。次以经卒，亡章者有诛。前一五行置章于首，次二五行置章于项，次三五行置章于胸，次四五行置章于腹，次五五行置章于腰。如此，卒无非其吏，吏无非其卒。见非而不诘，见乱而不禁，其罪如之。

上述法规是说：管理军队，按《经卒令》把部队分为三军。左军用青旗，士兵戴青色羽毛；右军用白旗，士兵戴白色羽毛；中军用黄旗，士兵戴黄色羽毛。士兵所佩戴的徽章有五种：第一行戴青色徽章，第二行戴红色徽章，第三行戴黄色徽章，第四行戴白色徽章，第五行戴黑色徽章。按照上述次序管理士兵，遗失徽章的要予以处罚。第一个五行的士兵要把徽章佩戴在头上，第二个五行的士兵要把徽章佩戴在颈上，第三个五行的士兵要把徽章佩戴在胸前，第四个五行的士兵要把徽章佩戴在腹部，第五个五行的士兵要把徽章佩戴在腰间。这样，士兵就不会认错他的官长，官长也不会认错他的士兵。如果官长发现不是他属下的士兵而不加盘问，见到行列混乱而不加以制止，这样的话，官长就要和违犯军纪的士兵同罪。

军事指挥

秦律规定，军队的指挥权，在于将帅。据《尉缭子·武议》记载,"吴起临战,左右进剑。起曰:将专主旗鼓耳。临难决疑,挥兵指刃,此将事也;一剑之任,非将事也。"这是吴起在魏国担任西河郡守同秦军临战时所说的话。吴起认为:将帅的职责只在于发号施令,在危急时解决疑难,指挥军队去作战,这才是将帅的职责;而拿起兵器与敌人直接搏斗,不是将帅的职责。吴起的这一理论,在秦国被定为军事法规:

《秦律杂抄》的"故大夫斩首者,迁",即是说:大夫的职责在于指挥作战。如放弃这一职责而去斩敌首级,邀功请赏,要处以流刑。此外,《商君书·境内》的"其战,百将、屯长不得斩首",据朱师辙的《商君书解诂定本》解释:"百将、屯长责在指挥,故不得斩首。"可见,《商君长·境内》所提出的这一理论,同《秦律杂抄》的法律规定是相一致的。

秦律虽然规定了战场上的军事指挥权在于将帅,但调兵权却在于国君。将帅设有调动军队的权力。据新郪虎符的铭文记载:"甲兵之符,右在王,左在新郪,凡兴士被甲用兵五十人以上,必会王符,乃敢行之。燔燧事,虽毋会符,行也。"可见,在一般情况下,没有国君的命令,便不可以调动五十人以上的军队,调兵权完全掌握在秦王手中。

降敌处理

对于投降过来的敌军官兵,《秦律杂抄》有如下一条规定:"寇降,以为隶臣。"即是说:敌寇有投降过来的,罚作"隶臣",即为国家服役的刑徒。

战场纪律

《尉缭子》书中的《将令》《重刑令》《束伍令》等篇，对战场上官兵所应遵守的纪律，有很多严格的规定。而见于《法律答问》的，有两条律文，是一奖一惩。

"广众心，声闻左右者，赏。"将军材以钱若金赏，无恒数。（简·173）

即是说："能振作士气使将军知道他的名声的人，应予赏赐。"由将军酌量赏给钱或黄金，没有固定数目。

"誉敌以恐众心者，戮。"戮者何如？生戮，戮之已乃斩之之谓也。（简·173）

即是说："赞扬敌人而动摇军心的人，应杀戮。"什么叫"戮"？先活着刑辱示众，然后斩首。

关于作战纪律，《秦律杂抄》还有：

军新论攻城，城陷，尚有栖未到战所，告曰战围以折亡，假者，耐；屯长，什伍知弗告，赀一甲；伍二甲。

这是在已经攻陷敌城，某士卒却迟迟没有进入战场，但报告人却说"未到者在包围战中死伤"，结果当事人和屯长，什长、伍长都被处以刑罚。

在战场上不勇敢杀敌，亦有处罚。《商君书·境内》的"陷队之士……不能死之，千人环窥鲸剐于城下"，是说参加由隧道攻城的士兵，如不肯冒死作战，就在千人围观之下，处以刺字割鼻的刑罚。

对于战争中被敌人俘虏后又归来的人，秦法一律给以严厉的处分。《秦律杂抄》：

> 战死事不屈，论其后。又后察不死，夺后爵，除伍人；不死者归，以为隶臣。

这是说：在战争中死事不屈，应将爵授予其子。如后来察觉该人未死，应褫夺其子的爵位，并惩治其同伍的人；那个未死的人回来，罚作隶臣。

军功授爵

秦国自商鞅变法始，实行按军功授爵，这在先秦文献中多有所记，本书在前文中已经多有论述。关于按军功授爵的具体情形，据《商君书·境内》记载：

> 其战，百将、屯长不得斩首；得三十三首以上，盈论，百将、屯长赐爵一级。……能攻城围邑，斩首八千以上，则盈论；野战，斩首二千，则盈论，吏自操及校以上大将，尽赏行间之吏也：故爵公士也，就为上造也；故爵上造，就为簪袅；就为不更。故爵为大夫，爵吏而为县尉，则赐虏六，加五千六百。爵大夫而为国治，就为官大夫；故爵官大夫，就

为公大夫；就为公乘；就为五大夫，则税邑三百家。故爵五大夫……大将、御、参皆赐爵三级。故客卿相，盈论，就正卿。……能得甲首一者，赏爵一级，益田一顷，益宅九亩，除庶子一人，乃得入兵官之吏。

在作战中，百将和屯长所率领的士卒如获得敌人三十三颗首级以上，便完成朝廷规定数目，给百将、屯长各赏赐爵位一级。……能围攻都邑城堡，斩首八千以上，或在野战中斩首两千以上，都是满了朝廷所规定的数目。这样，军吏自操、校（军爵自一级以下，命曰校、徒、操、士）以上一直到大将，都要给予赏赐。原来爵位是公士（一级）的升为上造（二级），原是上造的升为簪袅（三级），原为簪袅的升为不更（四级），原来爵位是大夫（五级）改军爵为官吏，升为县尉，赏赐奴仆六名，赏给五千六百钱。原来爵位是大夫，就让他掌管一种政务，升为官大夫（六级），原是官大夫的升为公大夫（七级），原是公大夫的升为公乘（八级），原来是公乘的升为五大夫（九级）赏赐给三百户的地税。……大将、车御、骖乘都赏爵三级。原来是客卿的，升为正卿。……士兵能杀死敌方甲士一人并获其首级者，赐爵一级，赏田一顷，可役使庶子一人，可以充任军队或衙门的官吏。

对于围攻城邑的士卒，其奖励办法，按照《商君书·境内》的规定，具体措施如下：

围攻敌国城邑，由国司空测量城墙的宽窄厚薄，国尉按土方划分出地段，让徒、校进行攻打，立下期限说："先攻入者评为头等功，后攻入者评为末等功，再次的不评功。"由隧道进攻的士兵，每队十八人，只许勇猛战斗，不准后退。每队如能斩敌五人，由隧道进攻的战士每人赐爵一级。

关于授爵的具体办法,《境内》篇规定:

> 以战故,暴首三日,乃校三日,将军以不疑致士、大夫劳爵。其县过三日,有不致士大夫劳爵,罢其县四尉,訾由丞尉。

即是说:由于战争的缘故,把士兵所得敌人的首级数目公布三天,检查三天,将军没有怀疑,就按照官兵斩敌首级的数目赏赐给士、大夫应得的爵位。如果过了三天还不赐给士、大夫应得爵位,则罢免县府的四个尉官,由县丞和县尉来审判。

如果战士在作战中死亡,他所应得的爵位则由其家中的一人来继承,即《境内》篇所说的"陷队之士……死,则一人后"。《秦律杂抄》的"战死事不屈,论其后",也是规定战死者由其子继承爵位。

《军爵律》有如下的一条规定:

> 从军当以劳论及赐,未拜而死,有罪法耐迁其后及法耐迁者,皆不得受其爵及赐。其已拜,赐未受而死及耐迁者,予赐。

这条规定是说:从军有功应受爵和赏赐的,如果尚没有拜爵时本人已死,而其后嗣有罪依法应耐迁的,以及本人依法应耐迁的,都不能得到爵位和赏赐。如已经拜爵,但还没有得到赏赐,本人已死及依法应耐迁的,仍给予赏赐。

可见,接受封爵之前和接受封爵之后,待遇竟如此不同。秦律这项规定的根据是:已经拜爵的,则是有爵位的人;应拜爵而尚未拜爵的，还不是有爵位的人。事实上有爵与无爵在法律上的待遇并不平等，这是秦律的原则之一。

正因为秦国实行按斩敌首级的军功来授爵，所以获得敌人首级便成了士卒所追逐的目标。《封诊式》中有两则士兵争夺敌人首级的案例一事表明，秦国确实实行了以斩敌人首级多少来授予爵位的法律。

按军功获得爵位，是同获得政治、经济上的特权联系在一起的。这些特权，本书前文已有所论述。这里，介绍《军爵律》的后半部分律文：

> 欲归爵二级以免亲父母为隶臣妾者一人，及隶臣斩首为公士，谒归公士而免故妻隶妾一人者，许之，免以为庶人。工隶臣斩首及人为斩首以免者，皆令为工。其不完者，以为隐官工。

这段律文是说：要求退还爵位二级，用来赎免现为隶臣妾的亲生父母一人，以及隶臣斩获敌首应授爵为公士，而请求退还公士的爵位，用来赎免现为隶臣的妻一人，可以允许，所赎的都免为庶人。工隶臣斩获敌首和有人斩首来赎免他的，都令作工匠。如果形体已有残缺，用作隐官工。军功爵所享有的特权，据《境内》篇的记载，还有：

> 其狱法：高爵訾下爵级；高爵罢，无给有爵人隶仆；爵自二级以上，有刑罪则贬；爵自一级以下，有刑罪则已。
> 小夫死，以上至大夫，其官级一等，其墓树级一树。

即是说：刑狱之法规定：爵位高的人审判爵位低的人；爵位高的人被罢官后，不给有爵位的人当奴仆；爵位在二级以上的犯了罪，就降爵；爵位在一级以下的犯了罪，就取消官爵。

小夫以上到大夫，如果死了，他的官级每高一级，就在他的墓上加种一棵树。

军事刑罚

秦国的军事法规，如同整个秦律一样，体现着"厚赏重刑"的原则，而军事法规的刑罚，尤为严酷。秦律中的诸种刑罚，见于军事法规之中的，赀一盾的有：

> 驾驺除四岁，不能驾御，赀教者一盾。（简·128）
> 徒卒不上宿，署君子、屯长、仆射不告，赀各一盾。（简·144）

赀一甲的有：

> 不当禀军中而禀者……令，尉，士吏弗得，赀一甲。（简·133—134）
> 城陷，尚有栖未到战所……屯长、什伍知弗告，赀一甲。（简·145）

赀二甲的有：

发弩啬夫射不中，赀二甲，免。（简·128）
　　夺中卒传，令、尉赀各二甲。（简·131）
　　不当禀军中而禀者，皆赀二甲，废。（简·133）
　　禀卒兵，不完缮，丞、库啬夫、吏赀二甲，废。（简·134）

赀戍一岁的有：

　　军人买禀禀所及过县……同车食，屯长、仆射弗告，戍一岁。（简·134）

赀戍二岁的有：

　　不当禀军中而搜者……非吏也，戍二岁。（简·133）
　　军人买禀禀所及过县，赀戍二岁。（简·134）

处以耐刑的有：

　　分甲以为二甲蒐者，耐。（简·131）
　　告日战围以折亡，假者，耐。（简·145）

处以黥劓之刑的有：

　　陷队之士知疾斗……不能死之，千人环窥黥劓于城下。（《商君书·境内》）

处以斩刑的有：

誉敌以恐众心者,戮。(简·173)

秦律军法极严,战士违纪,动辄处斩。《尉缭子》书中有关违犯军法处死的条令,有助于了解秦国军事法规中对官兵处死的规定:

亡长不得长,身死家残。(《束伍令》)
鼓行交斗,踰五行而后者有诛。(《经卒令》)
军无二令,二令者诛,留令者诛,失令者诛。……将军入营即闭门清道,有敢行者诛,有敢高言者诛,有敢不从令者诛。(《将令》)
三军大战,若大将死,而从吏五百人已上,不能死敌者斩,大将左右近卒在阵中者皆斩。(《兵令下》)

军事行政

军事行政是指国家各级行政部门与军事有关的政务活动。对于这些政务活动,秦律有一系列的法律规定。

关于军队的征发,《秦律杂抄》的"县毋敢包卒为弟子,尉赀二甲,免;令,二甲"(简·131),是说:县府不准把兵卒藏为弟子,违者县尉罚二甲,免职;县令罚二甲。至于士卒的免役即"免老",《秦律杂抄》规定:"百姓不当老,至老时不用请,敢为诈伪者,赀二甲;典、老弗告,赀一甲"。是说:百姓不应免老或应免老而不予申报,敢于弄虚作假者,罚二甲;里典,伍老不加告发,各罚一甲。

战时征发军队，有不服从命令者，予以严惩。《秦律杂抄》的"有兴，除守啬夫、假佐居守者，上造以上不从令，赀二甲"，是说：战时征发军队，任命留守的代理啬夫和佐，爵在上造以上的人不服从命令，罚二甲。至于士卒服役期满还乡，只要是证明其服役期满的文券未到，也要被罚居戍边四个月，即《秦律杂抄》所说的"冗募归，辞曰日已备，致未来，不如辞，赀日四月居边。"（简·145）

关于地方军队及军队后备人员的训练，《除吏律》的"发弩啬夫射不中，赀二甲，免，啬夫任之。""驾驺除四岁，不能驾御，赀教者一盾"，表明地方政府有关官员，平时有依法为军队训练射手和驾御战车后备人员的职责。

地方政府为士兵提供的武器装备，必须依法保证其质量。《秦律杂抄》的"稟卒兵，不完缮，丞、库啬夫、吏赀二甲，废"，是说：发给军卒兵器，质量不好，丞及库的啬夫和吏均罚二甲，撤职永不叙用。甚至在给武器涂色做标记时出现差错，主管人员也要受罚。《效律》规定："殳、戟、弩，漆丹相易也，勿以为赢、不备，以识耳不当之律论之"（简·122）。即是说：殳、戟和弩，涂黑色和涂红色的调换了，不要认为是越过或不足数的问题，应按标错次第的法律论处。

地方政府有为军队训练并选送军马的义务。《秦律杂抄》规定："募马五尺八寸以上，不胜任，奔絷不如令，县司马赀二甲，令、丞各一甲。先赋募马，马备，乃邻从军者，到军课之，马殿，令，丞二甲；司马赀二甲，废"（简·132）。这项规定是说：募马体高应在五尺八寸以上，如不堪使用，在奔驰和羁系时不听指挥，县司马罚二甲，县令、丞各罚一甲。先征取募马，马数已足，即在从军人员中选用骑士。到军后进行考核，马被评为下等；县令、丞罚二甲；司马罚二甲，革职永不叙用。

在军粮管理和发放上，冒领和倒卖军粮，均属严重犯罪。《秦律杂抄》规定：

> 不当稟军中而稟者，皆赀二甲，废；非吏也，戍二岁，徒食、屯长、仆射弗告，赀戍一岁；令、尉、士吏弗得，赀一甲。
>
> 军人卖稟稟所及过县，赀戍二岁；同车食，屯长、仆射弗告，戍一岁；县司空，司空佐史、士吏将者弗得，赀一甲；邦司空一盾。
>
> 军人稟所、所过县百姓买其稟，赀二甲，入粟公；吏部弗得，及令、丞赀各一甲。

上述法律规定是说：

不应自军中领粮而领粮的官员，皆罚以二甲，撤职永不叙用；如不是官吏，罚戍边二年。一起吃军粮的军人、屯长和仆射不报告，罚戍边一年；县令、县尉、士吏没有察觉，罚一甲。

军人在领粮地方和路经的县出卖军粮，罚戍边二年；同属一车而一起吃军粮的军人、屯长、仆射不报告，罚戍边一年；县司空，司空佐史、士吏监率者没有察觉，罚一甲；邦司空罚一盾。

军人领粮的地方和所路经的县的百姓买了军粮，罚二甲，粮食没收；该管的吏没有察觉，和县令、丞各罚一甲。

军用物资在运输的途中，依法不受地方政府的截夺，违令者严惩。《秦律杂抄》的"轻车、越张、引强、中卒所载传到军，县勿夺。夺中卒传，令，尉各赀二甲"，即是说：轻车、越张、引强、中卒用传车运送到军队的物资，县不得截夺。夺取中卒传送的物资，县令、县尉各罚二甲。

213

第九章　秦律中的民事法律规范

在云梦秦律中，大部分是关于刑法、刑事诉讼法和行政管理法规方面的内容，而有关民事的法律规范，则零散地见于有关刑法、行政管理法规以及其他法律文书之中，单行的民事法规则极为少见。秦律的这一特点，是为秦国的政治经济制度所决定的。

名籍和户籍

在秦律中，确有关于名籍与户籍的法规，这应当是没有疑问的。只是这种单行法规，至今尚未发现。早在公元前375年，秦献公颁发"为户籍相伍"法令起，秦国便建立了户籍制度。商鞅在秦国变法，则把已经建立的户籍制度和什伍连坐联系起来。而名籍制度，据《商君书·境内》的记载："四境之内，丈夫女子皆有名于上，生者著，死者削。"可知，在商鞅变法之后秦国已实行名籍制度。

名籍即向官府登记名字，原则是"生者著，死者削"，即出生时向官府登记注册，死亡后向官府报告注销。

与名籍制度相联系的是户籍制度。《法律答问》解释说："何谓同居，户为同居"（简·160）。可见，户是指在一起居住的家庭及其所有成员。

在秦国，除官私奴婢以及赘婿和后父之外，均有组建家庭、单立为户的权利。每户家庭被依法编入什伍组织，著于官府的簿籍。

秦国政府所实行的名籍和户籍制度，最初主要是为了利于征兵和收税，后来又用于加强对人民的直接统治。但是，对于秦国的居民来说，名籍和户籍是和权利与义务联系在一起的。取得名籍和户籍的人，可依法享有分得土地、其私有财产和人身安全受法律保护等项权利，同时也负有缴纳赋税、服徭役和兵役等项义务。而没有名籍或户籍的官私奴婢以及赘婿、后父等，则不完全享有上述的权利，得不到法律上的保护。

在云梦秦律中，附有《魏户律》。竹简的主人"喜"抄录魏国《户律》并同秦国的大量法律文书放在一起，可知这项法令在秦国亦被奉行。《魏户律》的条文是：

> 廿五年闰再十二月丙午朔辛亥，告相邦：民或弃邑居野，入人孤寡，徼人妇女，非邦之故也。自今以来，假门逆旅，赘婿后父，勿令为户，勿予田宇。三世之后，欲仕仕之，仍署其籍曰：故某闾赘婿某叟之仍孙。

这条律文是说：二十五年闰十二月初六，王命令相邦：有的百姓离开居邑，到野外居住，钻进孤寡的家庭，谋求人家的妇女，这不是国中原有的现象。从现在起，经营商贾和客店的，给人家做赘婿的，都不准立户，不分给田地房屋。这种人在三代以后，要做官的才准许做官，不过要在簿籍上写明是已故某闾赘婿某人

215

的曾孙。

《魏户律》律文表明，商贾、旅店主人和赘婿、后父都不许"立户"，因而也不享有分得土地、房屋的权利，也不许出任官吏。只有到第三代之后即他们的曾孙时，才有出任官吏的资格；但还要簿籍中注明是某闾赘婿的曾孙。

户籍是同住所直接联系在一起的。秦国实行限制居民迁徙的政策。《商君书·垦令》的"使民无得擅徙"，就是不允许居民擅自迁徙。如果迁徙，需经过地方官的批准，向官府办理"更籍"手续，转移户口。《法律答问》的"甲徙居，徙数谒吏，吏环，弗为更籍，今甲有耐、赀罪，问吏何论？耐以上，当赀二甲"（简·213—214）。即是说：甲迁居，请求吏迁移户籍，吏加以拒绝，不为他更改户籍，如甲有处耐刑、罚款的罪，问吏应何论处？答曰：甲罪在耐刑以上，吏应罚二甲。可见应当迁移户籍的，负责官吏拒不办理，当事人如犯有耐罪以上，负责户籍的官吏要予以罚二甲的处分。

秦律严禁在登记户口时弄虚作假。《傅律》的"匿敖童，及占癃不审，典、老赎耐"（简·143），是说：隐匿成童，及申报废疾不确实，里典、伍老应赎耐。可见，在登记户口时，要有伍老、里典的签证手续，方能入籍生效。因此，伍老、里典如从中弄虚作假，要处以"赎耐"的刑罚。

《傅律》的这条律文还表明，登记户口时不仅要写明姓名、年龄，而且要写明身体是否有残废、疾病等情况。可以推断，先是百姓自报，然后由伍老、里典审查核对：里典发现申报不实，要向上级官府报告，否则，典、老要受到惩罚。

在秦国的法律诉讼文书中，当事人必须写明住所，如"某里士伍甲""居某县某里"以及"居它县，辄移居县责之"等。

秦国的户籍除上述的户籍即"傅籍"（主要为征发徭役用的）之外，还有所谓"弟子籍"。《秦律杂抄·除弟子律》的律文是："当除弟子籍不得，置任不审，皆耐为侯。使其弟子赢律，及笞之，赀一甲；决革，二甲。"这段律文是说：如有不适当地将弟子除名，或任用保举弟子不当者，均耐为侯。役使弟子超出法律规定，及加以笞打，应罚一甲；打破皮肤，罚二甲。参见《秦律杂抄》中的另一条佚各律文："县毋敢包卒为弟子，尉赀二甲，免；令，二甲。"可知：只有县令、县尉以上官吏的子弟才可以列入"弟子籍"，是官吏子弟的一种特殊的名籍册，凡列入"弟子籍"的，不仅享有被保举做官、不许官吏杖责的特权，而且也享有免役的特权。所以，县令、县尉如果把应当服役的"卒"列入"弟子籍"而逃避徭役或兵役，要受到罚二甲或罚二甲、撤职永不叙用的处分。

秦律中除了"更籍"外，还有所谓"削籍"，即取消（削去）户籍上的名字。秦律中的"削籍"，不是指"生则著，死则削"的因死亡而除名，而是一种惩罚。《游士律》的"有为秦故人出，削籍，上造以上为鬼薪，公士以下刑为城旦"，据高敏先生的解释，是指凡属秦国人逃亡出国境的，要削去其户籍上的名字，即不再承认其为秦国人；如果外逃不成，原有上造爵以上的判为鬼薪刑徒，有公士爵位以下的，则要刑为城旦刑徒。[见《云梦秦简初探》（增订本），河南人民出版社，第224—225页]

身份和权利

秦国的居民，由于他们在政治、经济上所处的地位不同以及其他种种原因，被区分为不同的身份，在民事法律关系中享有不同的权利和义务。

有官爵者、百姓("士伍")享有完全的人身权利,不是属于他人的奴隶和财产,他们可以占有奴隶。例如,在《封诊式》的若干案例中,有"士伍"占有男女奴隶的记载;有被任命为官吏的权利;有立功或输粟可以获得爵位的权利;拥有完全的财产权利。《封诊式·封守》曾记载一个"士伍"(即百姓)被查封的财产就有:堂屋一间、卧室二间(瓦盖,木构齐备),门前有桑树十株。

在秦国,爵位是和享有政治、经济上的特权联系在一起的。其中,六百石以上的县令或具有相应俸禄的政府官员,在二十级爵位中享有第九级爵位(即"五大夫")以上的,被称作"高官"或"高爵",享有更大的特权。

商贾、作务(手工业者)、赘婿、后父,是秦国享有部分权利的居民。这些人虽不像奴隶那样隶属于他人,但在重农抑商政策下,他们的人身自由却往往被剥夺,有时与罪犯同等对待。秦始皇三十三年"发诸尝逋亡人、赘婿、贾人略取陆梁地……以適遣戍",即一例。按《魏户律》律文规定,这些人没有被任命为官吏的权利,他们的子孙后代,三代之后才可以做官,但必须在档案中注明是赘婿的后代。这些人当中,商贾和作务可以立户并编入什伍组织之中,而赘婿和后父却丧失了单独立户的权利,并不被分配土地房屋。

隶臣妾和人貉也是享有部分权利的居民。隶臣妾是由官奴婢转化而来并终身服役于官府的刑徒,人貉是由私人奴婢转化而来的隶农。这两种人与奴隶不同,国家和主人不得随意将他们处死。《厩苑律》所规定的,从事放牧的"小隶臣","其非疾死者,以其诊书告官论之",即一例,隶臣虽不得出任官吏,但有服兵役的义务,因而也就有因军功而获得爵位的权利;一旦有了爵位,可以用爵位赎身，免除被奴役的身份，上升为庶人，当然也就可以出任官职了。《军爵律》的后半部分律文，就是说用爵位可以免除其父母、故妻的隶臣妾身份，"工隶臣斩首及人为斩首以免者，皆令为工。"从云梦秦律看，隶臣妾和人貉有属于自己的私有财产和分得的土地，受国家法律保护，并有结婚、建立家庭、自立门户的权利。

官私奴婢是秦国的奴隶。在云梦秦律中，私人拥有的奴隶，男奴称"人臣"或"人奴"，女奴称"人妾"或"妾"。官府奴隶即官奴婢，称"臣妾"。秦简行文中凡不与"主人"相对应的臣妾，多是指官奴婢而言。

官私奴隶作为国家或主人的财产，被视为自己的财产和牲畜，可以买卖和赠送他人，完全丧失了人身自由。秦律虽然规定主人不得随意杀死奴婢或私自用刑，但又规定"主擅杀、刑、髡其子、臣妾，是谓非公室告，勿听"，使得主人杀害奴婢的非法行为，在事实上往往不被追究。奴隶没有拥有财产的权力，根本谈不上单独立户。经主人同意，男女奴隶可以婚配，但不必到官府登记，不受法律保护，奴隶婚生子女仍然是奴隶。

来自外国的居民在秦国的法律地位，主要是就"游士""邦客""旅人"等人在秦国的权利和义务而言。凡是来自外国的游士、邦客以及招徕的农民，要编入名籍，置于秦国法律的管辖保护之下。如有违法犯罪行为，则适用秦国法律。《法律答问》的"邦客与主人斗，以兵刃、殳梃、拳指伤人"，则邦客便要被依法处以"赀以布"的惩罚。（简·189）

来自外国的居民，同秦国的百姓一样拥有人身权利、财产权利、婚姻权利和立户权利。据《商君书·徕民》记载，来自外国的垦荒农民，秦国政府实行免除三代徭役和十年田税以及免除本人兵役等优惠待遇。来自外国的商人，在秦国可以依法从事商业经营，但不得搞收买并偷运珠宝出境等走私活动。

来自外国的居民中,"游士"中的某些人以其本身所特有的知识和才能,在政治上享有充分的权利,可以因功而获得高级官职和爵位。如商鞅、张仪、范雎、蔡泽、吕不韦、李斯、赵高,都不是秦国人,但却官至丞相。其他文臣武将如司马错、王翦、蒙骜、尉缭、姚贾、茅焦、王龁、王贲、李信、王绾、冯劫、蒙恬、蒙毅等,都不是秦国人。他们来到秦国后,因功由客卿而为将为相,获得高官贵爵。

婚姻和家庭

据《史记·商君列传》记载,"商君曰:'始秦戎翟之教,父子无别,同室而居。今我更制其教,而为男女之别。'"可知,商鞅在变法时已注意到在家庭婚姻方面改变原有的落后习俗。

云梦秦律表明,除奴隶之外,凡成年男女均符合结婚条件。其中,除赘婿和后父外,均可单独立户。

在秦国,结婚要到官府去登记。《法律答问》的"女子甲为人妻,去亡,得及自出,小未盈六尺,当论不当?已官,当论;未官,不当论"(简·222)。即是说:女子甲为人之妻,私逃,被捕获以及自首,年小,身高不满六尺,应否论处?答曰:婚姻曾经官府认可,应论处;未经认可,不应论处。可见,凡是向官府登记的婚姻,是受到法律上的保护的。

关于夫妻双方在家庭中的地位,一方面,秦律维护男尊女卑,女子结婚后有到丈夫家生活的义务,丈夫是一家之主,妻子处于附属地位。例如:丈夫犯罪被处以流刑,妻子必须随丈夫到流放地共同生活。结婚之后的家庭财产包括妻子陪嫁的财产在内，均由丈夫支配。只有在"夫有罪，妻先告"的条件下，妻子的"媵臣妾、衣器"才不得被没收。但是，妻子犯罪服刑，其"媵臣妾、衣器"则"畀夫"，归丈夫所有。这就是《法律答问》的"夫有罪，妻先告，不收。妻媵臣妾、衣器当收不当？不当收。"又："妻有罪以收，妻媵臣妾、衣器当收，且畀夫？畀夫"（简·224）。秦律规定妻子"背夫去亡"有罪。《法律答问》的"女子甲去夫亡"，后与他人"相夫妻"，被捕获后，被处以"黥城旦舂"的刑罚（简·223）。丈夫则有"弃妻"的权利，但要向官府登记，否则双方都要受罚。《法律答问》的"弃妻不书，赀二甲。其弃妻亦当论不当？赀二甲。"可见，弃妻不向官府登记，双方都要被处以"罚二甲"的惩罚。

另一方面，秦律又保护妻子的人身有不受丈夫侵犯的权利。《法律答问》的"妻悍，夫殴治之，决其耳，若折肢指、胅体，问夫何论？当耐"（简·185）。即是说：妻凶悍，其夫加以责打，撕裂了她的耳朵，或折断了四肢、手指，或造成脱臼，问其夫应如何论处？应处以耐刑。此外，妻子和丈夫有平等的"告奸"权利。丈夫有罪，妻子有权告发。秦律要求夫妻相互忠诚："女子去夫而亡"，与他人"相夫妻"要受到"黥为城旦舂"的刑罚；而"夫为寄豭，杀之无罪"（《史记·秦始皇本纪》）。因此，男女通奸，双方都被认为是犯罪。《封诊式·奸》就是记载某士伍捉拿到一对白昼通奸的男女并送到官府问罪的案例。

婚姻关系的解除，首先与夫妻一方的死亡相连。生存一方的再婚，多在于男子。丈夫死而妻子改嫁，除没有儿子的外，如果是属于"有子而嫁"的，则被认为是"背死不贞"。如果女子对自己的婚姻不满，背夫逃亡并与他人结婚，要被"黥为城旦舂"；而秦律

221

有关"弃妻"的规定,则在事实上给予男子单方提出离婚的权利,而女子则没有这种权利。

在家庭中,父家长对全家拥有绝对的权力,他有权支配家中的一切财产,还有为其子女择妻、选婿的权利。特别是父母对其亲生子女(更不必说对家内的奴隶)事实上拥有生杀的权利。秦律中虽有"擅杀子黥为城旦"的规定,但在诉讼程序上秦律又规定"父母擅杀、刑髡子及奴妾,不为公室告",而且"非公告,勿听",这就等于在事实上使父母擅杀子女或奴隶不受到刑罚上的追究,默认父母擅自杀死其亲生子女或奴隶的权利。至于父母鞭打子女,这非但不是违法,而且是被统治阶级所提倡的教育子女的必要方式之一。因此,《吕氏春秋·荡兵》说:"怒笞不可偃于家"。

父母对其子女所拥有的绝对支配权力,以亲生子女为限。《封诊式·告子》中的"甲亲子同里士伍丙不孝""甲亲子,诚不孝甲所",都是必须首先从血统上辨认是否是"亲子",然后才能确定"不孝"一罪的成立与否。没有血缘关系的养父(即"假父")和继父对养子(假子)和继子则没有上述那种权力。《法律答问》的"假父盗假子……当为盗"(简·159)、"士伍甲无子,其弟子以为后,与同居,而擅杀之,当弃市"(简·181—182),表明养父和继父对养子和继子的生命财产不拥有支配的权力,擅自杀死继子,要处以"弃市"的死刑。

父家长对亲生子女所拥有的绝对权利,不适用经官方认可的爵位继承人。《法律答问》的"擅杀、刑、髡其后子,谳之。何谓后子?官其男为爵后,及臣邦君长所置为太子,皆为后子"(简·182)。即是说:擅自杀死、刑伤或髡剃其后子的,均应定罪。什么叫"后子"?答曰:经官方认可其子为爵位的继承人,以及臣邦君长立为后嗣的太子,都是"后子"。可见,即或是亲生儿子,如被官方认定为官爵继承人，如伤害要依法论罪。

父家长对子女财产的支配权，以同居为限。如果儿子壮年分居立户，父亲则失去了对儿子财产的支配权力。早在商鞅变法时，秦国就颁发过"民有二男不分异者倍其赋""令民父子兄弟同室内息者为禁"的法令，以造就更多的个体家庭，以利于发展生产和征收赋税。《法律答问》的"父盗子，不为盗"表明，分户后父亲便失去支配儿子财产的权力，否则便不会出现"父盗子"的现象。所谓"不为盗"，只不过是不按盗窃罪论处而已。

所有权

所有权是指所有人对所有物的占有、使用和处置的权利。秦律所承认和保护的所有权，有国家所有权和私人所有权两种。

秦律所承认和保护的国家所有权的客体极为广泛，如土地、山脉、河流、荒原、牧场、矿山以及国家所直接经营的种植园、农场、畜牧场，国家所直接经营的官府手工业如采矿、冶铁和铁器制造、冶铜和铜器制造、兵器制造、造车、铸钱、漆器、纺织等。此外，国家还对大量的生活资料如粮食、布帛拥有所有权。

国家所有权在发生方法上有：收归国有、战争掠夺、征收赋税、国营农牧场和手工业工场收入、徭役和刑徒的劳动果实、籍没和罚金、赎金收入、官府放债、卖爵得粟以及外贸收入等。

凡属国家所有的财产，均由国家专门的经济机构即治粟内史进行管理，所有权属于国家。而中央政府中的另一个财物管理部门即少府，则是管理皇室私有财产的机构。但是，在封建专制政体下，皇帝对国家财产往往拥有支配的权利。

私人所有权包括私人所拥有的生产资料和生活资料如土地、牲畜、奴隶、工具、房屋、林木、粮食和各种生活用品。私人所有权在发生方法上有：国家赏赐（因斩首、告奸、捕盗立功或耕织成绩卓著）、剥削收入（各级地主、大商人、大手工业作坊主、大高利贷者的剥削收入以及私人奴婢的劳动果实）、劳动收入（个体农民、手工业者的劳动收入）。此外，秦律也承认通过继承所取得的财产所有权。

秦律把打击盗窃犯罪列为刑律之首以及对盗窃犯罪惩治的从重从严（即所谓"重罚者，盗贼也"），体现了秦律把保护国家财产和私有财产的所有权，列为自己的首要任务。如果是国家官员贪污盗窃或有其他凭借职权而损公肥私、侵犯国家或私人财产等行为，秦律均从严治罪。

对于涉及公私所有权的属于民事纠纷的一些民事案件，秦律除有时用民法的手段去加以解决外，也常常用刑罚的手段去解决，反映了秦律的刑、民不分即秦律民事立法的极不发达。

在云梦秦律中，《封诊式·争牛》是一件属于财产纠纷的民事案例。在案例中，某里公士甲和士伍乙为争讼一头丢失的黑色母牛归谁所有，到官府告状，以求得到法律的判决。案例的译文是：

> 某里公士甲和士伍乙一起带来牛一头，系黑色母牛，系有长套绳，有角，报告说："这是甲、乙的牛，丢失了，甲、乙都认为是自己的，一起带来争讼，"当即命令史某检查牛的牙齿，牛已六岁。

这个案例表明：当财产归属发生争执时，当事人有权向官府起诉，官府亦有责任为诉讼人确认财产的归属，以实现所有者对所有物的所有权。

借用官府器物要按期如数归还，见于《工律》的如下规定：

> 假器者，其事已及免，官辄收其假，弗亟收者有罪。

即是说：借用官府器物的，其事务已完和免除时，官府应即收回所借器物，不及时收回的有罪。

秦律还规定损坏国家或私人财物的，要给予赔偿。《工律》规定：

> 其假百姓甲兵，必书其久，受之以久。入假而无久及非其官之久也，皆没入公，以赍律责之。

即是说：百姓领用武器，必须登记武器上的标记，按照标记收还。缴回所领武器而上面没有标记和不是该府标记的，均没收归官，并依《赍律》责任赔偿。《工律》中的另一条律文"毁伤公器及□者令偿"，也是说损坏公物要依法给予赔偿。

损坏私人财物要给予赔偿，可参见《法律答问》中的如下一段问答：

> 甲小未盈六尺，有马一匹自牧之，今马为败，食人稼一石，问当论不当？不当论及偿稼。（简·218）

这段问答表明，牧马损坏他人禾稼，是要给予赔偿的。甲所以没有赔偿，一是甲尚未成年，二是马被他人吓惊而闯入农田。即使有上述两条客观上的特殊理由，事情还是作为该不该赔偿的问题提出来，可见在一般情况下，牧马损坏他人禾稼是应给予赔偿的。

秦律对侵犯所有权的犯罪行为，在追究刑事责任的同时，还要实现所有者对所有物的所有权。《法律答问》中有如下一个案例："人臣甲谋遣人妾乙盗主牛，卖，把钱偕邦亡，出缴，得，论各何也？"（简·152）是说：男奴甲主谋叫婢女乙偷主人的牛，把牛卖掉，带着卖牛的钱一同逃越国境，出边塞时，被拿获，问各应如何论处？回答是："当城旦黥之，各畀主。"即是说：男女奴隶应当都被按城旦的样子施以黥刑，然后将他们分别交还给他们的主人（因为奴隶是属于主人的财产）。

《法律答问》中还引用了"盗徙封，赎耐"的秦律律文（简·178），它表明：私下移动标志土地归谁占有、使用的"地界"，要予以"赎耐"的刑事处罚，既保护了土地占有者、使用者实现自己的所有权，也使非法妨害他人实现其合法所有权的人，被追究刑事上的责任。

债权

债权作为所有权转移的一种形式，从秦律上看，它的发生有如下几种形式。

债权人与债务人以契约的形式而发生的债的关系，在当时较为普遍。契约犹如"符节"，分为左券、右券，由债权人持右券。文献记载中的"持右券以责"，就是说债权人凭借着手中的右券，便可以使债务人依法承担义务。如果债权人丢失了右券，就等于丧失了债权。《法律答问》的"何谓亡券而害？亡校券右为害"（简·228）解释道：什么叫"丢失契券而造成危害"？答曰：丢失了作为凭证的右券,为造成危害。

云梦秦律中关于百姓之间因契约而发生的债的关系,记载较少;见于记载的,多是属于官府与百姓之间使用借贷的债务关系,如百姓向国家借用铁犁、公器、公甲兵、公车等,也有属于粮谷、钱币方面的借贷。在这种借贷中,作为债务人的百姓,必须按期向债权人官府交还借用的器物、粮谷和钱币。

因非法侵犯而发生的债的关系,如某人财物被盗,被盗人有依法向被捉拿的盗窃犯索还原物或赔偿损失。《法律答问》的"盗盗人,卖所盗,以买它物,皆畀其主"(简·160)。是说:盗窃犯行窃后,将所窃出卖,另买他物,均应给还原主。

不当得利人与利益所有人之间的债务关系,在秦律中亦有反映。《除吏律》的"驾驺除四岁,不能驾御,赀教者一盾;免,偿四岁徭戍。"是说驾驶战车的人,经过四年的训练,仍不能掌握驾车技能,除免除本人担任这一职务外,还要补服四年内应服的徭戍。这是因为,驾车手在受训的四年中免服徭戍,如果受训者不合格,他在受训的四年中所免服的徭戍,便成了"不当得利",国家有权依法追回,这便发生了由于不当得利而发生的债的关系。

因损失公物而发生的债的关系,如官吏失职使国家财产蒙受损失,失职官吏除受到行政上的处分外,还有义务偿还和赔偿损失,履行其应负的债务。如《仓律》的"杂者勿更;更之而不备,令令、丞与偿不备",即是说:共同出仓的人员中途不要更换;如更换了而出现不足数的情况,要责令县令、县丞同他们一起赔偿。

关于债务担保人,在云梦秦律中有如下三种情形:

官方经手人担保,即由经手的官吏作为债务的担保人。如果债务人不能履行义务,则由经手的官吏代为履行。《金布律》的"百姓假公器及有债未偿,其日蹙以收责之,而弗收责,其人死亡……

令其官啬夫及吏主者代偿之。"即是说：百姓借用官府器物和负债未还，时间足够收回，而未加收回，该人死亡……令该官府啬夫和主管其事的吏代为赔偿。

私方经手人担保，这种情形可见于使用借贷的一方，是经过第三者从国家借得某种可以使用的器物，则私方经手人便成为该项借贷的担保人。《工律》所规定的"公事馆舍，其假公，假而有死者，亦令其舍人任其假"，是说：因有官府事务居于官舍，如借用官有器物，借者死亡，应令其舍人负责。这里，居于官舍的官吏，经他舍人借用的公物，如果官吏死亡，则其舍人便因为是私方的经手人而代为履行义务，事实上成为私方担保人。

共同担保，见于《工律》的"邦中之徭及公事馆舍，其假公，假而有死亡者，亦令其徒、舍人任其假，如从兴戍然。"即是说：在都邑服徭役和因有官府事物居于官舍，如借用官有器物而借者死亡，要令服徭役的徒众负责，和参加屯戍的情形一样。这里，一同出徭役的人，事实上成了借贷的共同担保人。

关于债的变更，《金布律》规定："有债于公及赀、赎者居它县，辄移居县责之。公有债百姓未偿，亦移其县，县偿。"即是说：欠官府债和被判处赀、赎者住在另一县，应即发文书到所住的县，由该县索缴。官府欠百姓债而未偿还，也应发文书给百姓所在的县，由该县偿还。

关于债务的履行，如果是履行了债的内容，达到了债的目的，从而解除债的关系，这属于正常现象。如果由于种种原因，债务人不能履行自己的义务，那便要依法强制执行。秦律中有关强制债务人履行义务规定的，有在职官吏因无力履行其义务，则如《金布律》所规定的那样："官啬夫免，复为啬夫，而坐其故官以赀偿及有它债，贫窭无以偿者，稍减其秩，月食以偿之，弗得居；其免也，令以律居之。"即是说：某官府的啬夫免职，以后又出任啬夫，由于前任时有罪应缴钱财赔偿以及有其他债务而贫困无力偿还的，应分期扣除其俸禄和口粮作为赔偿，不得令他强制劳作；如已免职，则应依法令他强制劳作。这里，在职官吏可以用逐月扣除俸禄和降低伙食供应标准的办法来偿清债务，因其有公职在身，不得用强制劳作来抵偿；如该官吏被免职，则将被依法用强制劳动来抵偿债务。

百姓"有债于公"而无力偿还，也要依法用强制劳作来偿还债务，但允许用他人替代，但要求年龄、体力相当，甚至还可以用奴隶或牛、马来代替。《司空律》的"居赀赎债欲代者，耆弱相当，许之""百姓有赀赎债而有一臣若一妾，有一马若一牛，而欲居者，许。"都可以说明这一点。但是，手工业者和商人被依法用强制劳动来抵偿债务，则只许本人劳动，不允许替代，即《工律》所规定的"作务及贾而负债者，不得代。"如果是隶臣妾无力偿还债务，便按月从他们的衣食中扣除，但扣除量不能超过供应标准的三分之一，以维持其最低生活水平。

债务的免除，可以由于双方的协议解除，也可以由债权人单方面宣布免除。如果是官府和官吏之间的债务，官吏在未能全部履行其债务之前而死亡，并符合一定的条件，债务也可以免除。《金布律》的"吏坐官以负偿，未而死，及有罪以收，抉出其分。其已分而死，及恒作官府以负债，牧将公畜生而杀、亡之，未偿及居之未备而死，皆出之毋责妻、同居。"即是说：吏由于官的罪责而负欠，尚未分担而死去，以及因有罪而被捕，应免去其所分担的一份。如已分担而死去，以及为官府经营手工业而负债，或放牧官有牲畜而将牲畜杀死、丢失，尚未偿还及居作未完而死去，都可免除，不必责令其妻和同居者负责赔偿。

关于债务的消灭，如果是属于人身奴役性质的债务，债务人死亡，债务也就随之而自然消灭了。《司空》律所规定的"人奴妾系城旦舂，贷衣食公，日未备而死者，出其衣食。"即是说：私家男女奴隶被拘系服城旦舂劳役的，由官府借予衣食，其劳作日数未满而死，注销其衣食不必偿还。实际上是免除了奴隶的主人所应负担的义务。

第十章　秦国法制建设的重大成就

秦国法制建设所取得的重大成就，归纳起来，有如下十点。

改法为律及例、比、释律使刑法细密而准确

秦国法制建设的成就，表现在刑法的建设上，一是"改法为律"以及"廷行事""比""法律答问"的运用，使刑法细密而准确；二是"刑称罪"的判刑原则对轻罪重罚主义的否定。

战国初年，魏文侯为巩固魏国社会改革成果，命相国李悝制定《法经》。李悝"撰次诸国法"，集各国刑法之大成，作《法经》六篇。李悝的《法经》，是中国历史上第一部体系完整的刑法典。商鞅在秦国变法，"改法为律"，依据《法经》六篇，制定了秦国的刑法典。秦国刑法典与李悝法典的不同，主要在于"改法为律"。改法为律的具体内容，文献缺少记载。从云梦出土秦律看，改法为律就刑法而言，是在《法经》六篇之下，又分别制定一些细目，即更为具体的刑律律名和刑律条文。

在《秦律杂抄》中，有如下两条律文，一是"捕盗律曰：捕人

相移以受爵者，耐"；二是"求盗勿令送逆为它，令送逆为它事者，赀二甲。"即是说：把捕获的罪犯转交他人以骗取爵位者，要处以耐刑；不准命令"求盗"（负责捕拿罪犯的小吏）去做迎送或其他事务，违者要罚以二甲。在李悝所制定的《法经》中，有《捕法》一篇，讲的是"捕亡"，即缉拿逃亡罪犯。《秦律杂抄》中的《捕盗律》的律名及其律文内容表明，《捕盗律》是秦律《捕律》的一个分目。由此可以推断，《捕律》既然有《捕盗律》，也会有《捕贼律》以及其他律名。例如《法律答问》中的"捕赀罪"，指的是捕拿犯有赀罪的逃犯；"捕耐罪"，指的是捉拿犯有耐罪的逃犯；"捕阑亡者"，指的是捉拿犯有逃亡出关罪的罪犯，如此等等。《法律答问》所引律文"捕亡，亡人操钱，捕得取钱"[①]的"捕亡"，才是泛指捉拿逃亡罪犯，是《捕律》总目中的律文。

秦国的刑律，除"律"之外，还有以国君的名义颁布的"令"。"令"同"律"具有相等的法律效力，如《焚书令》等。

秦国刑律的全部律文，早已失传。散见于《法律答问》中的刑律律文，有二十三条之多，现摘录以见秦国刑律律文细密之一斑。

> 害盗别徼而盗，加罪之。（简·150）
>
> 盗及诸它罪，同居所当作。（简·160）
>
> 公祠未阕，盗其具，当赀以下耐为隶臣。（简·161）
>
> 扶钥，赎黥。（简·164）
>
> 府中公金钱私贷用之，与盗同法。（简·165）
>
> 誉敌以恐众心者，戮。（简·173）
>
> 盗徒封，赎耐。（简·178）

[①] 见《睡虎地秦墓竹简》，文物出版社，第207页。

纳奸，赎耐。（简·179）

擅杀子，黥为城旦舂。其子新生而有怪物其身及不全而杀之，勿罪。（简·181）

擅杀、刑、髡其后子，谳之。（简·182）

殴大父母，黥为城旦舂。（简·184）

斗决人耳，耐。（简·185）

邦客与主人斗，以兵刃、殳梃拳指伤人，擎以布。（简·189）

疠者有罪，定杀。（简·203）

将司人而亡，能自捕及亲所知为捕，除无罪；已刑者处隐官。（简·205）

捕亡，亡人操钱，捕得取钱。（简·207）

真臣邦君公有罪，致耐罪以上，令赎。（简·227）

以上摘录，只不过是秦律的一小部分而已。这部分律文表明，秦国刑律律文的内容是相当丰富的，诸多条款对犯罪和量刑规定得相当详细而具体。

秦律关于犯罪和量刑的条款无论规定得如何详细而具体，终不能包罗纷繁复杂的客观事物。秦律的一事一例、广设条款的办法，并不能包括所有危害统治阶级利益的犯罪行为。为此，秦律采取"廷行事"的形式作为对法律条文的补充。"廷行事"即法庭成例，相当于判例法。这种类推案例经司法机关确认后，便具有法律上的效力。见于《法律答问》的"廷行事"共有九例，其中：

惩治盗窃罪的二例（简·166、169），按"廷行事"予以罚二甲的处分；

惩治渎职罪的二例（简·215、216），按"廷行事"分别予以罚一甲、罚一盾等处分；

233

惩治假冒啬夫封印的一例（简·175），按"廷行事"以伪造官印论罪；

惩治官吏弄虚作假的一例（简·176），按"廷行事"，罪在罚盾以上的依法判决执行，同时撤职永不叙用；

惩治杀人罪的一例（简·180），按"廷行事"：虽属"斗杀人"，但按"贼杀人"论罪；

惩处擅自强行索取人质一例（简·214），按"廷行事"予以罚二甲的处分；

判处流放罪的一例（简·177），按"廷行事"：已判决尚未执行而死去或逃亡，应当一同随之流放的家属仍应前往流放地点。

除"廷行事"外，秦律还采取"比"即"比附"的形式，对律文中没有明文规定的犯罪和量刑，按照类推的原则适用于秦律某一律文关于犯罪和量刑的规定。见于《法律答问》中的"比"总共有十例：

五人盗，赃一钱以上，斩左止又黥以为城旦……求盗比此。（简·150）

臣强与主奸……比殴主。（简·183）

斗折脊项骨……比折肢。（简·183）

殴高大父母……比大父母。（简·184）

铍、戟、矛有室者，拔以斗，未有伤也，论比剑。（简·187）

或与人斗，决人唇……比疻痏。（简·185）或斗，啮人颊若颜，其大方一寸，深半寸……比疻痏。（简·189）

罢癃守官府，亡而得，得比公癃不得？得比焉。（简·208）

毋敢履锦履……然而行事比焉。(简·220)

内公孙无爵者当赎刑,得比公士赎耐不得?得比焉。(简·231)

除"廷行事"和比的形式外,秦律对于某些没有法律明文规定的犯罪行为和量刑,还采取依据法典答问的形式予以解释和回答。这种解释和回答经司法机关确认后,同样具有法律上的效力。云梦秦律《法律答问》对于刑律律文的解释表明,释文的准确与统一已达到相当严密的程度。秦墓竹简的主人"喜"所以抄录这些法律文书,就在于他生前把这些释文作为判案的依据之一。

秦律刑法建设过程中的改法为律以及"廷行事"、比、法律答问等形式的运用,订正、补充和发展了商鞅的秦律,使秦国的刑法典进一步完善。秦国刑律律文的细密、准确和统一,与同期世界各国刑律相比,处于领先的地位。

刑称罪的判刑原则是对于轻罪重罚主义的否定

以罪量刑,是秦律判刑的基本原则。

在商鞅变法期间,曾提出"以刑去刑"的轻罪重罚理论,并依此制定出诸如"不告奸者腰斩""匿奸者与降敌同罚""事末利及怠而贫者,举以为收孥""刑弃灰于道者"以及"盗马者死,盗牛者加"等一系列轻罪重罚的法令。秦帝国建立后,所制定的轻罪重罚法令有"有敢偶语诗书者,弃市;以古非今者,族;吏见知不举者,同罪"等。秦二世继位后,甚至把服徭役误期的刑罚加重到"失期,法皆斩"的程度,结果导致了大泽乡陈胜、吴广起义的爆发。商鞅时期的"一日临渭而论囚七百人，渭水尽赤；号哭之声动于天地"（《史记·商君列传》集解引《新序》），秦帝国时期的"赭衣半道，断狱岁以千万数"（《汉书·食货志》），则是这两个时期轻罪重罚原则实施结果的写照。

从商鞅被害到秦统一六国的一百一十七年中，前述轻罪重罚的律文，已不见于文献记载，亦不见于云梦秦律。在云梦秦律中，虽不乏轻罪重罚的判例，如"五人盗，赃一钱以上，斩左止，又黥以为城旦""甲谋遣乙盗杀人，受分十钱，问乙高未盈六尺，甲何论，当磔"。但这是属于对集团犯罪和教唆未成年人犯罪的加重惩罚。在更多的情况下，秦律所体现的是"刑称罪"的判刑原则。例如：

> 甲盗不盈一钱，行乙室，乙弗觉，问乙论何也？毋论。其见知而弗捕，当赀一盾。（简·155）
> 甲告乙盗牛若贼伤人，今乙不盗牛，不伤人，问甲何论？端为，为诬人；不端，为告不审。（简·169）

在云梦秦律中，对于官吏的一般失职行为，给予"谇"（斥责）的处分；对百姓和官吏的一般违法行为和轻微犯罪，多是处以赀刑，罚以钱、物或劳役，不追究刑事上的责任。这显然是对于轻罪重罚原则的一种否定。谇和赀刑的设立，为贯彻刑称其罪原则提供了有利的条件。

荀况的"刑称罪"，是针对商鞅的轻罪重罚理论提出来的，指的是刑罚应当和罪行相称，既不重判，也不轻判。法律实践表明，唯有如此，才有利于打击对社会危害较大的严重犯罪行为。从云梦秦律看，在以罪量刑的问题上，刑称其罪是云梦秦律判刑实践的主流，亦是对轻罪重罚主义的否定。在封建专制制度下，刑称其罪原则虽然难以认真贯彻执行，但是作为罪行擅定主义、轻罪重罚主义的对立物，刑称其罪原则的提出和实行，在中国法制史上具有划时代的意义，对后世有着深远的影响。

诉讼中对于证据的注重体现着无罪推定的原则

在秦国法制建设中，刑事诉讼法建设的成就尤为突出。特别是刑事诉讼过程中对于证据的注重，体现着无罪推定的原则；诉讼程序的完备化和诉讼文书的规范化，标志着秦国刑事诉讼法的成熟。

秦律在诉讼过程中所注重的证据，包括被害人的陈诉、被告人的供诉和陈诉、第三者的证言和告发、物证及证实和鉴定。秦律的整个诉讼过程中，证据始终占有重要的地位。

证据是逮捕人犯的主要依据。除"非公室告"外，一般是在事前已掌握足够的犯罪证据，才逮捕刑事被告人。在《封诊式·盗自告》案例中，公士甲到官府自首盗窃犯罪，并供出同案犯士伍丙。由于甲提供了丙犯罪的人证与物证，官府才派令史立即逮捕士伍丙。百姓向官府扭送犯罪分子，需要同时交出被扭送者的犯罪证据。《封诊式》记载士伍甲、乙将私自铸钱的丙、丁二犯扭送官府，同时交出他们的犯罪证据：私铸的新钱一百一十个和两套铸钱用的钱范。

在侦察审判过程中，被害人的控告和被告人的供认，虽然是基本依据，但秦律一般不只是据此断案，而是在被害人和被告人的口供之外，多方地搜集证据，并对证据进行鉴定和证实，弄清事实真相，然后才适用法律，做出判决。在《封诊式》所保存的大量案例中，除听取被害人的陈诉和被告人的供认之外，司法人员还要向

237

案件的知情者取证（如《穴盗》中对被害人邻居的调查以取得证言）；听取第三者的告发并向案犯原籍的官府进行函调（如《有鞫》《覆》等案例）；广泛地收集物证（如赃物、凶器、验尸、验伤、勘查现场等）；对证实材料进行核实和技术上的鉴定（如《经死》《出子》等案例）。事实表明，秦律在侦查审讯过程中对证据的重视，实际上是遵循着重证据而不轻信口供的原则。

秦律对证据的注重，还体现于再审和重审中。除了因适用法律不当而引起的错判之外，属于因事实不清而引起的错判案件，是依据合乎事实的证据来纠正的。《法律答问》中的两则错案重判的案例，一是把赃值（六百六十钱）估少了（错估为一百一十钱），把应判为"黥为城旦"罪错判为"论耐"。另一案例则完全相反，把赃值一百一十钱错估为六百六十钱（见简·166）。这两个错案的纠正，所依据的就是作为证据的赃值。

秦律对证据的注重，在整个中国封建时代是最为典型的，它体现的是"无罪推定"的原则。

程序完备化与文书规范化标志着诉讼法的成熟

秦律刑事诉讼程序的完备化，表现在诉讼环节上包括了起诉与立案、追捕与拘留、侦察与审讯、审判与判决、申诉与重判等各个主要程序。在各主要程序之下，又含有不同的细目。

在起诉程序中，有"赏告"、"自告"与"自出"、"告"与"辞"、"缚诣告"四种类型。

"赏告"即第三者的告发。由于秦律实行什伍连坐并奖励告奸，导致了第三者告发的增加。《法律答问》曾记载，夫、妻、子十人共盗，有人捕得其中的八人，捕盗者得到每捕获一人受黄金二两的赏金。

"自告"与"自出"是指罪犯向司法机关投案自首。由于秦律实行自首从轻或免罪的原则并鼓励揭发同案犯罪，因此云梦秦律中不乏此类案例。其中，属于"自出"的有四例（见简·207、208、222、278），属于"自告"的有三例（见简·154、178、251）。

"告"与"辞"是指受害人向官府控告，即所谓自诉。《封诊式·出子》便是某孕妇被殴打而流产，向官府自诉后被立案受理。《封诊式·穴盗》亦是自诉而被受理的案例。

"缚诣告"多指基层负责治安的官吏将罪犯押送官府并告发其罪行，类似后来的公诉。《封诊式》中的《囗捕》《群盗》，是为其例。也有百姓将罪犯连同罪证一道"缚诣"官府的案例，如《封诊式》中的士伍甲、乙"缚诣"私自铸钱犯丙、丁，便是其中的一例。

秦律还根据原告的身份和所告犯罪的性质，把起诉分为"公室告"和"非公室告"两大类。凡属侵犯他人财产和人身安全的"贼杀伤、盗他人"行为，均为"公罪"。对公罪的起诉为"公室告"，一经起诉即受理立案，起诉成立。凡属"子告父母、臣妾告主"，均为"家罪"。对家罪中的臣子起诉，称为"非公室告"，官府不予受理；如坚持起诉则控告者有罪，仍不予受理，更不立案。

追捕与拘留程序，即秦律所说的"捕亡"、系狱和"系作"。商鞅的《捕律》、云梦秦律的《捕盗律》，讲的便是侦缉和追捕罪犯。这主要由基层行政官吏和有关专职官吏如"令史""亭长""亭校长""求盗""宪盗""害盗"等人执行。同时，国家还出高额奖金奖励百姓侦缉和追捕逃犯。罪犯从被捕到判决之前，要被强制劳动，即所谓"系作"。但《司空律》规定："弗问而久系"，不及时做出判决，有关官员要被问罪。

秦律的侦察和审讯程序，包括听取诉讼、审讯被告、讯问证人、函调查证、勘察检验、搜索查封、鉴定证实等环节，是秦律刑事诉讼法的主体部分。

在听取控告人控告、被告人陈诉和证人证词时，秦律要求司法官员必须首先询问上述人员的姓名、籍贯、身份、住所和是否有过犯罪或受过赦免等，并做出记录。听取上述人员的控告、陈诉和证词时，不中间进行追问。

审讯被告，按《封诊式·讯狱》规定，必须首先听取被告的陈诉，虽然明知被告是在欺骗，也不要马上进行追问。待陈诉完毕后，对于没有交代清楚的问题，再进行诘问，如果犯人多次改变口供，进行欺骗，拒不服罪，可以进行拷打。但是，必须记录下因多次改变口供才进行拷打。

讯问证人，是司法官吏主动向受害人和被告人之外的第三者进行的侦查活动。《封诊式》中的《封守》《经死》《穴盗》等法律文书中，均记载了司法官吏向有关人员询问、查证案情，受调查者有义务如实作证，不得拒绝。《封守》的记载还表明，有意作伪证或隐匿罪证，要受到刑事惩罚。

函调查证，是县或乡政府向罪犯原籍所在县、乡政府发出的公函调查，查证核实罪犯的姓名、籍贯、身份和有无前科等情况，有时还函请罪犯原籍政府代为查封罪犯的财产。《封诊式》的《有鞫》《覆》讲的便是函调公文的程式。

勘察检验，包括对现场的勘察以及对人身和尸体的检验，并做出详细的记录。《封诊式》的《贼死》《经死》《穴盗》《出子》，便是对凶杀、自缢、挖洞盗窃和流产等四类案件的勘察检验记录，其目的在于发现和搜集犯罪的痕迹和罪证，为侦查和判决提供线索和依据。

秦律中的"索室"和"封守",指的是搜索家室和查封财产,是法官为搜索证据和控制罪犯财产所采取的两项强制措施。"封守"必须由司法官吏发布决定,由罪犯居住地的基层政权负责人参加执行。《封诊式·封守》即其中的一个案例。

鉴定和证实,是对侦查过程中用勘察检验等手段得来的证据,由司法官吏请具有专门知识的人作技术上的鉴定。《封诊式·出子》为确认流产的是否为六个月的婴儿,县丞当即命"令史"同具有专门知识的人从医学角度上作出鉴定。

侦查过程告一段落,便进入审判与判决阶段。秦律在审判的地区管辖上,实行以犯罪地为划分地区管辖的基本原则。

秦律中的"断狱"程序,即《法经》中的《囚法》,指的是在对案情进行多方面的侦查和查证核实的基础上,依据犯罪事实来适用法律,做出相应的判决。秦律中的"失刑罪""不直罪""纵囚罪",便对司法官吏因事实不清以及无意或故意适用法律不当而造成的错判所进行的惩罚。

重审和重判程序,是指罪犯对判决不服,当事人或代理人有权进行申诉,要求重审。对此,官府应予以受理并进行重判。但是,申诉和重判必须在判决宣布后才予以受理,即《法律答问》所说的"狱断乃听之"。

秦律中的起诉与立案、追捕与拘留、侦查与审讯、审讯与判决、申诉与重审等各主要程序及每个主要程序的细目的大量事实表明,秦律刑事诉讼程序已日益完备化。秦律关于刑事诉讼的诸多法律规定,作为程序法,它的基本内容不仅为中国封建时代而且为近代刑事诉讼法在很大程度上沿用和实行。

秦律诉讼文书的规范化,是秦国刑事诉讼建设的又一重大成就。

秦律刑事诉讼文书建设上的成就,一是各类法律文书齐备,二是诉讼文书程式的规范化。在秦律刑事诉讼的各个程序中,从听取控告、陈诉、证词到讯问被告、函调查证、勘察检验、搜索查封、鉴定证实、审判和判决乃至于申诉和重判,都要按规定做出相应的法律文书存案。至于诉讼文书程式的规范化,可以从云梦秦律《封诊式》中以窥一斑:

"定名事里",是司法官吏在听取控告、陈诉、证词时首先应当讯问并记录在案的,也是函调查证的主要内容,它包含罪犯的姓名、身份、籍贯、曾犯过何罪并受过何种刑罚或是否赦免等内容。

讯问被告的文书程式,见于《封诊式·讯狱》。《讯狱》要求司法官员审讯时必须先听完口供并加以记录;然后对没有交代清楚的问题进行诘问并加以记录;多次改变口供可以进行拷打,但必须依照法律文书的程式记下:因某犯多次改变口供,无从辨认,对某犯拷打讯问。

函调查证文书的程式,见于《封诊式》的有《有鞫》《覆》《黥妾》等。此类文书的程式,开头为"敢告某县主"一类尊敬用语。接下来是"男子某有鞫,辞曰士伍居某里。可定名事里,所坐论何,何罪赦,或覆问无有",是函调一般所要查证的几个方面的内容。"遣识者以律封守,当腾,腾皆为报",是请罪犯原籍政府派了解情况的人依法查封罪犯财产,命人看守并确实写录,将所录全部回报。这往往是函调查证必不可少的一项内容。结尾的"敢告主",亦是尊敬用语。

封存财产文书的程式,见于《封诊式·封守》。这是一份执行查封任务的某乡政府所写的文书,文书首先写明根据某县某县丞的来函审封某里某人的财产,包括房屋、妻、子、奴婢、衣物、牲畜等，并一一列出详细清单。同时，写明已询问参加封存的里典某某、四邻某某，他们说已全部查封，并无遗漏。最后，写明所封已交付某人和同里人轮流看守，等候命令。

《封诊式》的二十五节简文，除《治狱》《讯狱》两节外，其余二十三节均为治狱案例。这些案例不仅用来作为处理此类案件时的参考，更主要的还在于它同时又是对于这些不同案件进行调查、审讯等程序的文书程式。这些程式，除上述之外，还有：盗钱犯自首并检举同案犯；盗牛犯自首并扭送同案犯；某士伍扭送私自铸钱犯；求盗捕获盗马犯；争讼牛的归属；争夺敌人首级；主人控告家奴；父告子；将麻风病患者押送官府；凶杀；自缢；挖洞盗窃；殴斗流产；口舌有毒；逃避徭役犯自首等不同案件的文书程式。竹简主人并没有抄录这些案件是如何适用法律、判处何种刑罚，而只是抄录有关对案件进行调查、检验、审讯等诉讼程序部分。这说明竹简主人是把上述案例作为各类案件文书程式的参考资料，抄录以供自己使用的。

《封诊式》的《贼死》《经死》《穴盗》《出子》《封守》《群盗》《盗马》《疠》《毒言》《争牛》等，各自按照本类案件在调查、检验、审讯等诸多程序上的要求，做了大量的、详细的、科学的调查核实工作，并做出了详细的记录，合乎刑事诉讼法在程序上的要求，反映了不同案件所特有的规律。因此，这些案例作为各类案件法律文书的程式，标志着秦律诉讼文书的规范化已达到较高的程度。《封诊式》的《贼死》《经死》《穴盗》《出子》四大案例，从刑事诉讼程序和法律文书程式上看，除了科技手段上的古今不同之外，它基本上合乎近代刑事诉讼法的要求。秦律诉讼程序的完备化和法律文书的规范化，标志着秦国刑事诉讼法的成熟，是秦国法制建设中的突出成就。

行政管理法规包含了各个方面立法的诸多内容

秦国虽然没有单行的行政法典、经济法典、民事法典和军事法典，但秦国所制定的一系列行政管理法规，包含了行政、经济、民事、军事等诸多方面的立法内容，为中国封建时代的行政法典、经济法规、民事法规、军事法规的建设奠定了基础。

秦国的行政管理法规中，各级行政机构的组织法规与各级行政官员管理法规占有突出的地位。

设官建制、划职分权作为秦国行政机构组织法规的重要内容之一，体现在秦国三级政权的建立及其隶属关系，是按照商鞅的"集小都乡邑聚为县"和秦始皇的"分天下以为三十六郡"的法令建立起来的。可见，秦国是依法建立了朝廷、郡、县三级国家政权机关。各个行政机关的隶属关系及职能分工是：皇帝在中央政府之上，对国家事务拥有最后的决定权。中央政府的丞相、太尉、御史大史，分管全国的行政、军事、监察和文秘，合称"三公"，直接对皇帝负责。三公之下设有"九卿"（其数目不止于九），分管中央政府中的各个职能部门。如奉常（掌宗庙礼义），郎中令（掌宫殿掖门户）、卫尉（掌宫门卫屯兵）、太仆（掌舆马）、廷尉（掌刑辟）、典客（掌诸归义蛮夷）、宗正（掌亲属）、治粟内史（掌谷货）、少府（掌山海池泽之税）、中尉（掌缴循京师）、将作少府（掌治宫室）、詹事（掌皇后太子家）、典属国（掌蛮夷降者）、主爵中尉（掌列侯）。

在地方政权中，郡设有郡守、郡尉、监御史，分管一郡的政务、军事、监察。郡守之下设有郡丞，协助郡守工作并处理全部司法事务。郡下设县，县设令、丞、尉，分管全县的政务、司法、军事。令、丞、尉之下皆设有属官"史"。县下设乡，乡是基层政权单位。乡设三老（掌教化）、啬夫（职听讼，收赋税）、游徼（缴循，禁盗贼）。乡下设亭，亭设亭长（负责平时练兵、迎送官吏、输送财物、传递文书）。亭长之下设亭父（掌开闭扫除）和求盗（掌追捕盗贼）。

秦国各级政府的设官建制和各级政府部门及其主要官员的划职分权，表明秦国行政组织法规的建设已经相当精细而严整，取得了很大的成就。这一成就，还表现在秦律对官吏选拔与任用、品级与待遇、职责与义务、考核与赏罚、升降与调迁、免职等，都有一系列法律明文的规定。这些法律规定，大大地丰富了秦国行政法规的内容，为中国封建时代第一部行政法典《唐六典》的制定奠定了基础。在云梦秦律中，属于行政法的法律、法规有《置吏律》《司空》《内史杂》《尉杂》《属邦》等。

在秦律中，属于经济立法的法律、法令有"初为赋""为田开阡陌封疆""平权衡、正度量、调轻重""令天下黔首自实田"等。上述法令，涉及土地所有制度、赋税征收制度、货币制度和度量衡制度等方面。此外，在云梦秦律诸多经济部门的单项行政管理法规中，无不包含大量经济方面立法的内容。例如：《田律》中保护生物和森林资源的法规；《厩苑律》中关于饲养耕牛的考核与奖惩法规；《仓律》中关于粮食储存、发放及种子用量的法规；《金布律》关于货币兑换、流通的法规；《关市》关于市场管理的法规；《工律》《工人程》《均工》关于手工业产品规格、生产定额、劳动力调配等方面的法规；《效律》关于核验物资账目以及度量衡误差限度的法规；《藏律》关于府库收藏的法规；《牛羊课》关于考核牛羊畜养的法规。

在云梦秦律的行政管理法规中，属于民事立法的法规有：关于名籍和户籍的法规以及秦国所奉行的《魏户律》；关于身份与权利的法规；关于婚姻和家庭的法规。此外，关于所有权的确认和保护如财产归属的民事诉讼、对侵犯所有权行为的惩罚以及债务偿还等问题，秦律均有一系列具体的规定。

云梦秦律中的军事行政管理法规，是关于国家各级行政部门与军事有关的行政事务的法律规定。例如：逃避兵役、不应免役或应免役而不予申报以及不服从征调命令的地方官员和士兵，予以赀一甲或赀二甲的惩罚；发弩啬夫和驾车手达不到训练要求，本人和教练者要受到罚二甲、罚一盾的惩罚；地方政府为士兵提供的武器如质量不好，或选送的军马被评为下等，有关官员要受到罚二甲、革职永不叙用的惩罚；冒领或倒卖军粮更属严重犯罪，当事人与有关官员均要受到惩罚；军用物资在运输中不受地方政府截夺，违者严惩。

政刑二法对官员与权贵的规范使秦法令行禁止

秦法的令行禁止，原因是多方面的。其中，行政管理法规和刑法的贯彻执行起了关键的作用。秦国行政管理法规有两个特点，一是每一部门各级官员的职责都有详细的规定，二是官吏履行职责的优劣无不与赏罚紧密相连。这两个特点，使得执行法律成了各级官员不得不履行的义务。任何时代，法律都是通过各级政府的各级官吏来执行。执行法律成为官吏不得不履行的义务一事表明，秦国行政管理法规的制定和实行是秦法令行禁止的关键所在。

如果说行政管理法规的制定和实行是秦法令行禁止的关键，那么，刑法对犯法的官员的惩罚，则是令行禁止的保证。秦国行政管理法规对官员的惩罚有谇、罚一盾、罚一甲、罚二甲、免职、撤职

永不叙用等,均属于与履行职责有关的行政处分。如果各级官员触犯刑律,将受到严厉的判事处分:

秦律对各级官员利用职权之便进行徇私枉法活动,打击甚严。秦律"府中公金钱私贷用之,与盗同法"(简·165)。即是说:主管官吏(或通过主管吏)私自挪用公款放贷,与盗窃同样论罪。《秦律杂抄》的"吏自佐、史以上负从马,守书私卒,令市取金钱焉,皆迁"(简·133)。是说自佐、史以上的官吏,有驮运行李的马和看守文书的私卒,如用以贸易牟利,均处以流放的刑罚,对以权谋私追究刑事上的责任。《法律答问》的"求盗盗,当刑为城旦"(简·152),是说负责捕拿盗贼的"求盗"小吏,本人如有盗窃行为,无论赃值多少,一律处以"刑为城旦"的较重刑罚。

关于司法官员在执行职务上的犯罪,秦律规定有"失刑罪"(适用法律不当)、"不直罪"(故意重罪轻判或轻罪重判)、"纵囚罪"(应论罪或故意减轻案情使罪犯不够判刑标准)。至于对犯有上述三罪的司法官员如何惩处,不见于出土的云梦秦律。秦律对于各级官员利用职权犯罪的严厉打击,对秦法的令行禁止起到了重要的保证作用。

打击触犯刑律的权贵,使秦法的令行禁止收到了明显的效果。商鞅在秦国变法,以"法之不行,自上犯之"的历史经验为鉴,严厉打击犯法权贵。他抓住"太子犯法"这一典型,力主严办,"刑其傅公子虔,黥其师公孙贾","日绳秦之贵公子",收到了"明日,秦人皆趋令""法大用"的明显效果(以上均见《史记·商君列传》)。

诚然,秦法不只是惩办违法官员,也镇压犯法百姓。然而,法律既然由官吏执行,而行政管理法规和刑法对不履行职责或利用职权犯罪的官吏的惩罚,特别是敢于坚决打击犯法的权贵,这就根本上解决了有法不依、执法不严的问题，从而实现了违法必究和令行禁止。

秦国各项法律制度的实施全面实现了以法治国

秦国法律制度特别是行政管理法规所包含的各个方面的立法内容，使得行政管理法规以及刑法的实施，必将在国家机关各个部门所管辖的范围之内，或者说在社会生活的各个领域，全面地实现以法治国。

秦国的行政机构组织法规，从商鞅的"集小都乡邑聚为县"到秦始皇的"分天下以为三十六郡"，以及从中央到地方的各级行政机关内部各职能部门的分工和隶属关系，规定并确立了中央集权制的君主专制的国家政治制度。可见，秦国是依法建立起一个新型的国家政体。

关于各级官员的管理法规，如《置吏律》《除吏律》《除弟子律》等，规定了选官的标准和途径、任官的程序和免官补缺、官吏的品级和待遇、官吏的职责和义务、官吏的考核和奖惩等，把国家的用人制度法律化了。可见，秦国是依法建立了国家的人事制度。

在治安和司法部门，刑法建设上的"改法为律"以及"廷行事""比""法律答问"等形式的运用，使刑法的法律条文更加细密，并且在释文上更加准确与统一。而刑事诉讼程序的完备化与诉讼文书的规范化，加之刑称罪和注重证据的原则的运用，使刑法作为维护社会秩序的有力武器，在秦国法制建设中发挥了重大的保护作用。有关治安部门的行政管理法规，对于从事治安和司法工作的官吏在执行职务上有严格的规定，设有失刑罪、不直罪、纵囚罪等惩罚。此外，秦律为鼓励百姓参加维护社会治安还颁布了相应的法律和法规，如奖励告奸和捕捉罪犯、如果罪犯行凶时在场的第三者应予救援、旅客住店要有凭证以及防火，等等。总之，刑法和刑事诉讼法建设的成就和治安、司法部门行政管理法规的颁布和实行，使秦国在社会治安和司法工作方面实现了以法治国。

徭役征发以及文教、卫生、属邦、外事等部门的行政管理法规如《徭律》《傅律》《属邦》的制定、颁布和施行，使秦国在徭役管理、文教、卫生、属邦、外事、民事等部门实现了以法治国。

农林渔牧部门的行政管理法规和《田律》《仓律》《厩苑律》和《牛羊课》的颁布和实行，使秦国在农业、林业、渔业和畜牧业的生产管理上实现了以法治国。

官营手工业部门的行政管理法规如《工律》《工人程》《均工》和《效律》的制定、颁布和实行，使得秦国在官营手工业生产和管理上实现了以法治国。

交通运输和文书传递以及商业、外贸和物资管理部门的行政管理法规如《行书律》《金布律》《关布》《效律》的制定、颁布和实行，使秦国在文书传递、商业、外贸和物资管理部门实现了以法治国。

在经济部门的行政监督与检查方面，有《工律》《效律》关于度量衡器的校验和监督的规定；有《效律》《仓律》关于储存物资定期核验和监督的规定；有《效律》关于会计账目检查和监督的规定等。这些监督和规定，对于经济部门行政管理法规的实施，起到了重要的保证作用。

上述各经济部门的行政管理法规以及"初为赋""为田开阡陌封疆""令黔首自实田"和统一货币、度量衡等法令的颁布和实行，使秦国在社会经济领域实现了以法治国。

在军事方面，《军爵律》以及有关军队编制、军事训练、军营管理、旗章号令、军事指挥、战场纪律、军功授爵、军事刑罚等一系列军事法规和军事行政管理法规的颁布施行，使秦国在军事方面实现了以法治军。

在思想文化和教育领域，秦国实行"以法为教""以吏为师"，把普及法律知识和宣传农战作为对人民进行教育的基本内容，谴责和排斥儒家学说，出现了商鞅的"燔诗书而明法令"和秦始皇"焚书坑儒"。无论焚书坑儒产生了怎样的后果，秦国法家学派的形成与活跃、法治理论的发展与成熟、普法教育的推广与深入，对于秦国法制建设的成功和实现以法治国，无疑是起到了不可缺少的重大作用。

秦律与中国奴隶制时代的法律有着重大的区别

秦律作为中国封建社会创建时期的法律制度，它与中国奴隶社会法律制度存在质的不同，主要表现在如下三个方面：

一是公布成文法，实行"罪行法定主义"原则：

春秋以前的中国奴隶社会，法律只对奴隶主贵族内部公开，并不向社会的全体成员公布，即所谓"先王议事以制，不为刑辟"（《左传·昭公六年》）。当时，统治阶级可以根据自己的需要，随意施行刑罚，而不是根据罪行的大小来确定刑罚的轻重。即是说："刑"是与"罚"而不是与"罪"直接联系在一起的，实际上是实行"罪刑擅断主义"原则。

春秋末年，自郑国的"铸刑书"、晋国的"铸刑鼎"始，公布成文法已成为一种势不可挡的潮流。成文法的公布，使人们知道犯什么罪处以什么刑罚，这是对"罪刑擅断主义"原则的一种否定。

战国时期，从商鞅学派的"罚随罪"（《商君书·禁使》）到荀况的"刑称罪"（《荀子·正论》）和韩非的"名刑相当，循绳墨"（《韩非子·诡使》），依法定罪、以罪定刑、刑罪相称的理论，成了战国特别是秦国法律的基本原则之一。此外，秦律不承认习惯法，《法律答问》所解释的法律条文都是成文法，而没有谈及习惯法。同时，秦律也没有溯及以往的权力。《法律答问》的"赦前盗千钱，赦后尽用之而得"，"毋论"，即是说：盗千钱遇赦，虽赦后尽用赃钱，亦不得追究刑事责任。另外，秦律所规定的刑罚固定而具体，无伸缩性，在徒刑中没有不定期刑，只有无期刑。上述特点表明，秦律基本上实行了"罪行法定主义"原则，这是它与中国奴隶社会法律的最大区别之所在。

二是"刑无等差"对"礼不下庶人，刑不上大夫"的否定：

中国奴隶制时代，实行礼刑并用的原则。在奴隶主贵族内部，主要是用"礼"来调整彼此之间的关系，刑主要用来惩罚平民百姓和广大奴隶，故有"礼不下庶人，刑不上大夫"之说。在"礼"与"刑"的关系上，刑以礼的原则为指导。

秦律则不然，商鞅学派主张"刑无等级，自卿相、将军以至大夫、庶人，有不从王令、犯国禁、乱上制者，罪死不赦"（《商君书·赏刑》）。此即司马谈所说的"法家不别亲疏，不殊贵贱，一断于法"（见《史记·太史公自序》）。诚然，从《商君书·境内》的有关记载和云梦秦律所反映的情况看，有爵与无爵、高爵与低爵在法律上并不平等。同犯一罪，高爵者与低爵者所受到的刑罚轻重便不相同。此外，有爵者还享有赎刑的权利。然而，受刑从轻和享有赎刑，并不意味着他们有超越法律的权利。在立法原则上，商鞅和商鞅学派提出了"当时而立法""观俗立法"的原则，从不把"礼"作为制定"刑"的指导原则。

三是程序法的建设取得了重大的成就：

中国奴隶社会并不公布成文法，各种法律（包括刑法在内）即所谓实体法的建设极不完备。与此相适应的是，程序法的建设极不发达。战国以来，李悝刑法典《法经》的制定，商鞅的改法为律和秦国刑法以及其他法律建设，均获得极大的发展。同实体法建设成就相联系的，是程序法特别是刑事诉讼法的建设取得了重大的成就。诸如诉讼程序的完备化和诉讼文书的规范化，是以前的法律体系所没有的，是秦律与中国奴隶社会法律的又一不同。

秦律为历代封建法典之宗并且独具时代的特点

秦律为历代封建法典之宗，是指秦律作为中国封建专制社会初期的法律制度，它已经具备了较为完备的体系。秦律内容之丰富、形式之多样、程序之完备，标志着秦律已达到较高的发展水平。试将秦律同汉律特别是同中国封建时代最为成熟的法典唐律相比，汉律、唐律无疑是在秦律的基础上发展起来的。秦律为中国封建法典的发展奠定了规模。

就法律内容而言，秦律在部门法规的建设上，已经具有刑法与刑事法规、行政法规与行政部门管理法规、经济法规和经济部门管理法规、军事法规和军事行政管理法规、民事法规以及刑事诉讼法的诸多内容。上述各部门法规的建设，除民事法规外，在法律中已达到较为发展的形态。如果说中国第一部行政法典《唐六典》和单行民事法规清代《钦定户部则例》是秦律之后在行政法和民法建设上的两大突出成就，那么，秦律之后历代封建法典建设上的诸多建树，除了礼法结合的特点之外，在某种意义上都可以说成是在秦律的基础和规模上量的发展，而不是质的飞跃。

萧何所制定的汉律九章，在秦律六篇的基础上增加了《户律》《兴律》《厩律》三章。这三章，显然是在秦律有关户籍、婚姻、赋税法规以及《徭律》《傅律》《厩苑律》的基础上制定的。

唐律十二篇，第一篇为"名例"，是刑法典的总则部分，为关于刑罚的种类及其适用的一般原则的规定。其余十一篇，是刑法典的分则部分，即《卫禁律》《职制律》《户婚律》《厩库律》《擅兴律》《贼盗律》《斗讼律》《诈伪律》《杂律》《捕亡律》《断狱律》。这些律名，有的见于秦律，有的不见。不见于秦律的律名，所含内容亦大多见诸云梦秦律或在云梦秦律中见其渊源。

就法律形式而言，秦律已有律、令（制或诏）、课（如《牛羊课》）、程（如《工人程》）、式（如《封诊式》）、比（比引律条以定罪科刑）、律文解释（如《法律答问》）等形式。汉代的法律形式，除律、令外，还有"敕"（皇帝告诫地方官员的"戒书"）、"科"（即科条）、"比"、以经书解律（如"大杜律""小杜律"）、引经书断狱（如《公羊董仲舒治狱》《春秋决狱》《春秋断狱》）。唐代法律的基本形式有律、令、格、式四种。一般说来，律是刑事法典，令是关于国家体制和基本制度的法规，格是国家机关各部门日常工作的行政法规，式是国家机关的公文程式。此外，还有"典"（国家各部门行政管理法规）、"敕""令"等法律形式。这些法律形式，亦多见于云梦秦律之中。

就程序法而言，秦律刑事诉讼法中诉讼程序的完备化和法律文书的规范化，使得后世历代封建法典在这两个方面除死刑复核和"录囚"制度外，并没有什么突破。

事实表明，秦律作为历代封建法典之宗，在中国法制发展史上享有极高的地位。

秦律的时代特点，是指秦国从商鞅变法到秦始皇统一六国，正值秦国从奴隶制向封建制转变的时期。秦国的法律制度，便是在这样的时代背景下建设起来的。因此，秦律除了具有封建社会法律所具有的一般特点外，还具有后世封建法典所不具有的若干特征，反映着时代的特点。

一是秦律以法家学说作为自己唯一的理论基础。这同汉代以后把儒家学说作为制定法律的理论、主张用儒家经书来解释法律和断狱、实行礼刑并用的原则大不相同。

二是秦律的"当时而立法、因事而治礼""法与时转""观俗立法、察国事本"的以法治国的立法原则。这同汉代以后的"以孝治天下""依礼制刑、礼法合一"的礼本刑辅的立法原则，有很大的不同。

三是秦律主张"以法为教""以吏为师"，把法律知识和农战学说作为向人民进行教育的主要内容。这同汉代以后的把忠孝等封建伦理道德及儒家学说作为对人民进行教育的主要内容，有着很大的不同。

四是秦律在诉讼程序中所体现的重证据而不轻信口供、主张有限制地使用刑讯的原则，贯穿着秦国法制建设的始终。而在汉代以后的历代封建王朝的大部分统治期间内，实行的往往是滥用刑讯而重视口供的证据作用。

五是秦律的立法、执法、普法均把以法治国奉为唯一的最高原则，公开宣扬并坚决贯彻这一原则。这是汉代以后的任何一代封建王朝都没有的事。秦国法治建设之所以取得很大的成就并具有自己独特的特点，在很大程度上便是同秦国全面而彻底地实行以法治国的这一历史事实联系在一起的。

秦国的法制建设促进了中央集权制国家的建立

从秦孝公在变法前夕所提出的"吾欲变法而治"(《商君书·更法》),经过商鞅变法和秦惠文王、秦昭王、秦王政在位期间所进行的法治建设,终于使秦国实现了富国强兵、兼并天下,建立了空前统一的中央集权制封建国家。这是人们公认的事实。而导致这一历史局面形成的根本原因之一,便是商鞅变法的成功和商鞅之后法制建设所取得的成就。

当然,秦国的法制建设有它时代与阶级的局限性。中国自夏商以来便是一个君主制的国家,战国以后发展成为君主专制制度。正是这种类型的国家政体,决定了秦国民法和民事诉讼法建设的落后,秦法的"刑民不分"正是同这一特点联系在一起的。此外,从商鞅学派的重刑理论到秦法的苛酷,这除了打击旧贵族势力的需要外,对广大劳动人民来说,无疑有镇压和奴役的一面。

第十一章　秦国法制建设的历史经验

秦国法制建设的成就即法制建设的成功经验

秦国的法制建设，自商鞅变法到秦始皇统一六国后的立法建制，前后共一百五十年。这期间，秦国法制建设取得了一系列的重大成就。这些成就，在某种意义上即法制建设的成功经验，计有如下十点：

改法为律以及例、比、释律使刑法细密而准确；
刑称罪的判刑原则是对于轻罪重刑主义的否定；
诉讼中对于证据的注重体现着无罪推定的原则；
程序完备化与文书规范化标志着诉讼法的成熟；
行政管理法规包含了各个方面立法的诸多内容；
政刑二法对官员与权贵的规范使秦法令行禁止；
秦国各项法律制度的实施全面实现了以法治国；
秦律与中国奴隶制时代的法律有着重大的区别；
秦律为历代封建法典之宗并且独具时代的特点；
秦国的法制建设促进了中央集权制国家的建立[①]。

[①] 上述十点，前文已有论述，这里仅列其目。

大变革时代为法制建设提供了宽阔的历史舞台

从春秋末年到秦帝国建立的二百五十年间,中国社会正处于一个大变革的时代。这场变革的实质,是由奴隶制向封建制的转变。战国时期各国的变法运动和法制建设,特别是秦国的法制建设之所以获得极大的成功并取得一系列的重大成就,其客观原因便是大变革时代为法制建设提供了宽阔的历史舞台。

战国时期中国社会在政治上的一个突出特点,便是七雄并立局面的形成和称雄诸国之间的激烈斗争。七雄并立为特定历史条件下的产物,它的存在是有条件的、暂时的。在这种政治局面下,各诸侯国的一些开明国君为着图存谋霸,增强实力、富国强兵便被提到历史的议事日程。而为着富国强兵,便不得不对旧的制度实行改革,扭转公室衰微、"政在家门"的局面。于是,变法便在各诸侯国应运而生,形成一种运动。在变法运动的高潮过后,对于已经实行过变法的国家,无一不面临着进行法制建设的艰巨任务,以巩固和发展变法的成果。他们的最终目的是兼并天下,成霸王之业。这便是战国时期各国的明君贤相进行变法革新和法制建设的自觉意图和预期目的。这种意图和目的可概括为如下的一个公式,即:图存谋霸—富国强兵—变法革新—成霸王之业。这一历史事实表明,变法运动和法制建设的应运而生,是一种历史的必然,它是大变革时代的产物。

从生产力与生产关系、经济基础与上层建筑以及新旧阶级之间的诸种矛盾考察,在春秋末年,铁制工具的普遍使用,标志着生产力的发展有了新的突破;隶农的出现和工商食官的瓦解,标志着封建主义的生产关系已在奴隶社会的母体内部形成;新兴地主作为一个阶级,已经形成为一种力量;而世卿世禄制度的依然存在,表明各国的政权机关依然是腐朽的奴隶制的上层建筑。战国时期的变法运动,包括商鞅变法在内,其历史使命便是改变奴隶制上层建筑的性质,建立起封建主义的上层建筑。变法高潮过后法制建设所面临的艰巨任务,便是制定一系列的法律、法规,以巩固变法成果,保护新生的生产关系,表达已经掌握了国家政权的新兴地主阶级的意志。这样法制建设便成了统治阶级的一种需要:为了保护新的生产关系,维护新兴地主阶级的利益,各国统治阶级要运用法律的手段,在法制建设中付出了极大的努力。

秦国法制建设的实践表明,这件工作是那样地庞大而纷繁。出土的云梦秦律给人们这样一种印象:尽管秦国的法制建设做得是那样的巨大而细密、完整而准确、严肃而认真,但仍然满足不了统治阶级富国强兵、兼并天下、建立中央集权制度的需要。他们似乎是在想:这项工作可以无限地继续照样进行下去,做得使他们更加满意一些。这就表明,是大变革时代的需要,为秦国法制建设提供了一个十分宽阔的历史舞台。这个舞台,既是有限的,也是无限的,它为秦国的法制建设提供了宽阔的余地。

秦律作为历代封建法典之宗并在法制建设上取得诸多独具特点的重大成就,诸如刑法的细密而准确、刑罪相称原则对罪刑擅断主义的否定、刑事诉讼中注重证据的无罪推定原则、刑事诉讼程序的完备化和诉讼文书的规范化、行政管理法规的实施与秦法的令行禁止以及专任法治的立法原则等,不仅为中国奴隶制时代的法律所无有,而且有些亦为后世封建法典所不及。这只能从大变革的历史时代和新兴地主阶级刚刚登上历史舞台这一历史事实中求得说明。秦律所独具的时代特征,在更高的层次上说明了:是大变革的时代为秦国的法制建设提供了宽阔的历史舞台。

大变革时代为秦国法制建设提供宽阔历史舞台,还表现在百家争鸣时代法学研究的繁荣和法家理论对法制建设的指导上。

法家学派的法治理论始终指导着秦国法制建设

法治理论对秦国法制建设的指导作用，本书第二章已有论述。这里，只想说明：是战国时期的大变革时代，产生了学术界的百家争鸣。在"百家"之中的一个重要学派，便是法家。据《汉书·艺文志》的记载，战国时期的法家著作有李悝的《李子》三十二篇、商鞅的《商君》二十九篇、申不害的《申子》六篇、《处子》六篇、慎到的《慎子》六篇、韩非的《韩子》五十五篇。这一时期，产生了像李悝、商鞅、申不害、慎到、韩非这样一些著名的法家学派的代表人物。

在百家争鸣的时代，不仅在各个学派之间，就是在一个学派的内部，也盛行着学术上的自由讨论。在学术上的自由讨论之中，法学研究得到了充分的发展。当时法家学派的一些代表人物以他们的渊博学识，在理论上有着很高的造诣和修养。他们的法治理论，作为当时变法和法制建设实践的经验总结，不能不对当时的法制建设具有重大的指导作用。战国历史表明，当时的立法大权虽然始终掌握在国君手中，但在事实上，各国的法制建设却始终是在法家学派的法治理论指导下进行的。

以秦国的商鞅变法为例，是商鞅的"当时而立法，因事而制礼"的变法理论，驳倒了反对派甘龙、杜挚的"法古无过，循礼无邪"的理论，才使秦孝公下定决心，在秦国实行变法。从商鞅的"以刑去刑""法之不行自上独之"理论到秦法的轻罪重罚私严厉打击犯法的权贵等一系列事实说明，商鞅在秦国所颁布的新法，几乎无不是在商鞅的法治理论指导下制定的。

商鞅之后，秦国的法家学派有了很大的发展。他们的法治理论，集中地保存在传世的《商君书》中。《商君书》所提出的关于厚赏重罚、专任法治、打击商贾、整饬吏治及按军功授爵等主要理论，被出土的云梦秦律所证明：秦国的统治阶级确实是在商鞅学派法治理论的指导之下，制定了一系列法律和法规，把法制建设置于法治理论的指导之下。

据《史记·韩非列传》记载，当韩非的著作传到秦国后，"秦王见《孤愤》《五蠹》之书，曰：'嗟呼？寡人得见此人，与之游，死不恨矣！'"《孤愤》和《五蠹》是《韩非子》一书中的两篇重要著作。前一篇谈到国家政权中的"智术能法之士"与"贵重之臣"的势不两立，讲的是用人路线的问题，即如何克服贵族专权、建立中央集权的君主专制制度。后一篇中，韩非提出了兼并天下的政治路线，即所谓"明主之国，无书简之文，以法为教；无先王之语，以吏为师；无私剑之捍，以斩首为勇。是境内之民，其言谈者必轨于法，动作者归之于功，为勇者尽之于军。是故无事则国富，有事则兵强，此之谓王资。既蓄王资而承敌国之衅，超五帝、侔三王者，必此法也。"韩非的理论，使秦王政读后是那样的兴奋。他渴望见到韩非，并且十分感慨地说："寡人若是能见到此人，同他交游，死而无恨。"事实表明，韩非所提出的这一路线，且莫说其中的农战理论，就连韩非的"无书简之文""以吏为师"的理论，不也是为秦始皇的《焚书令》和坑杀儒生所实践了吗？再有，秦王政统一六国后为自己所起的"皇帝"尊号，是不是也受了韩非"超五帝、侔三王"的启示呢？秦始皇对法家集大成者韩非的景仰和渴望，集中地表达了秦国统治阶级确实把法家学派的法治理论奉为法制建设、治理天下的法宝。

不言而喻，所谓法治理论始终指导着秦国的法制建设，这绝不意味着任何一个法家人物的任何一种主张，都会被秦国的统治阶级所采纳，成为秦国的法律。在百家争鸣的时代，法家学派内部在一些具体问题上的主张并不一致。例如，《商君书》中所提出的"厚赏重罚"同"重罚轻赏""刑九而赏一"在观点上就很不相同。这是百家争鸣时代的正常现象。秦国统治阶级在立法实践上，只是把他们认为合适的法治理论作为法制建设的指导思想。

大变革时代的百家争鸣，带来了法学研究的空前繁荣。在秦国，立法大权虽然掌握在国君手中，但他们立法的指导思想，绝不是自己头脑中所固有的"个人意志"，而是法家学派的法治理论。秦国的法家学派人物，是中国古代知识分子中少有的宠幸儿：他们所得到的最高的报赏，不是国君赐给他们的金银财宝和高官厚禄，而是他们的学说变成了国家的法律；他们不是国君钦定法律的专门"注释家"，而是国君所颁发的法律的制定者。事实表明，秦国的法律就是在这些"学者"的法治理论指导下制定的。其中，有些学者如商鞅、李斯还亲自主持了秦国的变法事宜，为秦国的法制建设做出了重大的贡献。在这个意义上，完全可以说：没有战国时期的百家争鸣和法学研究的繁荣，没有法家学派的形成和法治理论的提出，没有法治理论对法制建设的指导，便不会有秦国法制建设的成就。

立法的手段是解决执法和普法问题的关键所在

秦律的有法可依、执法必严、违法必究和以法为教、以吏为师，已被文献记载和云梦秦律的大量事实所证明。造成这一事实的原因是多方面的，如赏罚手段的运用等。其中，问题的关键，在于秦律是通过立法的手段来解决执法和普法问题的。或者说：秦律既承认执法和普法与立法的区别，又把执法和普法问题纳入立法之中，以立法的形式予以公布，一体遵行。

法律是通过各级政府的各级官员来执行的，即韩非所说的"官行法"（《韩非子·和氏》）。因此，各级政府及其官员是执行法律的主体。如何才能使执法官员做到有法必依、执法必严、违法必究呢？秦国是通过立法的手段特别是通过一系列行政管理法规的制定来解决这个问题的。秦国为各级政府的各个部门所制定的一系列行政管理法规，既包含了各个方面立法的诸多内容，又规定了各级政府及其官员的职责。如不能履行职责，便以渎职论罪，予以训斥、罚一盾、罚一甲、罚二甲、免职、撤职永不叙用等处罚。至于官吏触犯刑律，将毫无例外地被追究刑事上的责任。秦国各类行政管理法规对于各级官吏职责和有关处罚的规定，相当详细，具体而明确，没有伸缩性。这不但使各级官员有法可依，而且也使得他们不得不有法必依、执法必严。否则，官员将因犯渎职罪而受到处罚。

秦国各项行政管理法规有一个突出的特点，便是同各级官员的职责相联系的，是对不履行职责的种种处罚。云梦秦律中的大量事实说明：官吏未能履行职责，不仅负有直接责任的官吏要受到处罚，而且要追究他们上司官吏的间接责任。一县之中的县令、县丞因为他们下属官吏的失职或违法行为而被罚一盾、罚一甲、罚二甲、免职，这在云梦秦律中是屡见不鲜的。既然如此，各级官员怎敢有法不依，又怎能执法不严？秦国行政管理法规对于各级官员有关惩罚的诸多规定还表明：在秦律中，所谓"违法必究"主要是对各级官员们说的。如果对各级官员们实现了违法必究，难道还能让犯法的百姓逃之夭夭？况且让犯法的百姓逃之夭夭，有关官员要以失职罪受到惩处。至于司法官吏在执行职务时如犯有失刑罪（过失罪）和不直罪、纵囚罪，将受到严厉的处分。

秦国的官员犯法后，是否存在着官官相护、大事化小、小事化了、逍遥法外的现象？从商鞅变法时所实行的"塞私门之请而遂公家之劳"来看，秦国社会亦曾存在着私下请托的走后门现象。但是，商鞅的"刑无等级"原则以及他根据"法之不行，自上犯之"所制定的打击权贵政策，和云梦秦律中关于"不直罪"与"纵囚罪"的刑罚规定，使得徇私枉法在商鞅变法后的秦国只能是个别的现象。《荀子·强国》篇记载荀况到秦国考察后的观感，他说："观其士大夫，出于其门，入于公门；出于公门，归于其家，无有私事也。不比周，不朋党，倜然莫不明通而公也。"荀况所说的家门——公门——家门路线图表明，在秦国很少存在着官官相护、徇私枉法的现象。总之，秦国行政管理法规从立法上对于官吏的职责和惩罚做出了一系列详细、具体而明确的规定。这些规定，作为"铁的原则"，是秦律在执法上得以实现有法可依、执法必严、违法必究的关键所在。

秦国的普法教育，即所谓"以法为教""以吏为师"。在秦国的法制建设中，对于普法工作十分重视。秦国的普法工作之所以获得了极大的成功，其主要原因亦在于通过立法的手段，使普法工作在法制建设中的地位得以落实。问题的关键，同执法一样，亦不外是对负责普法的官吏规定明确的职责以及未能履行职责或违背职责所予以的惩罚。与此同时，秦国还把法制教育作为民众教育的唯一内容。

商鞅学派所提出的"置主法之吏，以为天下师，令万民无陷于险危"（《商君书·定分》），即主张由国家设置负责法制教育的专职法官，向人民进行法制教育。专门负责普法工作的司法官员，他们的职责以及未能履行职责的惩罚，则如《定分》篇所言：

> 为法令置官吏，朴足以知法令之谓者，以为天下正，则奏天子。天子则各主法令之。皆降受命，发官。各主法令之民，敢忘行法令之所谓之名，各以其所忘之法令名罪之。主法令之吏，有迁徙物故，则辄使学读法令所谓，为之程式，使数日而知法令之所谓，不中程，为法令以罪之。

这段话是说：为贯彻法令而设置官吏，要寻求通晓法律的人，由下面推荐给国君。国君分别任命他们主管法令，这些官吏都走下宫殿的台阶，拜受命令，前去赴任。各主管法令的官吏胆敢忘记执行法令的条文，就分别按照他们所忘记的法令条文来治罪。主管法令的官吏，如有调动或死亡的，就立即派继任人学习法律条文的内容，并为他们定出规程，使他们在一定期限内通晓法令内容，不符合规程，就依法治罪。

普法官吏忘记法令条文，便按照所忘记的法令条文来治罪；普法官吏不能在限定期限内通晓法令或不符合规程，亦依法治罪。可见，秦律对普法官员未能履行职责的惩罚之严。商鞅学派认为，按照上述法规进行普法工作，便会收到如下的效果，即《定分》篇所说的：

> 吏民知法令者，曰皆问法官。故天下之吏民，无不知法者。吏明知民知法令也，故吏不敢以非法遇民，民不敢犯法，以有法官也。遇民不修法，则问法官，法官即以法之罪告之，民即以法官之言正告之吏。民知其如此，故吏不敢以非法遇民，民又不敢犯法。

即是说：官吏和民众中想知道法律的人，都去问法官。所以天下的官吏和民众，没有不知道法令的。官吏明知道民众了解法令，所以他们不敢用非法手段来对待民众，民众也不敢犯法来触犯法官。如果官吏不按照法令来对待民众，民众就可以问法官，法官就按照法令规定的罪名告诉他们，民众就把法官的话严肃地告诉官吏。官吏知道这样，就不敢用非法的行为对待民众，民众也不敢犯法。

云梦秦律《内史杂》有这样一条规定："县各告都官在其县者，写其官之用律"，意思是说：各县应分别通知设在该县的都官，抄写该官府所遵用的法律。《内史杂》的这条法律规定，实际上是根据《商君书·定分》篇如下的一段主张来制定的："天子置三法官……诸侯、郡、县皆各置一法官及吏，此皆秦一法官，郡、县、诸侯一受宝来之法令，学问其所谓"，意思是说：天子设置三个法官……诸侯、郡、县分别设置一个法官和属吏，他们都听命于朝廷中的一个法官。郡、县、诸侯一接到朝廷送来的法令，就学习它的内容。

《内史杂》的这条法律规定表明，《商君书·定分》有关普法工作的一些主张，确实被秦国政府制定为普法工作的法律条文。普法官员职责及其有关惩罚的规定，既然被明确地立为法律条文，他们的普法工作便不得不按照法律规定去认真落实执行，否则便要受到刑罚的惩处。秦国的法律实践表明，通过立法手段制定普法工作的行政管理法规，是解决普法问题并使普法工作收到预期成效的关键所在。

变法改制与立法建制同步进行以立法建制为主

变法改制与立法建制同步进行，是秦国商鞅变法的一个特点。变法改制作为法制建设的内容之一，是指从制度上破除旧有的法律，建立新的法律制度，但重在"破旧"。战国时期的魏文侯改革、吴起变法、商鞅变法以及韩昭侯改革、齐威王改革、赵武灵王胡服骑射、燕昭王改革等，都是以变法改制为主的。所谓立法建制，是指变法改制之后如何建立新的法律制度，并进一步废除旧的法律制度，但重在"立新"。商鞅之后秦国的法制建设，包括出土的云梦秦律，是以立法建制为主的。当然，破旧与立新往往是一个问题的两个方面。但是，哪一个时期以哪一个方面为主，则是有所不同的。秦国的商鞅变法同魏文侯改革和吴起变法的不同，在于它并不像魏国那样提出几项变法改制的基本原则（如"食有劳而禄有功，使有能而赏必行罚必当"等）来实行变法。而是在这些基本原则的指导下制定一系列的法令、法律（如《垦草令》及连坐法等）来实行变法。可见，商鞅变法实际上是变法改制与立法建制同步进行的。

云梦出土的秦律则说明，秦国自商鞅变法之后，法制建设的主要任务已不是变法改制而是立法建制，即通过制定一系列的法律法规，建立新的法律制度，以巩固和扩大变法改制的成果，维护新的社会关系。云梦秦律的成文年代，最早的可上溯到商鞅变法；晚的则到秦始皇三十年。可见，立法建制需要用更长的时间来做许许多多更为细致的具体工作。法制建设的成败得失，往往是同立法建制的成败得失联系在一起的。战国时期，各国都有它的变法改制的高潮，当时都收到了富国强兵的效果。然而，七国之中唯有秦国在立法建制上取得了明显的成效，因而秦国兼并了六国。变法改制与立法建制同步进行以立法建制为主，是秦国法治建设取得成功的经验之一。

秦国的变法改制，在某种意义上也可以说是通过立法的形式进行的。但是，一般说来，立法本身并不能创造新的社会关系，而只能将已有的社会关系表现为国家意志。秦国的立法建制，是把变法改制的成果用法律的形式予以肯定，用立法的手段来巩固和发展变法改制所取得的成果。因而，秦国的法制建设在变法改制与立法建制上以立法建制为主，是合乎法制建设的逻辑发展的。

法典建设与法规建设同步进行以法规建设为主

法典建设与法规建设同步进行，是商鞅变法的又一特点。商鞅对刑法典的建设不只是将李悝的《法经》改法为律，他的"令民为什伍而相牧司连坐""不告奸者腰斩，匿奸者与降敌同罚""事末利及怠而贫者，举以为收孥""为私斗者各以轻重被刑大小""刑弃灰于道者"，都是属于刑法典建设方面的内容。其他如《垦草令》、"民有二男以上不分异者倍其赋""僇力本业耕织致粟帛多者复其身""有军功者各以率受上爵""宗室非有军功论不得为属籍""初为赋""为田开阡陌封疆""平权衡、正度量、调轻重""令民父子兄弟同室内息者为禁""聚小都乡邑集为县，置令丞""乱化之民尽迁之于边城"，等等，则属于单行法规。可见，商鞅的法典建设与法规建设同步进行，是以法规建设为主的。

商鞅变法之后秦国的法制建设，依然如此。云梦秦律中的《捕盗律》、"捕耐罪"、"捕赀罪"、"捕阑亡者"，显然是对商鞅《捕律》的丰富和发展。此外，云梦秦律中"廷行事""比"以及解释刑律条文的《法律答问》，都表明商鞅之后秦国刑法典的建设取得了很大的成绩，法律条文更加细密而准确。在单行法规的建设方面，秦国在商鞅之后成绩斐然，并构成了这一时期秦国法制建设的主要内容。云梦秦律中所见律名有二十八种，其中除《捕盗律》属于刑法典的组成部分外,其余的二十七种均属于单行法规。可见,商鞅之后秦国的法典建设与法规建设,亦是以法规建设为主的。

秦国刑法典的制定和发展,使刑法在适用上比单行的行政管理法规和民事法规有着明显的优点,对维护秦国的社会秩序和法制建设起了重大的作用,这是毫无疑问的。秦国刑法典的建设,是在李悝的《法经》基础上进行的。李悝《法经》的制定,又是汲取了以往和当时各国刑法典建设的全部成果。可见,秦国刑法典建设之所以能取得较大成就并发挥了重大的作用,是因为刑法典的建设具备了一定的客观条件。在行政法和民法方面,当时尚不具备制定行政法典和民事法典的客观条件。特别是在战国时期的大变革时代里,一切社会关系都处在大的变动之中。在这种历史条件下,制定相对稳定的行政法典和民事法典不仅客观上不具备条件,而且也不利于秦国的法制建设:那样将导致因贪大求全而延误立法时机,使已经成熟的社会关系得不到及时的法律调整;或者由于某些社会关系的发展,导致某些法律条文的过时;或者因急于求成而使立法时机尚未成熟的法规出台,使法律不能发挥应有的作用。秦国的统治阶级并没有做违背规律的蠢事。他们在法典建设与法规建设同步进行的过程中,以制定大量的单行法规为主,这就充分发挥了法规及时而灵活的特点,为维护秦国新兴的社会关系、实现富国强兵,发挥了积极的作用,这是秦国法制建设获得成功的又一历史经验。

行政管理法规的制定和实行解决了执法的问题

行政管理法规的制定和实行解决了执法的问题,前文已有所论及,这里做进一步的具体论述。

秦国行政管理法规的特点之一，就在于它是按照不同部门各自不同的具体情况而制定的详细法规。因此，行政法规的条文既是这一部门职能的法律规范，也是这一部门各级官吏的职责规定；反言之，各级官吏的职责，也是这一部门行政管理法规内容的组成部分。在秦国行政管理法规中，管理法规的职责化，官吏职责的法规化，把法规条文（立法）和官吏职责（执法）直接地联系起来。在云梦秦律中，篇幅最长的是《仓律》。《仓律》由始至终的所有条文，既是粮草仓库的管理法规，又是有关官员的职责规定。这一特点，可以参见《仓律》第一段法规的译文：

谷物入仓，以一万石为一积而隔以荆笆，设置仓门。由县啬夫或丞和仓、乡主管人员共同封缄，而给仓啬夫和乡主管稟给的仓佐各一门，以便发放粮食，由他们独自封印，就可以出仓，到仓中没有剩余时才再给他们开另一仓门。啬夫免职，对仓进行核验的人开仓，验视共同的封缄，可以根据题识核验，然后再共同封缄，不必称量，只称量原由仓主管人员独自封印的仓。谷物出仓，如果不是由原入仓人员来出仓，要令加称量，称量结果与题识相符合，即令出仓。此后如有不足数，由出仓者赔偿；如有剩余，则应上缴。共同出仓的人员中途不要更换。谷物入仓不满万石而要增积的，由原来入仓的人增积，是可以的；其他人要增积，积者必须先称量原积谷物，与题识符合，然后入仓。此后如有不足数，由后来入仓者单独赔偿；要把入仓增积者的姓名籍贯记在仓的簿籍上。已满万石的积和未满万石而正在零散出仓的，不准增积。在栎阳以二万石为一积，在咸阳以十万石为一积，其出仓、入仓和增积的手续均同上述条文规定。长吏共同入仓和开仓，如果发现有小虫到了粮堆上，应重加堆积，不要使谷物败坏。

管理法规的职责化和官吏职责的法规化，这对于秦国所制定的各项法律、法规的实行，起到了重要的保证作用。

官吏履行职责的优劣同奖惩即赏罚直接联系在一起，并且用法律条文明确规定，是秦国行政管理法规的又一特点。履行职责，这既是官吏的权利，又是官吏的义务。因此，能履行职责，成绩一般，并不存在着奖赏与惩罚的问题。履行职责成绩优秀的官吏，可以获得奖赏。《厩苑律》的"以四月、七月、十月、正月肤田牛。卒岁，以正月大课之，最，赐田啬夫壶酒束脯，为皂者除一更，赐牛长日三旬；……又里课之，最者，赐田典日旬"（简30—31）。即是说：在四月、七月、十月和正月评比耕牛。满一年，在正月举行大考核，成绩优秀的，赏赐田啬夫酒一壶、干肉十条，免除饲牛者一次更役，赏赐牛长资劳三十天；……又在乡里举行考核，成绩优秀的，赏赐里典资劳十天。官吏履行职责成绩低劣的，将受到惩罚。《厩苑律》的"殿者，谇田啬夫，罚冗皂者二月。其以牛田，牛减絜，笞主者寸十。又里课之……殿，笞卅"（简·30—31）。即是说：在耕牛评比中，成绩低劣的，田啬夫要受到训斥的处分，罚饲牛者资劳二个月。如果用牛耕田，牛的腰围减瘦了，每减瘦一寸要笞打主事者十下。又在乡里举行考核……成绩低劣的，笞打三十下。

官吏履行职责优劣与奖赏惩罚的直接联系，在秦国各项行政管理法规中虽然不乏所见，但更多的则是未能履行职责时所予以的种种惩罚。仍以粮仓的行政管理为例，《仓律》对粮食的入仓、封存、出仓、发放，有着一系列的详细规定。如规定在粮食管理时出现粮数不足，有关人员（有时包括县令、县丞在内）应一起承担不同的赔偿。在秦律十八种的《效》律中，对于粮仓管理中出现的责任事故时所给予有关官吏的处分，见以下所引《效律》译文：

贮藏谷物官府中的佐、史分别免职或调任时，官府的啬夫必须同离职者一起核验，向新任者交代。如果官府的啬夫免职时已经核验，再发现不足数，由新任者和留任的吏承担罪责。原任的吏不进行核验，新任的吏在职不满一年，由离职者和留任的吏承担罪责，新任的吏不承担；如已满一年，虽未核验，也由新任的吏和留任的吏承担罪责，离职者不承担，其余都依法处理。（简·96—97）

粮仓漏雨而烂坏了粮食，和堆积粮食而腐败了，不能食用的粮数不满百石，斥责其官府的啬夫；一百石以上到一千石，罚官府的啬夫一甲；超过一千石以上，罚官府的啬夫二甲，都要令该官府啬夫和众吏一起赔偿败坏的粮食。粮食虽败坏然而还可食用的，应加估量，根据所损耗的石数判令赔偿。（简·97）

秦国行政管理法规的官吏职责法规化、履行职责的奖惩化，使国家各级官员在执行法律的过程中，不仅可以做到而且必须做到有法可依、执法必严。否则，不认真依法办事、不严格执行法律、不纠察违法事件，有关官员将受到不可逃避的惩处。这样，认真执行法律便成为各级官员不得不履行的一项基本义务：依法履行职责、执行法律，可以保全官职俸禄；成绩优秀者可以获得奖赏或晋升；未能履行职责、不执行法律，将受到惩罚或被免职或被革职永不叙用。可见，秦国行政管理法规的制定和实行，基本上解决了执法的问题。

秦法厚赏重罚原则是实现令行禁止的重要手段

如果说，秦国行政管理法和刑法对各级官吏的规范是秦法令行禁止的关键，那么，秦法的厚赏重罚原则则是实现令行禁止的重要手段。

商鞅在秦国变法，把赏罚作为推行新法的强有力手段，目的在于为新法的推行开创局面，收到令行禁止的效果。商鞅新法的许多法律条文中，往往同时包含着"赏"与"罚"这两个方面的规定。例如：

不告奸者腰斩，告奸者与斩敌同赏，匿奸者与降敌同罚。

僇力本业耕织致粟帛多者复其身，事末利及怠而贫者，举以为收孥。

有军功者各以率受上爵，为私斗者各以轻重被刑大小。

上述法律条文表明，商鞅的新法是把赏罚作为推行法律的重要手段的。因此，韩非把赏罚比作国君手中的"二柄"，称它是治理臣民的有力武器。商鞅学派所主张的"人情好爵禄而恶刑罚，人君设二者以御民之志，而立所欲焉"（《商君书·错法》）。即是说：国君是通过爵禄（赏）和刑罚，即可以驱使人民以达到法律所要达到的目的。

商鞅学派的厚赏重罚，便是为了充分发挥赏罚的作用而提出的一项原则。商鞅所实行的斩敌人甲首一级"赏爵一级，益田一顷，益宅九亩，一除庶子一人"、"告奸者与斩敌同赏"以及云梦秦律中的每捕获一名应刑为城旦的盗窃犯，便奖赏黄金二两等，表明秦法确实实行了厚赏的原则。商鞅的"不告奸者与降敌同罚"以及云梦秦律中的"五人盗，赃一钱以上，斩左趾，又黥以为城旦"、"府中公钱私贳用之，与盗同法"等，表明秦法确实实行了重罚的原则。秦法的厚赏重罚，从两个不同的方面驱使人们趋利避害，确实为新法的推行开辟了道路，是实现令行禁止的主要手段。

改变官场风气和社会风气与法制建设相辅而行

注重官场风气和社会风气的改变,是秦国法制建设的一大特点。商鞅变法中的"塞私门之请而遂公家之劳""禁游宦之民而显耕战之士",就是为改变官场和社会风气所采取的两项重要措施。在改变官场风气中,秦国注重解决各级政府办事效率问题,不允许各级官员对公务拖延不办以至于积案如山,提出了"无宿治"的原则。《商君书·垦令》的"无宿治,则邪官不及为私利于民,而百官之情不稽",即是说:处理公务不过夜,奸邪的官吏就来不及从人民身上谋求私利,一般的官吏也不敢拖延公事。此外,秦律还严禁官吏之间结朋党、徇私枉法,即所谓"塞私门之请",杜绝官员之间私下的请托。所谓请托,无非是损公肥私或逃避法律惩罚的一类行为。事实表明,秦国所实行的"无宿治""塞私门之请"抓住了解决官场风气中的两个主要问题,从而使秦国的官场风气有了根本的好转。

改变社会风气,涉及的问题较多。据《史记·商君列传》记载,"商君曰:始秦戎翟之教,父子无别,同屋而居。今我更制其教,而为男女之别,大筑冀阙,营如鲁、卫矣。"可见,在商鞅变法中,改变社会风气占有重要的地位。李斯曾把商鞅变法概括为"移风易俗",说:"秦用商鞅之法,移风易俗,民以殷盛,国以富强。"(《史记·李斯列传》)在商鞅之后的秦国法制建设中,移风易俗是围绕着以农战为中心内容的法制教育来进行的,以便在社会上造成一种崇尚农战的社会风气。秦律的奖励耕织、纳粟拜爵、斩敌首授爵,对于崇尚农战风气的形成起了重要的作用。商鞅学派把儒家学派的诗书礼乐、仁义孝悌列为必须荡除的"六虱之列",主张实行以农战为中心内容的"壹赏""壹教",即所谓"故吾教令:民之欲利者，非耕不得；避害者，非战不免。境内之民，莫不先务耕战，而后得其所乐"(《商君书·慎法》)、"富贵之门，必出于兵。是故民闻战而相贺也；起居饮食所歌谣者，战也。"(《商君书·赏刑》)

除崇尚农战的风气外，秦国还通过实行什伍连坐、奖励告奸、轻罪重罚以及"以法为教"，在社会上造成一种重法、守法的风气，把官吏的执法和百姓的守法结合起来，造就守法的顺民。

秦国统治阶级通过赏罚手段所造成的崇尚农战、重法守法的社会风气，为的是令人民邀赏避罚、求福去祸，把人际关系建立在冷酷的求利避害的基础之上。《吕氏春秋·高义》所说的"秦之野人，以小利之故，弟兄相狱，亲戚相忍"，正是当时秦国轻蔑礼义、崇尚功利的社会风气的写照。

荀况晚年曾西游秦国，秦相范雎问他到秦国后有何观感，荀况说：

> 入境，观其风俗，其百姓朴，其声乐不流污，其服不挑，甚畏有司而顺，古之民也。及都邑官府，其百吏肃然，莫不恭俭敦敬，忠信而不楛，古之吏也。入其国，观其士大夫，出于其门，入于公门；出于公门，归于其家，无有私事也。不比周，不朋党，偶然莫不明通而公也，古之士大夫也。观其朝廷，其间听决百事不留，恬然如无治者，古之朝也。(《荀子·强国》)

从荀况的游秦观感中可以看出，秦国当时的社会风气和官场风气是：在重农抑商政策之下，社会上没有奢侈之风，人民俭朴，畏惧官府而顺从法令；地方官吏恭敬，风纪严肃而忠于职守；京城内的官吏，出于家门而入公门，出公门而入于家门，不结党营私；朝廷之上，政务处理及时，工作井然有序，似若无为而治。

事实表明，改变官场和社会风气作为秦国法制建设的重要内容之一，它是为各项改革措施的推行创造必要的条件，始终与法制建设相辅而行，是秦国法制建设取得胜利的重要原因之一。荀况在他的游秦观感最后讲道："故四世有胜，非幸也，数也，是所见也。"即是说：秦国自孝公以来，四世屡胜敌国，并非侥幸，而是移风易俗所获得的必然结果，这就是我在秦国所见到的事实。

专任法治的基本国策终于在秦国建成法治社会

秦国专任法治的基本国策，源于秦国统治阶级把以法治国奉为唯一的指导思想。专任法治的理论，是商鞅和商鞅学派提出来的。秦国统治阶级完全接受了这一理论并把它作为治国的指导思想，用它来制定治国的基本国策。在中国长达五千年的奴隶社会和封建社会中，除了商鞅和商鞅学派以及先秦法家的集大成者韩非等人外，再没有其他学派及其代表人物提出过专任法治的理论；也没有任何一个其他国家或朝代，把以法治国奉为治国的唯一基本国策。

诚然，中国奴隶社会、封建社会的历代统治者，无不把法律作为维护秩序、巩固统治的主要手段。问题在于：他们除了使用法律手段之外，还强调"礼"的作用，用礼来调整统治阶级的内部关系，把礼作为制定法律的理论根据，实行"礼法合一"，并且用以忠孝道德为核心内容的伦理道德观念作为向全体人民进行教育的中心内容，以造就不敢"犯上作乱"的顺民。

秦则不然，秦国统治阶级把法律作为维护秩序、巩固统治的唯一手段。他们只使用法律手段，否认礼的作用，用法而不是用礼来调整统治阶级内部关系，用法治理论作为制定法律的唯一根据。秦国奖励农战的国策，就其内容而言，亦是专任法治的国策的产物。在意识形态领域，秦国把农战和普法作为向人民进行教育的中心内容，以造就"甚畏有司"的守法顺民。

在文献记载和出土秦律中，商鞅学派和秦国统治阶级很少谈到礼，更不曾把礼作为治国的手段；如果说他们也谈及礼的话，我们所看到的是商鞅学派把诗书礼乐、忠孝仁义列为应该扫荡的"六虱"之列；是韩非所主张的"父有贤子，君有贤臣，适足以为害"（《韩非子·忠孝》）；是秦国统治阶级所颁发实行的"燔诗书而明法令""焚书令"等一系列法令。可见，在中国奴隶社会和封建社会中，只有秦国把专任法治作为治国的唯一指导思想和唯一的基本国策，这是不容否认的历史事实。

和专任法治国策相联系的，是秦国社会在政治、经济、军事、教育和思想文化各个领域，在国家各级行政机关的所有部门，全面地实现以法治国。秦国全面地实行以法治国的事实，这在先秦文献和云梦秦律中有大量的记载，无须再述。需要说明的是，除秦国及秦王朝之外的任何一代王朝，它们虽然在政治、经济、军事领域和国家行政机关的许多部门使用法律手段来治理国家，甚至在教育、思想文化以及伦理道德方面以法律为推行教育、思想文化及伦理道德的后盾，但就其教育、思想文化和伦理道德的内涵而言，它们毕竟是以"礼"而不是以"法"为其基本内容的，更不必说历代封建王朝以及他们所标榜和实行的"以孝治天下""德政""礼法合一"了。在中国历史上，秦国及秦王朝全面的以法治国之所以成为中国奴隶社会和封建社会唯一的特例，是同中国社会当时处于由奴隶制向封建制转变的大变革时代联系在一起的。

秦国及秦王朝在各个领域和各个部门全面地实行以法治国的最终结果，便是法治社会的建成。前文所引荀况游秦时所说的观感，虽然主要是就官场风气和社会风气而言，但这一风气的形成，实际上亦是法治社会建成的一种重要标志。吴起之所以把他在西河地区所进行的法治建设称之为"治四境之内，成训教，变习俗"（《吕氏春秋·执一》），商鞅之所以强调他在变法之中的"始秦戎翟之教""今我更制其教"，李斯之所以把商鞅变法概括为"移风易俗"，实际上都是把官场风气和社会风气的根本转变作为变法获得成功的重要标志而言的。荀况在客观地谈完他的游秦观感后，曾得出如下一段结论：

> 故曰：佚而治，约而详，不烦而功，治之至也。秦类之矣。虽然，则有其諰矣。兼是数具者而尽有之，然而县之以王者之功名，则倜倜然其不及远矣。是何也？其殆无儒邪。故曰：粹而王，驳而霸，无一焉而亡，此亦秦之所短也。

荀况认为："佚而治，约而详，不烦而功"，是治理国家所应达到的理想境界，即所谓"治之至也"。在荀况看来，当时唯有秦国接近了这一境界，即所谓"秦类之矣"。秦国的"佚而治，约而详，不烦而功"，是秦国以法治国的结果，也标志着秦国法治社会的建成。至于荀况所说的"秦之所短"是由于"其殆无儒邪"，这是他站在"隆礼重法"的立场上（历代封建统治者莫不如此）观察问题时所得出的结论。他的这一结论，符合历史实际。然而，也恰恰是这一历史实际（"其殆无儒邪"），决定了秦国及秦王朝把专任法治作为治国的唯一指导思想和唯一的基本国策，终于全面地实现了以法治国和建成了法治社会。中国历代封建王朝，都没有秦国这个

"短处"，都有儒家并且把儒家思想作为治国的指导思想，因而中国任何一代封建王朝都不曾全面地实行以法治国，更谈不上建成法治社会了。

诚然，秦国的"以法治国"并非西方的"法治"，秦国的法治社会并非西方的法治国家，两者在内涵上有着诸多质的不同，这是不言而喻的。这种质的不同，归结为一点，即在于秦国的以法治国和法治社会，是君主专制政体下的以法治国和法治社会，国君乃至于一部分王公贵族有超越法律的权利；而西方则是民主共和政体下的以法治国和法治社会。我们不能因为由于国家政体的差异而引起的法治和法治社会在内涵上的不同，从而否认在君主专制政体之下曾出现过像秦国那样的以法治国和法治社会。尽管这是中国社会由奴隶制向封建制转变的大变革时代的特有现象，但这毕竟是存在过的历史事实。只要我们指出秦国的以法治国和法治社会是君主专制政体下的以法治国和法治社会，即"任法而治"的社会，这并不至于导致概念上的混乱，更不会令人"贻笑大方"，而是恰如其分地道出了中国法制史上曾经存在过的事实。

图书在版编目（CIP）数据

秦法之变 / 黄中业著. —— 北京：新星出版社，2021.6
ISBN 978-7-5133-4457-9

Ⅰ.①秦… Ⅱ.①黄… Ⅲ.①法制史-研究-中国-秦代 Ⅳ.① D929.33

中国版本图书馆CIP数据核字（2021）第068969号

秦法之变

黄中业 著

责任编辑：白华昭
责任校对：刘　义
责任印制：李珊珊
装帧设计：冷暖儿　闫　鸽

出版发行：	新星出版社
出 版 人：	马汝军
社　　址：	北京市西城区车公庄大街丙3号楼　　100044
网　　址：	www.newstarpress.com
电　　话：	010-88310888
传　　真：	010-65270449
法律顾问：	北京市岳成律师事务所

读者服务：010-88310800　　service@newstarpress.com
邮购地址：北京市西城区车公庄大街丙3号楼　　100044

印　　刷：	北京盛通印刷股份有限公司
开　　本：	910mm×1230mm　　1/32
印　　张：	9
字　　数：	210千字
版　　次：	2021年6月第一版　　2021年6月第一次印刷
书　　号：	ISBN 978-7-5133-4457-9
定　　价：	49.00元

版权专有，侵权必究；如有质量问题，请与印刷厂联系调换。